K바이오 트렌드 2022

일러두기

1. 본문에서 말하는 '현재'는 책 편집을 마친 2022년 2월 넷째 주 현재를 뜻합니다.

2. 각 글에서 처음 나오는 제약바이오 회사명은 고딕으로 표기했습니다.

3. 도표 목차는 책 말미에 정리해두었습니다.

4. 단행본 제목은 『 』, 논문과 보고서 제목은 「 」, 정기간행물은 ≪ ≫으로 표기했습니다.

K바이오

김병호
우영탁

트렌드 2022

코로나19 시대 K바이오의 도전과 응전

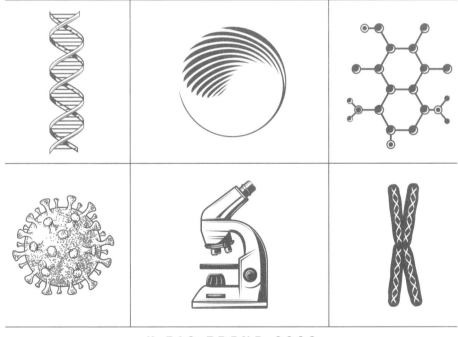

· K-BIO TREND 2022 ·

허클베리북스

코로나19 팬데믹이 발생하고, 여느 호흡기 질환처럼 날씨가 따뜻해지면 곧 종식되리라 여겼던 상황이 벌써 3년째로 접어들었다. 인간은 지난 100년간 바이오 기술을 엄청나게 발전시켰지만 눈에 보이지 않는 바이러스 공격에 무기력함을 보일 수밖에 없었다. 그러나 인간은 매우 빨리 mRNA라는 핵산 기반의 '유전자 백신'을 만들어 대응하고 있다. 이렇게 실시간으로 변화하는 코로나19 상황 속에서 우리는 mRNA, 나노, 면역 등과 같은 용어들에 익숙해졌다. 이러한 때 나온 두 저자의 『K바이오 트렌드 2022』는 최신 바이오 동향과 기술에 대해 알고자 하는 일반인부터 바이오 기업 임직원, 투자자들에게 도움을 줄 것이다. 이 책을 적극 추천한다.

서울대 바이오최고경영자과정 주임교수·첨단재생의료산업협회장 강경선

끝날 것 같던 코로나19 팬데믹이 오미크론 변이의 등장으로 새로운 국면을 맞이했다. 미국과 유럽은 물론 거의 종식 수준까지 떨어졌던 일본까지도 오미크론 변이에 의한 확진자 숫자가 연일 최고치를 경신했고 그 흐름은 우리나라까지 이어졌다. 2021년에 출판된 『K바이오 트렌드 2021』에서 다루지 못한 코로나19 상황과 바이오헬스 기업의 미래를 예측해볼 수 있는 내용을 추가해 『K바이오 트렌드 2022』가 나왔다. 수년간 바이오헬스 기사를 써왔던 두 중견 기자의 전문성과 객관적 시각이 돋보이는 역작으로 새로운 국면에 들어간 코로나19와 바이오 산업을 이해하는 데 큰 도움이 될 것이다.

전 서울대 의대 학장·현 서울대 의대 미래발전위원장 강대희

코로나19 유행이 3년째 이어지고 있는 가운데 바이오산업의 중요성은 나날이 높아지고 있다. 하지만 K바이오는 아직 갈 길이 멀다. 국내에서 코로나19 항체치료제가 개발되는 등 K바이오는 이제 걸음마 단계를 넘어 본격적으로 뛰기 시작했다. 『K바이오 트렌드 2022』는 떠오르는 미래 먹거리인 제약바이오산업 현장을 속속들이 파헤친 시의적절한 책이다. 이 책을 읽으면 바이오 전반에 대한 필수 지식과 함께 옥석을 가릴 수 있는 지혜를 얻게 되리라 확신한다.

한국바이오협회 상근부회장 이승규

산업으로서의 바이오를 제대로 이해하려면 현미경만이 아니라 망원경도 필요하다. 미생물도 살펴야겠지만 우리가 어디에 있고 경쟁자는 또 어디쯤 가고 있는지, 인류를 위한 바이오의 미래는 어디를 향하는지를 제대로 살펴야 길을 잃지 않기 때문이다. 두 기자가 발로 뛰면서 탐문하고 조망한 이 책에는 현미경과 망원경이 공존한다. 인류 역사에서 질병과의 전쟁은 인류를 각성으로 이끌었다. 코로나19 또한 그러했다. 우리는 면역의 소중함을 깨달았고, 생체 내 단백질의 기능과 mRNA에 이르기까지 많은 지식을 갖추기 시작했다. 이 책은 관심으로 시작된 지적 갈증을 체계적인 지식으로 풀어준다. 책을 읽을 때마다 느끼는 건, 여전히 내가 모르는 게 너무 많다는 것이다. 이 책 역시 나를 성찰과 자극으로 이끈다.

에이치엘비 회장 진양곤

프롤로그

코로나19 속 잠재력 확인한 K바이오

2020년에 이어 2021년도 신종 코로나바이러스 감염증(코로나19) 이슈로 점철된 한해였다. 비단 제약바이오나 보건의료뿐만 아니라 국내외 정치·경제·사회·문화 모든 분야에서 코로나19 사태의 영향을 받았다.

아쉽게도 소위 전문가라는 사람까지도 코로나19 바이러스의 정확한 실체를 파악하지 못했다. 다들 코로나19 바이러스가 이렇게 오랫동안 잦은 변이를 일으키면서 우리 곁에 머무르리라고는 예상하지 못했다. 백신 접종 완료율이 70%만 되면 집단면역이 생겨 자동으로 코로나19는 힘을 쓰지 못할 것이라고 정부는 희망가를 불렀지만 막상 70%를 넘기고도 확진자 수나 사망자 수는 감소하기는커녕 늘기만 했다. 마치 특정한 일자에 구원의 날이 오면 하늘나라로 올라가는 휴거(攜擧)가 발생할 것으로 굳게 믿었지만 예정된 시간이 와도 그냥 그대로 지상에 남아 허망함에 빠지는 것과 유사한 느낌이었다.

단계적 일상 회복을 뜻하는 '위드 코로나With Corona'를 시행하기가 무섭게 2021년 11월 말부터 확산 속도가 더 빠른 오미크론Omicron 변이가 전세계를 뒤덮으면서 각국은 또다시 국경 빗장을 걸어 잠갔다. 우리나라보다 일찍 마스크를 벗고 자유를 만끽했던 국가들도 일시적인 호기(豪氣)였을 뿐 다시 속수무책으로 당하기는 마찬가지였다. 국내 언론에서 미국 최고의 감염병 전문가라고 소개했던 백악관 수석 의료 고문 앤서니 파우치 박사 역시 수차례 코로나19가 곧 종식될 것이라고 했지만 예상은 보기 좋게 빗나갔다.

그만큼 코로나19 사태는 누구도 예측하기 힘든 주제였고, 2022년에도 종식되기를 기원만 할 뿐 그 끝을 장담할 수 없는 처지다. 올해들어서는 오미크론이 변이 우세종이 되면서 3월에는 국내 하루 신규 확진자가 50만 명을 넘겼다. 1년 전 500명의 확진자만 생겨도 놀랄 때와는 상황이 크게 달라졌다. 추가 변이 발생 가능성까지 감안하면 올여름에도 마스크를 벗지 못하는 답답한 상황은 이어질 수밖에 없을 것이다. 다만 오미크론의 전파 속도에 반비례해서 상대적으로 치명률이 낮다는 점은 그나마 불행 중 다행이다.

또한 애써 고무적인 점을 찾자면 온 국민이 감염병 발생과 확산, 이를 막기 위한 방역의 중요성을 알게 됐고, 국내 제약바이오 기업도 코로나19 관련 제품 개발에 뛰어들 역량이 있음을 확인했다는 사실이다.

국내 업체들은 코로나19 확산이 막 시작된 2020년 2월부터 다수의 진단키트를 시장에 내놓으면서 신속하고 정확한 품질로 호평을 받았다. 전세계적으로 코로나19가 거세게 확산하는 가운데 K바이오의 가장 큰 기여를 찾는다면 진단키트가 절반 이상을 차지한다고 할 수 있다. 그다음으로는 해외 업체가 개발한 코로나19 백신을 국내에서 안정적으로 CMO(위탁 생산) 함으로써 전세계 수요에 부응한 점을 꼽을 수 있겠다. 셀트리온의 항체치료제 렉키로나Regkirona를 빼면 국산 코로나19 백신과 치료제 개발 시도는 아직 뚜렷한 성과를 내지 못하고 있지만 수많은 업체의 도전이 모여 우리도 해볼 만하다는 자신감을 갖게 됐다.

물론 개발에 뛰어든 업체마다 곧 백신과 치료제를 만들어낼 것처럼 얘기했다가 임상에 잇달아 실패하면서 K바이오에 대한 불신을 키운 점은 아쉬운 대목이다. 임상에 연이어 실패하는 업체들을 보며 사람들은 "기대했던 게 잘못이지. 역시 그러면 그렇지" 하는 자조 섞인 반응을 보이기도 했다. 하지만 다른 어떤 감염병에서보다 백신과 치료제 개발에 희망을 갖고 도전해본 것은 미래 K바이오의 실력 향상을 도울 것이다. 또한 커지는 질병 치료 및 보건 환경 수요에 부응하기 위해 정부가 제약바이오 및 의료 산업 육성에 다시금 관심을 갖게 된 점도 고무적이다. 정부와 국민 모두 코로나19를 계기로 진단의 중요성을 인식하면서 미래 의료의 큰 흐름 중 하나인 예방 및 정밀의학으로 자연스럽게 관심이 옮아간 것도 다행스러운 일이다. 특히 그동안 금지됐던 환자와 의사 간에 비대면 진료가 코로나19로 인해 일시적으로 허용되면서 그 효용과 장점을 널리 깨닫게 된 점은 향후 의료 행태의 변화에 큰 기회로 작용할 것이다.

이 책은 최근 2년간 코로나19로 인해 K바이오에 대한 국민적 관심과 기대가 커진 가운데 바이오산업 전반에 대한 일반 독자들의 이해를 돕기 위해 쓰여졌다. 2021년 1월에 나온 졸저『K바이오 트렌드 2021』을 1년여 만에『K바이오 트렌드 2022』로 다시 출간한 것이다. 혹자는 바이오 트렌드가 해마다 바뀔 수 있느냐며 책 제목을 놓고 반문하기도 한다. 임상시험 결과가 1년~2년 만에 쉽게 나오지 않는 점을 감안하면 바이오 분야에서 새로운 트렌드가 해마다 바뀌어 출현한다고 말하기는 힘들 것이다. 하지만 인터넷에서 바이오 기사들을 검색해보면 알 수 있듯이 지금도 많은 업체가 생겨나 같은 질병 분야라도 저마다 혁신적인 치료제 개발에 뛰어들고 있다. 이들은 우보천리(牛步千里)의 자세로 꾸준하면서 우직하게 성공을 향해 나아가고 있다. 그렇기 때문에 전작과 동일한 제목의 장이라도 신기술 동향이나 개발 진전 상황, 신규 업체들의 활동 등에 대해 다시 쓴다는 자세로 내용을 추가했다. 전작에서 상대적으로 비중이 적었던 코로나19 이슈는 두 개의 장으로 해서 집중적으로 다뤘다. 현 상황이 코로나19를 빼면 국내외 제약바이오를 얘기하기 어렵게 된 만큼 코로나19 내용을 앞 장에 배치했다.

이 책은 전작에서도 설명했듯이 바이오에 대해 알고 싶지만 생소한 용어나 표현 때문에 접근조차 망설이고 있는 일반인들의 이해를 돕는데 주안점을 두었다. 그렇기 때문에 전작을 읽지 않은 독자라면 바이오에 대한 기본 개념을 잡기 위해서라도 5부부터 보고 나서 다시 1부로 돌아와 독서를 이어가길 권한다.

필자들은 제약바이오 분야를 불과 3년가량 다뤄본 기자들이지만 줄곧 바이오산업에 관심을 갖고 지금도 업계 인사들을 두루 만나고 있다. 바이오 기자단 모임을 코로나19의 어려운 시국에서도 운영하면서 다양한 전문가들의 얘기를 듣고 있다. 바이오를 처음 접하는 독자들이라면 이 책을 읽고 감을 잡은 뒤 더 높은 수준의 공부로 나아가게 되길 바란다. 이번 졸저가 바이오 입문자들에게 학습의 촉매제 역할을 할 수 있으면 더할 나위가 없겠다.

공저자인 우영탁 기자는 대학에서 생화학을 전공해 문과 출신들이 이해하기 힘든 부분을 쉽게 설명하는 재주를 가졌다. 제약바이오를 취재하는 이과 출신 기자가 부족한 국내 언론 현실에서 우 기자는 희소가치가 있는 자원이다. 저술 분담은 각자 절반씩으로 해서 전체 목차를 정한 뒤 나눠 쓰는 방식으로 했다.

지루한 코로나19 사태가 2022년에는 드디어 끝이 나서 오는 11월~12월 카타르 월드컵 경기 때에는 다들 마스크를 벗고 거리 응원을 할 수 있기를 고대한다.

김병호

CONTENTS

4부 미래 신기술 선점 경쟁은 어디서

1부
___

코로나로 드러난
K바이오 실력은

1

팬데믹 속 급성장
글로벌 제약사의 비결

 팬데믹은 인류에게 커다란 불행을 가져다주지만 일부 제약바이오 기업에는 퀀텀 점프의 기회가 된다. 2009년 전세계적으로 신종플루가 유행했을 때 미국의 제약사 **길리어드 사이언스**는 이를 발판 삼아 주요 제약사로 도약했다. 길리어드 사이언스는 1987년 벤처기업으로 시작해 1999년 독감 치료제 타미플루Tamiflu를 개발했다. 개발 이후 10년이 지나도록 독감 치료제로서의 역할은 미미했다. 하지만 2009년 신종플루가 발생하면서 상황이 바뀌었다. 타미플루는 신종플루를 치료하는 데 탁월한 효과를 보였고 이 덕에 길리어드 사이언스는 빅파마(글로벌 대형 제약사) 대열에 올라설 수 있었다.

 코로나19 팬데믹의 대혼란 속에서도 일부 제약사들은 기회를 잡았다. 연매출 기준 전세계 톱5에 드는 미국 제약사 **화이자**의 2021년 연간 매출액은 813억 달러로 2020년 대비 2배 가까이 늘었다. 이 가운데 코로나19 백신 매출은 368억 달러로 상당 부분을 차지한다. 화이자와 함께 코로나19 백신을 개발한 독일 **바이오엔테크** 역시 2021년 1분기~3분기까지 누적 매출액 134억 유로를 기록하며 전년 동기 대비 100배의 증가율을 보였다. 팬데믹 이전만 해도 시가총액 60억 달러 수준의 작은 제약사였던 **모더나**는 코로나19 백신 개발 이후 시가총액이 한때 1800억 달러까지 치솟으며 빅파마 대열에 합류했다.

이들 제약사는 mRNA를 활용해 다른 제약사와의 코로나19 백신 개발 레이스에서 앞서 나갔다. mRNA 백신은 바이러스 항원을 체내에 주입시키는 기존 백신과 달리 몸 안에서 항원 단백질을 만들 수 있는 mRNA를 넣어주는 방식이다. 바이러스를 대량 배양할 필요가 없기 때문에 제조 기간이 짧아 단기간에 대량으로 생산할 수 있다. 또 바이러스의 유전자 정보만 알면 빠르게 설계할 수 있는 만큼 초기 개발에 시간과 비용이 적게 들고, 변이 바이러스에 대응하기도 쉽다. 실제로 2020년 1월 10일 중국에서 코로나 유전자 정보가 공개된 뒤 모더나는 48시간 만에 백신을 설계했고, 25일 만에 임상1상에 필요한 백신을 만들었다.

mRNA는 1961년 학계에 처음 등장했다. 과학자들은 DNA가 어떻게 단백질로 바뀌는지 연구하는 과정에서 설계도의 복사본과 같은 역할을 하는 mRNA의 존재와 그 원리를 알아냈다. 이를 분자생물학의 중심 원리라는 뜻으로 '센트럴 도그마'라고 부르는데 잘 보존해야 하는 원본 DNA에서 가볍게 쓰고 버릴 수 있는 mRNA라는 복사본을 만들고 이 복사본을 활용해 실제로 인체가 활용할 단백질을 만들어 낸다는 이론이다.

mRNA를 활용해 백신을 만들겠다는 방안은 여기서 나왔다. 어차피 인체가 mRNA라는 복사본을 활용해 단백질을 만들어내는 만큼 바이러스의 껍데기만 담은 mRNA를 인체에 집어넣어 껍데기를 만들어낸다면 우리 몸의 항체가 추후 실제 바이러스가 침입했을 때 적으로 인식하고 없애지 않을까 하는 착안이었다. 이 아이디어를 낸 인물은 카탈린 카리코 박사다. 그는 헝가리에서 박사 과정을 밟던 1976년 이 같은 구상을 발표했다.

mRNA 백신의 장점은 뚜렷했다. 기존 항체를 활용한 백신들과 비교해 개발 시간이 훨씬 짧다. 바이러스의 껍데기 자체를 실험실 내에서 인위적으로 합성하기란 쉽지 않다. 온도, 산성도 등 다양한 조건에 따라 모양이 천차만별로 바뀌기 때문이다. 하지만 이른바 설계도의 복사본인 mRNA를 만들어낼 수 있다면 바이러스의 실제 껍데기를 굳이 실험실에서 제작하느라 애쓸 필요가 사라진다.

하지만 카리코 박사가 의약품 개발에 mRNA를 활용해보자는 구상을 처음 내놓았던 당시 과학자들은 인공적으로 mRNA를 만들어내는 방법은 몰랐다. 1980년대 들어서 PCR(중합효소 연쇄 반응)을 통해 mRNA를 합성할 수 있게 됐으나 여전히 mRNA를 활용한 의약품 개발에는 커다란 난관이 남아 있었다. 먼저 mRNA가 세포 안까지 들어가는 효율이 굉장히 낮았다. 분자 1만 개당 1개꼴로 성공하는 데 그쳤다. 둘째로 mRNA가 세포에 들어가더라도 체내 효소에 의해 빠르게 분해돼버리고 말았다. 우리 몸을 지키는 경비병 역할을 하는 항체가 적군을 만나기도 전에 흔적도 없이 사라져 버리는 것이다. 백신의 기본 원리는 항원항체반응이다. 항체가 항원을 만나 항원항체반응을 한 번 일으키고 나면 추후 그 침입자가 또다시 우리 몸에 들어오더라도 경비병이 침입자를 인식해 공격하는 방식이다. 그런데 코로나19 백신 이전의 mRNA 백신은 항원항체반응을 일으킬 틈도 없이 사라져버려 백신의 효과를 내지 못했다. 애초 mRNA 자체가 잘 보관된 원본인 DNA 대신 인체가 보다 활용하기 쉽게 만든 복사본이 었던 만큼 불안정할 수밖에 없었다.

2000년대 들어와 이 두 가지 문제를 해결할 수 있는 방안이 등장한다. 먼저 mRNA를 세포 안까지 안전하게 전달해주는 지질나노입자LNP 기술이다. 매사추세츠공과대학교MIT의 로버트 랭거 교수와 다니엘 앤더슨 교수 연구팀은 100나노미터(nm, 1nm는 10억분의 1m) 크기 나노입자가 mRNA를 타깃 세포까지 안정적으로 전달할 수 있음을 발견했다. 핵심은 인지질과 콜레스테롤, 폴리에틸렌글리콜이다. 인지질은 (+) 전하를 띄고 있는데 이는 (-) 전하를 가진 mRNA 표면에 달라붙게 만들고 산성도 변화에 따라 mRNA의 배출도 유도한다. 콜레스테롤은 mRNA를 감싸면서 세포막과의 융합을 촉진해 세포질로 mRNA를 전달한다. 막 표면의 폴리에틸렌글리콜은 mRNA를 감싼 콜레스테롤이 체내조직 및 혈관에서 장기간 머무를 수 있도록 안정성을 높인다.

두 번째는 면역반응을 막는 변형 mRNA의 발견이다. 2005년 카리코 박사와 드류 와이스먼 박사는 우리 몸의 면역 체계의 공격을 피할 수 있는 외부 mRNA를 발견했다. 앞서 말했듯 mRNA를 백신으로 사용하기 어려웠던 이유 중 하나가 우리의 선천면역계가 세포 외부에 존재하는 RNA에 반응해 활성화되기 때문이었다. 카리코와 와이스먼은 면역계가 이런 반응을 보이는 이유를 찾아냈다. 우리 면역계가 세포 외부에 있는 이물질인 세균의 RNA, 괴사한 세포에서 흘러

나온 미토콘드리아 등의 RNA를 인지해 제거하는 방식으로 진화했음을 발견한 것이다. 만약 특정 세포에 존재하는 면역 수용체가 이를 인지하지 못하도록 한다면 면역반응도 일어나지 않는다. 모더나, 화이자·바이오엔테크가 개발한 코로나19 백신 모두 카리코와 와이스먼이 발견한 바로 이 변형 RNA 방법이 사용되었다.

미국 스탠퍼드대학교 연구원이었던 데릭 로시는 이 논문을 읽고 mRNA에 대한 관심을 갖게 됐다. 그는 줄기세포 연구를 했는데 하버드대학교 의대에서 조교수가 된 이후 mRNA를 활용해 줄기세포를 재설계하자는 아이디어를 내놓았다.

그는 지질나노입자 기술을 발견한 로버트 랭거 교수를 찾아간다. 랭거 교수는 과거 본인의 이름을 딴 '랭거랩'에서 40개가 넘는 스타트업을 만들어냈을 정도로 스타트업 육성에 일가견이 있는 사람이었다. 이들은 아이디어만 가지고 보스턴의 바이오 밴처캐피탈인 **플래그십 파이오니어링**의 누바 아페얀 회장과 만나 조언을 구한다.

아페얀 회장은 mRNA 기술에 관심을 보이며 'mRNA를 주입해 환자가 몸속에서 스스로 치료제를 생산하면 안 될까?'라는 질문을 던진다. 그는 거기에 그치지 않고, 곧바로 플래그십 파이오니어링의 자체 인큐베이터인 플래그십 벤처랩에서 이 아이디어가 시제품으로 이어질 수 있을지 테스트한다. 이를 위해 전문가들에게 지속적으로 자문을 구했다. 노벨상 수상자인 잭 조스탁 하버드 대학교 교수의 연구소에서 젊은 연구원들을 스카웃하며 시제품 연구를 가속화한다.

마침내 'LS18'이라는 시제품이 만들어졌고 플래그십 파이어니어링에서 투자를 받아 2010년 9월 모더나가 설립되었다. Moderna라는 회사명은 인공 편집을 뜻하는 'Modified'와 'RNA'가 합쳐진 이름이다. 모더나의 핵심 연구 분야는 이름에서 연상할 수 있듯 mRNA다. 나스닥 증권거래소에서 등재된 모더나의 약어 역시 MRNA다.

2011년 창업자였던 데릭 로시 교수가 줄기세포에 더 큰 꿈을 품고 회사를 떠나자 아페얀 회장은 프랑스 진단기기 기업 **바이오메리우스** CEO(최고경영자)였던 스테판 방셀을 모더나의 CEO로 영입했다. 설립 이후 10년간 누적 적자만 15억 달러에 달했고 상업화에 성공한 의약품은 하나도 없었지만 방셀은 유전자 가위 등 다른 영역으로 한눈팔지 않고 mRNA 한 우물만 팠다.

코로나19 팬데믹은 스타트업 모더나의 운명을 완전히 바꾸어놓았다. 현재까지 전세계적으로 8억 도즈 이상의 코로나19 백신을 판매했으며 2021년 한 해에만 185억 달러의 매출과 122억 달러의 이익을 남겼다. 이익률은 무려 66%에 달한다. 모더나의 방셀은 "지난 10년 간 mRNA의 효과를 믿어왔으며 오늘날 mRNA의 실제 효과를 보고 있다"며 "앞으로 모더나 파이프라인이 빠르게 확장할 것"이라고 밝혔다.

모더나 못지않게 신속한 코로나19 백신 출시의 드라마를 쓴 업체들이 있다. 코로나 mRNA 백신을 공동으로 개발한 미국 화이자와 독일 바이오엔테크다. 화이자의 경우 1849년 설립돼 전세계 톱5에 드는 대형 제약사로 널리 알려져 있지만 바이오엔테크는 모더나와 마찬가지로 일반인에게 생소한 회사였다. 바이오엔테크와 모더나는 둘 다 mRNA 방식을 활용해 암 치료제를 개발하면서 코로나19 백신 전에는 이렇다 할 신약을 내놓지 못하던 공통점이 있었다. 하지만 바이오엔테크는 전세계에서 가장 빨리 코로나19 백신을 내놓았고 100여 명 직원에 불과했던 회사는 현재 2000명이 넘는 인력과 유럽

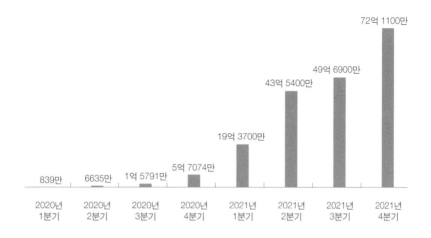

코로나19로 급증한 모더나의 분기별 매출액 (단위: 달러)

곳곳에 지사를 둔 유명 제약사로 도약했다. 바이오엔테크의 2020년 코로나19 백신 매출은 5억 유로 수준에서 2021년에는 160억 유로~170억 유로로 급증했다.

바이오엔테크는 특히 독일 내에서 괄시를 받아온 터키 이민자들이 세운 회사라는 점에서 큰 관심을 끌었다. 바이오엔테크 설립자는 터키인 이주 노동자 가정의 '흙수저' 출신인 우그르 사힌 CEO와 그 부인인 외즐렘 튀레지 CMO(최고의료책임자)다. 이들 부부는 둘 다 1960년대 후반 독일로 건너간 터키인의 자녀로 의대 졸업 후 같은 병원에서 근무하던 중 만나 2002년 결혼했다. 이후 그들은 2008년 독일 서부 도시 마인츠에 mRNA를 이용한 면역항암제 개발을 주로 하는 바이오엔테크를 설립했다. 튀레지는 독일 언론과의 인터뷰에서 "실험실 가운을 입고 결혼식을 했고, 혼인 신고를 하고 나서는 곧장 연구실로 돌아와 하던 프로젝트에 몰두했다"고 말할 정도로 둘

다 엄청난 일벌레였다.

이들 부부는 2020년 1월 초 중국 우한에서 코로나19 바이러스로 무증상 감염자가 속출하고 있다는 논문을 접한 뒤 팬데믹으로 확산할 것으로 판단하고 즉각 백신 개발에 착수했다. 그해 1월 중순부터 암 치료제 개발에 투입하던 연구팀을 코로나19 백신 쪽으로 돌리고, 인원과 자금을 대거 충원했다. 사힌 대표는 코로나19가 터지기 전부터 mRNA 기반의 백신이 상용화될 수 있다는 논문을 발표하곤 했는데 코로나19 사태를 mRNA 기술을 입증할 시험대로 삼은 것이다.

이미 mRNA를 활용한 암 치료제 개발을 진행하며 mRNA 플랫폼에 익숙한 바이오엔테크는 백신 임상 1상~3상을 불과 10개월 만에 이뤄냈다. 본격적인 임상 착수는 모더나보다 두 달여 늦었지만 2020년 12월 영국과 미국에서 먼저 긴급사용승인을 받으면서 mRNA 백신 시대의 서막을 열었다. 이로 인해 미국 나스닥에 상장된 바이오엔테크 주가가 급등했으며 사힌 대표는 2020년 개인 순자산 51억 달러로 '블룸버그 억만장자 지수' 기준 세계 493번째 부자에 올랐다. 같은 해 영국 《파이낸셜타임스》는 올해의 인물로 사힌과 튀레지를 뽑기도 했다. 당시 《파이낸셜타임스》는 "사힌과 튀레지 부부는 코로나19 병원균의 유전자 배열이 밝혀진 지 1년도 안 된 가운데 안전하고 효과적인 백신을 개발했다"며 "우리 시대의 가장 위대한 의학적 발견"이라고 해설을 달았다.

바이오엔테크의 또 다른 성공 비결 중 하나는 화이자와의 협업이다. 바이오엔테크는 mRNA 기술을 갖고 있지만 화이자처럼 풍부한 임상 경험이나 안정적인 생산 및 유통·마케팅 능력이 부족했기 때문에 초기부터 화이자를 파트너로 골랐다. 사힌은 언론과의 인터뷰에서 "자체적으로도 백신을 개발할 수 있었지만 화이자와의 협력이 없으면 개발 후 백신 배포에 어려움을 겪었을 것"이라며 협업 배경을 설명했다. 앞서 양사가 2018년 인플루엔자 백신 개발 제휴를 통해 신약 관련 기밀 정보를 공유할 수 있을 정도로 끈끈한 인적 네트워크와 신뢰를 쌓아온 것도 도움이 됐다.

양사는 2022년 1월 전세계 최초의 mRNA 기반 대상포진 백신 개발을 위한 새로운 계약을 체결하기도 했다. 바이오엔테크의 독자적인 mRNA 플랫폼에 화이자의 항원 기술을 결합하게 되는데 2022년 하반기 임상시험을 시작한다. 화이자는 바이오엔테크가 판권을 갖는 독일과 터키, 특정 개발도상국을 제외한 전세계 나머지 국가에서 대상포진 백신을 상업화할 권리를 갖는다.

모더나, 화이자, 바이오엔테크가 코로나19 팬데믹 속에서 기회를 잡은 과정을 되짚어 보면 K바이오가 배울 점이 많다.

첫째 가능성 있는 기업에 대한 정부의 적극적인 R&D 지원이다. 코로나19로 전세계가 고통받는 가운데 미국 정부는 10년간 백신 개발에 몰두한 모더나 등 가능성이 있는 바이오 기업에 아낌없이 자금을 지원했다. 하지만 국내 R&D에 대한 정부 지원은 과거에 비해 크게 늘었지만 다른 선진국에 비하면 아직 턱없이 부족하다. 실제 보건복지부와 산업통상자원부, 과학기술정보통신부의 2022년 R&D 예산 15조 7000억 원 가운데 바이오 분야는 1조 8000억 원으로 11.4%에 불과하다. 반면 미국은 전체 R&D 예산 중 제약바이오 분야가 30% 수준이다. 선진국의 제약바이오 분야 투자는 결국 글로벌 블록버스터 백신 탄생이라는 결과로 나타났고 우리나라는 아직 자체적으로 백신을 개발하지 못하고 있다.

화이자 본사 외부에 걸린 '과학이 승리한다(Science Will Win)' 캠페인 문구

  둘째 규제 당국의 전향적인 협조도 필요하다. 일반적으로 신약 발매까지 임상시험만 10년이 걸린다. 하지만 코로나19가 크게 번지기 시작하자 미국 규제 당국은 후보물질 확보부터 임상 승인 절차 모두 긴급사태에 맞게 전환했다. 특히 미국 FDA(식품의약국)는 모더나와 화이자의 백신을 긴급사용승인했다. 긴급사용승인은 당장 가용 가능한 예방 백신이나 치료제가 없는 상황에서 개발 중인 제품의 효과가 위험보다 클 경우에 부여하는 허가다. 특정 기간에만 허용한 만큼 정식 승인을 받으려면 기업들은 추가 자료를 제출해야 한다. 국내에서도 진단키트 출시나 기존의 의약품을 코로나19 치료에 쓰고자 할 때 정부는 긴급사용승인을 내줬지만 아직 자체 개발하지 못한 국산 백신은 대상이 되지 못했다.

  셋째 회사 내부적으로는 CEO의 신속하고 과감한 의사 결정, 기업의 목적과 핵심 가치를 강조해 조직 구성원의 헌신적인 팀워크를 만들어내야 한다. 사힌 바이오엔테크 CEO는 코로나19가 팬데믹으로

확산할 것으로 확신이 들자 바이오엔테크의 암 치료제 연구팀을 코로나19 백신 개발팀으로 신속히 전면 개편했다. 불라 화이자 CEO는 "우리가 하지 않는다면 과연 누가 할 것인가"라고 말하면서 기업은 사회의 가장 큰 문제를 해결하는 데 공헌해야 할 책임이 있다고 강조했다. 또한 불확실성과 싸우는 직원들에게 '과학에 대한 신념'을 상기시키며 팬데믹 기간에 'Science Will Win(과학이 이긴다)' 캠페인을 진행했다.

넷째 바이오벤처와 글로벌 제약사 간에 협력이 필요하다. 기업 규모에서 크게 차이가 나는 화이자와 바이오엔테크는 서로의 강점을 살려 성공적인 협력을 이뤄냈다. 바이오엔테크는 mRNA 기반 백신 기술을 보유하고 있고, 화이자는 임상시험 및 규제 대응의 풍부한 경험과 글로벌 제조·유통 인프라스트럭처를 가지고 있어서 백신 개발의 시너지가 발생했다. 한 국내 업체 인사는 화이자와 바이오엔테크의 협업에 대해 "작은 바이오벤처와 글로벌 제약사 간에 상생을 위한 지속적인 협력이 결실을 보고 있는 것"이라며 "국내에서도 이러한 협력이 진행되어 성과가 나와야 한다"고 말했다.

델타, 오미크론… 알쏭달쏭 코로나

코로나 바이러스는 1930년대 닭과 돼지 등 동물에서 처음 발견됐다. 과거 다수의 사망자를 낸 사스SARS(중증 급성 호흡기 증후군)와 메르스MERS(중동 호흡기 증후군)도 코로나 바이러스의 일종인데 이 바이러스는 변이가 빠르고 종간(種間) 장벽을 넘어 전염되는 만큼 치료제 개발이 쉽지 않다.

이 바이러스는 입자 표면이 돌기처럼 튀어나와 있는데 이 모양이 왕관처럼 생겨 라틴어로 왕관을 뜻하는 코로나Corona라는 이름이 붙었다. 사람을 감염시키는 경우는 드물며 감염되어도 그 강도가 약했지만 2003년 사스 이후 인체에 감염됐을 때 치명적일 수 있는 코로나 바이러스가 있다는 사실이 확인됐다.

미국 질병통제예방센터CDC에 따르면 사람을 감염시킬 수 있는 코로나 바이러스는 총 7종이다. 기존에는 감기를 일으키는 4종과 사스·메르스까지 6종이었으나 코로나19가 일곱 번째 코로나 바이러스로 새로 등록됐다.

코로나 바이러스는 RNA로 구성되어 있다. 이중나선으로 꼬여 있어 안정성이 높은 DNA와 달리 RNA는 홀로 떠다니는 만큼 변형이

코로나 바이러스의 구조

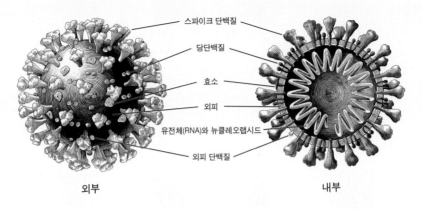

스파이크 단백질

당단백질

효소

외피

유전체(RNA)와 뉴클레오캡시드

외피 단백질

외부　　　　　　　　　　　　내부

쉽게 일어난다. 즉 돌연변이의 발생이 빈번해 기존에 사람을 감염시킬 수 없던 바이러스가 강력한 전염력과 높은 치사율을 가진 '신종 코로나 바이러스'로 진화한 것이다.

사스나 메르스는 돌연변이가 사람에게 치명적인 영향을 미친 대표적인 사례다. 사스는 박쥐나 사향고양이에서 시작됐던 바이러스가 사람을 감염시킬 수 있게 됐던 사례이고, 메르스는 박쥐와 낙타를 감염시키던 바이러스가 사람에게 전염되며 발생했다.

한국화학연구원 신종 바이러스 융합연구단의 분석 결과에 따르면 코로나19 바이러스는 박쥐에서 유래한 사스 바이러스와 96.3%의 유사도를 보였다. 이는 사스가 전파되는 과정에서 일어난 변이로 인해 신종 코로나 바이러스인 코로나19가 됐을 가능성이 높다는 것을 뜻한다.

전세계적인 대유행으로 업계와 학계는 코로나19 바이러스의 전자현미경 사진과 유전자 서열 전체를 빠르게 확인해냈다. 전자현미경으로 관찰한 결과 코로나19 바이러스는 바이러스 막 바깥쪽 표면에 돌기 형태로 스파이크 단백질이 촘촘히 달려 있는 구조를 볼 수 있다. 이 단백질이 인간 세포 표면의 수용체인 ACE2와 결합하여 인체 속으로 침투한다.

코로나19 바이러스는 기존 바이러스와 다르게 호흡기 상피세포에 접촉하는 장치인 스파이크 단백질에 변이가 생겼다. 생소한 변이로 인해 인체의 면역계가 바이러스에 대응하지 못하게 됐다. 특히 이렇게 변이된 스파이크 단백질의 점액 친화성이 50배가량 증가했다. 즉 원래 바이러스에 비해 훨씬 적은 수의 바이러스로도 손쉽게 감염될 수 있다. 코로나19가 기존의 메르스나 사스보다 훨씬 강한 전염력을 가지는 건 이 때문이다.

알파, 베타, 감마, 델타, 오미크론······.
변화무쌍하게 성질 바꾸는 변이 바이러스들

사실 인류가 가장 흔하게 겪는 코로나 바이러스 감염증은 감기다. 감기는 서로 다른 200여 종의 바이러스가 유발한다. 전체 감기 환자 중에서 코로나 바이러스 감염 비율은 10%~15% 정도. 감기와 마찬가지로 코로나19도 비말을 통해 전파된다. 예방 접종으로 피해를 줄일 수 있는 독감(인플루엔자)과 다르게 감기는 특별한 백신도 없다.

감기와 코로나19 모두 스파이크 단백질을 통해 감염된다. 스파이크 단백질이 인체 세포와 결합해 막융합을 일으켜야 바이러스 입자가 세포 안으로 들어가는 침투로가 열린다. 코로나19 백신은 이 스파이크 단백질과 인간 세포 표면 수용체 사이의 결합을 막아 감염을 예방하는데 변이 바이러스들은 스파이크 단백질 자체를 바꿔 백신의 효능을 떨어뜨린다.

2022년 2월 현재 WHO(세계보건기구)가 지정한 우려 변이는 알파, 베타, 감마, 델타, 오미크론 등 5개다. 우려 변이는 기존 코로나19 바이러스보다 전파성이 증가하거나 중증도에 변화가 있는 경우와 백신과 치료제 등의 유효성 저하가 확인되는 경우에 지정된다.

한동안 변이 바이러스는 초기 진원지의 이름을 붙여 불렀다. 영국발, 남아프리카공화국발, 인도발 바이러스가 이런 이유에서 만들어졌다. 하지만 자칫 지역에 대한 부정적 이미지를 심어줄 수 있다는 점에서 변이 바이러스를 발견한 순서에 따라 그리스 문자를 붙이기로 했다. 2020년 12월 영국에서 처음 확인된 변이 바이러스는 알파, 비슷한 시기에 남아프리카공화국에서 확인된 변이 바이러스는 베타, 2021년 1월에 나타난 브라질발 변이는 감마다.

인도에서 처음 발견된 델타 변이는 2021년 들어 지속적으로 감소하던 코로나19 신규 감염 추세를 뒤집었다. 이전 변이들보다 2배 이상 전염력이 강하고 백신 접종 완료자에 대해서도 돌파감염을 일으켰다. 유전자 가위인 크리스퍼-카스9CRISPR-Cas9을 개발해 2020년 노벨 화학상을 받은 제니퍼 다우드나 교수 연구진이 국제 과학 저널 ≪사이언스≫에 발표한 논문에 따르면 델타 변이는 바이러스 껍질 안쪽에 있는 뉴클레오캡시드 단백질에 일어난 돌연변이가 바이러스의 전염력을 강화했다. 바이러스 표면의 스파이크 단백질에 생긴 돌연변이가 전파력을 높였다는 기존 관측을 반박하는 셈이다.

2021년 11월부터 급속도로 유행하기 시작한 오미크론 변이는 전염력이 더 강하다. 델타 변이 등 기존의 변이 바이러스보다도 훨씬 더 많은 50여 개의 돌연변이가 일어나 더 쉽게 전파된다. 게다가 코로나19 치료제도 오미크론 변이 앞에서는 속수무책이다. 항체치료제가 효능을 발휘하려면 인공 항체가 바이러스의 스파이크 단백질에 결합해 인체 침투력을 무력화해야 하지만 오미크론 변이의 스파이크 단백질에는 수십 종의 돌연변이가 있어 이들 항체치료제가 제 힘을 발휘하기 어려워졌다. 이에 FDA는 2022년 1월 24일 **일라이 릴리와 리제네론**의 항체치료제에 내렸던 긴급사용승인을 취소했다.

다만 오미크론 변이가 전염성이 강하긴 하지만 치명률은 델타 변이에 비해 크게 낮은 점은 위안거리다. 중앙방역대책본부는 국내 오미크론 변이 확진자 9860명을 대상으로 분석한 결과 치명률이 0.16%로 조사됐다고 밝혔다. 이는 델타 변이 치명률(0.8%)의 5분의 1수준이다.

현재까지 공식적으로 지정된 오미크론의 하위 변이는 BA.1, BA.2, BA3 등 세 가지다. BA.1을 원형으로 하여 BA.2와 BA.3가 변형을 일으키며 생겨났다. 문제는 BA.2 하위 변위다. BA.2는 기존 PCR 검사로 코로나19 감염 여부는 확인되나 변이 종류가 잘 구별되지 않아 '오미크론 스텔스'라 불린다. 게다가 기존 오미크론인 BA.1보다 전파 속도가 빠르다. 덴마크의 한 연구에 따르면 BA.2는 BA.1보다 전염력이 1.5배 높다. 영국에서는 BA.2의 가정 내 전파 속도가 오미크론 변이보다 3%가량 더 빠르다는 연구 결과도 나왔다. 단 중증화율에 대해서는 아직 분석 중이다.

BA.2는 남아프리카공화국에서 100% 우세종이 됐으며, 덴마크, 인도 등에서도 오미크론 변이를 대체하고 있다.

2

기대보다 늦어진 K백신 언제 나올까

2021년 11월 23일, 남아프리카공화국에서 처음 발견돼 WHO에 보고된 오미크론 변이 바이러스는 기존에 나온 코로나19 백신들을 무력화시켰다. 그전에도 백신을 맞았지만 코로나19에 확진되는 '돌파감염'이 자주 발생하면서 백신 접종이 감염 회피를 100% 보장할 수 없다는 점은 알았지만 오미크론 등장으로 인해 백신의 효용성은 더 떨어지게 됐다.

많은 나라에서 백신을 상당수 접종했음에도 2021년 12월 들어 감염자 수가 다시 급증하면서 우려가 커졌다. 오미크론의 등장으로 미국에서만 하루 코로나19 신규 확진자 수가 100만 명을 넘는 등 기대했던 백신 효과를 무색하게 만들었다. 전파 속도가 빠른 오미크론이 우세종으로 자리잡으면서 글로벌 제약사들은 오미크론에 대응한 맞춤형 백신 출시를 천명했다.

우리나라 제약사들 역시 백신 국산화를 위한 노력을 지속하고 있다. 특히 오미크론을 비롯한 다양한 변이가 생겨나면서 급속한 바이러스 확산에 조속하게 대응할 수 있는 mRNA 백신에 거는 기대가 높아졌다. 국내 주요 제약사들은 컨소시엄을 구성해 공동 연구를 진행하고 있다.

하지만 우리나라는 아직까지 독자적인 코로나19 백신을 만들지 못했다. 코로나19 초기부터 '백신 주권' 확보를 강조하고, 많은 업체가 개발에 뛰어들었지만 국산 백신 출시는 예상보다 늦어지고 있다. 국산 코로나19 백신 개발이 더딘 것을 국내 업체들이 기술력이 부족한 탓만으로 돌리긴 어렵다. 애초에 개발에 진입한 시기가 늦은 데다 코로나19 초기에 부족했던 정부 지원까지 합쳐져 복합적인 이유로 발생한 것이다. 정부가 초기에 백신의 중요성을 간과하지 못하고 뒤늦게 해외 백신을 구하느라 애를 먹은 점만 봐도 정부의 백신 개발 지원 의지는 미흡했다고 볼 수밖에 없다.

미국은 '초고속 작전'을 통해 100개가 넘는 백신 업체 가운데 가능성이 큰 6곳을 선정해 코로나19 확산 첫해인 2020년 말까지 총 188억 달러를 지원했다. **모더나, 얀센, 노바백스, 존슨앤드존슨** 같은 미국 기업뿐만 아니라 영국 **아스트라제네카**, 프랑스 **사노피**까지 포함시켰다. 모더나의 경우 2010년 창업 후 매출 실적은 미미했지만 새로운 mRNA 코로나19 백신 개발 비용으로 미국 정부로부터 6회에 걸쳐 약 59억 달러를 지원받았다. 모더나는 2020년 4월 '백신 후보군 개발 가속화 지원' 자금 4억 3000만 달러를 필두로 설비 확대 구축, 임상3상 지원, 위탁 생산 가속화, 생산 비용 지원 등의 명목으로 충분한 개발

실탄을 확보했다. mRNA 방식은 백신 분야에서 처음 시도된 것이었지만 미국 정부는 철저한 전문가 검증을 거쳐 과감히 베팅했다. 미국은 또 국방물자생산법DPA을 동원해 백신 원자재 수급을 원활하게 해주고, 가격을 통제해주기도 했다.

반면 우리나라는 코로나19 백신 임상시험 예산으로 2020년 490억 원, 2021년에는 추경 예산 980억 원을 합쳐 1667억 원에 그쳤다. 이 금액을 임상에 돌입한 회사들이 나눠 가졌지만 백신 임상3상만 해도 1000억 원 넘게 들기 때문에 업계에서는 기술이 있어도 사업 진행이 힘들다고 하소연해왔다.

2021년 5월 ≪매일경제신문≫이 코로나19 치료제·백신 개발 기업애로사항 해소지원센터에 등록된 업체 20곳을 전수조사한 결과, 이들 가운데 최소 6개~7개사가 개발을 멈춘 것으로 확인됐다. 한 업체는 백신 후보물질에 대한 효능 검증을 마쳤지만 이를 백신화하기 위한 단백질 정제에서 기술 장벽에 부딪혔다. 정부로부터 백신 비임상 예산을 일부 지원받았지만 이후 인체 임상까지 진행할 엄두가 나지 않아 개발을 중단했다. 대다수 국내 업체는 코로나19 백신 개발이 늦어진 데 대해 뒤늦은 개발 착수, 자금 부족, 낙후된 지원 인프라, 기술력 부재를 주된 이유로 꼽았다. 제롬 김 국제백신연구소 사무총장은 "상업성이 떨어지고 위험성이 높더라도 백신 개발에 대한 충분한 자금 지원과 함께 정부 내에 R&D를 지원할 수 있는 총괄 조직이 있어야 한다"고 강조했다.

한편 오미크론 같은 코로나19 변이 바이러스가 연이어 나타나면서 신종 변이에 잘 듣는 백신 출시 경쟁이 본격화 되고 있다. 일찌감치 코로나19 백신을 내놓은 화이자나 모더나는 자사 제품이 오미크론 대응에 효과가 낮다는 점을 인정하고 2022년에 오미크론에 효과를 내는 신규 백신 출시 계획을 밝혔다. 오미크론 변이는 50개 이상 유전자 돌연변이가 확인된 변이다. 이 가운데 32개가 감염과 백신 면역에 연관된 스파이크 단백질에 몰려 있다. 그동안 전세계를 휩쓴 델타 변이(16개)의 2배나 된다. 그러다 보니 백신 접종으로 감염을 막아내는 면역 회피 반응을 기대하기 힘들다. 이를 극복하는 백신을 먼저 출시하는 업체가 시장을 주도해갈 수밖에 없다.

국내 업체들은 일단 코로나19 백신 개발에만 성공하면 해당 제조 플랫폼을 활용해 오미크론 변이에 대응할 만한 백신을 순차적으로 내놓을 수 있다고 말한다. 하지만 코로나19 확산 초기에 백신 개발을 선언하며 꿈에 부풀게 했던 우리나라 제약사들이 사업 진행에 속도를 내지 못하거나 개발 방향을 바꾸면서 실망감을 안긴 전력이 있어 의구심이 든다.

대표적인 사례 중 하나는 **제넥신**이다. 2020년 6월 제넥신은 **제넨바이오**, **바이넥스**, **포스텍** 등과 컨소시엄을 구성해 국내 업체로는 처음으로 코로나19 백신 임상시험 계획IND을 승인받았다. 제넥신은 아직 전세계적으로 출시된 적이 없는 DNA 백신 방식으로 신속한 개발을 강조했지만 잦은 임상 계획 변경으로 구설수에 올랐다. 제넥신 측은 후보물질인 'GX-19'의 임상1상이 순조롭게 진행되고, 정부 지원을 받아 임상2·3상도 일정대로 속개된다면 전세계에서 가장 빨리 백신을 내놓을 수 있다는 기대도 밝혔지만 그런 일은 일어나지 않았다. 당시 제넥신은 임상1상을 2020년 9월 중순 마무리하고 나서 곧장 2a상에 착수해 연말까지 끝낸 뒤 2021년 초 임상3상을 거쳐 그해 말까지 백신 개발 완성이라는 로드맵을 제시했다.

하지만 2020년 12월 후보물질을 'GX-19'에서 'GX-19N'으로 변경해 식약처(식품의약품안전처)로부터 임상1상과 2a상 승인을 다시 받았다. 당시는 미국과 유럽에서 화이자 백신 접종이 시작되는 시점이었다. 제넥신 측은 갑작스러운 후보물질 변경에 대해 "글로벌 시장에 이미 코로나19 백신이 나오는 상황에서 비슷한 수준의 백신을 늦게 출시해서는 크게 경쟁력이 없다고 판단해 백신 효능을 업그레이드하기 위한 것"이라고 설명했다. 코로나19 바이러스 변이가 심해지는 상황에서 시간이 좀 더 걸리더라도 변이에 대응할 수 있는 개선된 백신 제품을 내놓겠다는 것이다. 제넥신에 따르면 GX-19N은 변이가 발생해도 코로나19 바이러스의 물질적 특성을 그대로 갖고 있는 '뉴클레오캡시드'를 타깃으로 하는 새로운 물질이다. 뉴클레오캡시드는 바이러스 내부에 존재하는 단백질로 바이러스의 DNA나 RNA 등 유전물질을 보호하는 역할을 하는데 이를 제거함으로써 변이를 막아 백신 효과를 높일 수 있다는 게 회사 측 설명이다.

하지만 제넥신은 2021년 8월 GX-19N을 1차 접종이 아닌 접종 완료 후 효능 보강을 위한 추가 접종(부스터샷)용으로 전환한다고 밝혔다. 당시 제넥신은 임상 환자를 구하기 쉬운 인도네시아에서 글로벌 임상2·3상을 진행 중이었는데 백신 투여 대상을 건강한 성인에서 이미 백신을 맞은 사람으로 변경했다. 이로 인해 제넥신은 인도네시아인들이 주로 맞는 중국산 **시노백**이나 **시노팜** 코로나19 백신을 맞은 뒤 3개월이 지난 사람을 대상으로 부스터샷 임상을 하게 된 것이다. 제넥신 관계자는 "인도네시아에서 접종 후 코로나19에 확진되는 돌파감염이 늘면서 1·2차 접종보다는 부스터샷이 필요하다는 사업적 판단에서 임상 방향을 바꾼 것"이라고 해명했다. 일각에서는 제넥신이 코로나19 백신 개발을 위해 정부 예산 93억 원을 받았는데 국내에서는 맞지도 않는 중국산 백신을 위한 부스터샷용으로 개발하는 데 대해 문제를 지적하기도 했다. 이처럼 오락가락했던 제넥신은 2022년 3월 결국에는 인도네시아와 아르헨티나에서 예정했던 GX-19N 임상마저 포기한다고 밝혔다. 회사는 다른 코로나19 백신이 많아진 가운데 DNA 기반 백신의 사업성이 낮다는 이유를 내세웠지만 업계는 임상 계획의 잦은 변경 자체가 기술력 부재를 입증한 셈이라고 평가한다.

그렇다면 국산 코로나19 백신 개발은 어디까지 진행된 걸까. 국내 업체들 가운데 코로나19 백신 개발이 가장 빠른 곳은 합성항원 방식을 택한 **SK바이오사이언스**다. 회사는 아스트라제네카와 노바백스의 코로나19 백신을 위탁 생산하는 데다 기존에 독감 백신 출시 역량을 살려 자체 코로나19 백신 개발에 나섰다. 현재 국내 피험자 500명 이상 등을 포함해 총 4000여 명을 대상으로 다국적 임상3상을 진행 중이다. SK바이오사이언스는 2022년 상반기 식약처 허가를 받아 백신 출시를 목표로 하고 있다. 앞서 2021년 11월 SK바이오사이언스는 백신 물질 'GBP510'를 **글락소스미스클라인(GSK)**의 면역증강제와 함께 투여한 접종군 99%에서 코로나19 바이러스를 무력화하는 중화항체 형성이 확인됐다는 임상 1·2상 결과를 발표했다. GBP510는 SK바이오사이언스가 미국 워싱턴대학교 항원디자인연구소IPD와 협업하고, 민간국제기구인 감염병대비혁신연합CEPI의 비용을 지원받아 개발 중인 합성항원 백신이다. 유전자 재조합 기술을 이용해 만든 항원 단백질을 주입해 면역반응을 유도하는 재조합(합성항원) 방식이다. B형 간염 백신이나 HPV(사람유두종 바이러스) 백신 등 이미 사

국내 코로나19 백신 임상시험 현황

제조업체	방식	진행 상황
SK바이오사이언스	합성항원	임상3상 진행 중
유바이오로직스	합성항원	임상3상 진행 중
HK이노엔	합성항원	임상1상 투약 종료
진원생명과학	DNA	국내 임상2a상 진행 중
큐라티스	mRNA	임상1상 진행 중
아이진	mRNA	임상1·2a상 승인, 임상1상 진행 중
셀리드	바이러스 벡터	임상1상 진행 중

2022년 3월 초 기준

용을 통해 안전성을 검증받았다. SK바이오사이언스가 위탁 생산 계약을 체결한 노바백스의 코로나19 백신도 대표적인 단백질 재조합 백신이다.

SK바이오사이언스를 포함해 2022년 3월 초 기준 코로나19 백신 임상을 하고 있는 국내 업체는 **유바이오로직스, HK이노엔, 진원생명과학, 큐라티스, 아이진, 셀리드**까지 총 7곳이다. SK바이오사이언스와 유바이오로직스가 임상3상에 들어갔고, 나머지 업체들은 1상 및 2상 초기 단계다. 반면 전세계적으로는 같은 기간 137종의 백신 후보물질이 임상시험 중이고, 승인된 코로나19 백신은 28개나 된다.

유바이오로직스는 SK바이오사이언스와 마찬가지로 합성항원 방식을 택했다. 이 방식으로 개발한 백신인 유코백-19EuCorVac-19은 임상 1·2상을 마치고, 2022년 1월 임상3상을 승인받아 본격적인 임상에 돌입한다. 정부의 신속하게 승인 방침을 내리면 연내에 품목허가를 노려볼 수 있다는 평가다.

HK이노엔도 같은 방식의 백신 'IN-B009'에 대한 임상1상 40명 대상 투약을 2021년 12월 마쳤다. 임상2상은 피험자 모집을 쉽게 하기 위해 중동 등 여러 국가에서 하는 방안을 검토 중이다.

제넥신이 진행하다 포기한 방식인 DNA 기반 백신을 만드는 진원생명과학은 후보물질 'GLS-5310'을 갖고 국내는 임상2a상, 미국에서는 FDA로부터 임상1상 승인을 받았다.

DNA 백신은 바이러스가 아닌 DNA 일부를 인체에 주입해 면역반응을 유도한다. DNA가 세포핵에 자리를 잡는 일명 '형질 주입' 과정을 통해 세포핵이 필요로 하는 mRNA를 생산하도록 하는 것이다. 화이자나 모더나 백신이 mRNA를 직접 몸속으로 넣는 것이지만 DNA 방식은 세포핵에서 mRNA를 생성하게 하는 단계를 더 거친다는 점에서 효율이 떨어진다는 지적도 있다. 특히 DNA를 세포핵에 전달하기가 어려운 점이 단점으로 꼽혀왔는데 '전기천공' 같은 고효율의 체내 전달법이 개발되면서 활용 가능성을 높여왔다. DNA 백신은 세포핵에서 지속적으로 바이러스의 mRNA 정보를 보낼 수 있어 백신 유효기간이 길고, 대량생산과 실온 보관 등의 장점이 있다.

진원생명과학의 DNA 백신은 주사기를 통해 백신을 피부에 투여한 뒤 백신 액상이 피부 위에 볼록 올라왔을 때 흡인 압력을 가해 DNA가 세포핵으로 들어가게 하는 방식이다.

이미 전세계적으로 상용화가 된 mRNA 기술을 바탕으로 백신을 개발하는 국내 업체로는 아이진이 있다. 2020년 8월 회사는 임상 1·2a상 계획을 승인받고 1상을 하고 있다. 약물 전달체로 지질나노입자를 사용하는 기존 mRNA 백신과는 달리 약물이 투여 부위에서 국소적으로 발현하는 양이온성리포좀을 활용해 이상 반응 발현 가능성이 낮출 것으로 기대된다. 큐라티스는 미국 면역치료제 개발사인 **HDT바이오**와 RNA 백신 개발을 진행 중이다. 2021년 1월 국내에서 첫 환자 투여를 시작했다. 큐라티스는 충북 오송 공장에서 RNA 합성을 통한 원액 생산, 지질나노입자, 완제품까지 모든 공정을 자체 수행할 수 있다.

에스티팜은 2021년 12월 식약처에 mRNA 코로나19 백신 후보물질 'STP2104' 임상1상 계획을 신청했다. STP2104는 국내 최초로 개발되는 mRNA-LNP 코로나19 백신으로 2022년 1분기부터 한국인을 포함한 만 19~55세 30명에 대해 다국가 임상1상에 착수할 계획이다. 에스티팜은 자체 백신 개발뿐만 아니라 타사의 mRNA 백신 제조에 쓰이는 원부자재 공급에도 적극적이다. 회사는 mRNA 원료 생산의 핵심인 '5프라임 캡핑' 기술을 자체적으로 확보해 현재 미국 **트라이링크**가 독점 중인 해당 기술을 30% 이상 저렴한 가격으로 대량 공급할 수 있다. RNA 배열이 시작하는 끝을 '5프라임 말단'으로 부르는데 여기에 보호막(캡)을 씌우는 기술이 5프라임 캡핑이다. 캡은 단백질 생산을 돕고, mRNA가 파괴되지 않도록 막아준다. 이와 함께 에스티팜은 불안정한 상태의 mRNA를 감싸 체내에 전달하는 데 필요한 지질나노입자 기술도 자체 개발에 성공했다.

셀리드는 2021년 11월 백신 후보물질 'AdCLD-CoV19'에 대해 임상2b상·3상 계획을 제출했다. 임상2b상은 국내외 125명을 대상으로, 3상은 4100명을 대상을 한다. 2022년 1분기에 글로벌 임상 중간 결과를 도출해 2분기 들어 국내 조건부 허가를 신청하는 것을 목표로 하고 있다. 셀리드의 코로나19 백신은 바이러스 벡터(운반체) 방식이다. 인체에 해가 되지 않는 바이러스에 코로나19 바이러스 유전자를 주입해 만드는 방식이다. 아스트라제네카와 얀센의 백신이 대표적이다. 아스트라제네카와 옥스퍼드대학교가 공동으로 개발한 바이러스 벡터 백신은 침팬지에게 감기를 일으키는 아데노 바이러스를 운반체로 사용한다. 아데노 바이러스에 코로나19 바이러스의 스파이크 단백질을 만드는 유전자를 심는다. 이를 인체에 주입하면 면역체계는 진짜 바이러스로 인식해 면역반응을 일으킨다. 수십 년 전개발되어 에볼라 바이러스Ebola virus 백신 등을 만드는 데 활용했을 만큼 인체에 무해하고 안전성이 높다.

정부는 2022년 코로나19 치료제 및 백신 임상 지원 사업에 893억 원의 예산을 투입할 예정이다. 코로나19 치료제 임상 지원에 475억 원, 백신 임상 지원에 418억 원이 투입된다. 백신 개발 지원 프로그램도 강화하고 있다. 식약처는 '우리 백신 프로젝트'와 '고GO·신속 프로그램' 등을 통해 기존에 180일이 걸리던 백신 및 치료제의 허가 심사 기간을 40일로 단축했다. 또한 개발 중인 백신을 사전에 구매함으로써 자금을 조달해주는 계획도 갖고 있다. 정부는 임상2상 중간 결과 및 임상3상 진입을 전제로 유효성과 안전성을 고려해 선구매 대상 백신을 확정한다. 정부는 2022년 국산 코로나19 백신 1000만 회분 도입을 위해 예산 1920억 원을 확보했다. 김부겸 국무총리는 "2022년 상반기까지 1호 국산 코로나19 백신이 상용화되어 백신 주권을 실현하도록 총력 지원하겠다"고 말했다.

암도 백신으로 예방되나요

자궁경부암은 자궁 입구에 발생하는 암이다. 전세계 여성에서 발생하는 암 가운데 자궁경부암이 차지하는 비율은 15%로서 여성암 발생 비율 2위다. 국내에서도 2017년 국가암등록통계 기준 전체 여성암 발생의 3%를 차지한다. 이는 여성에서 발생한 암 중 7번째로 높은 발생률이다. 하지만 백신이 개발돼 예방이 가능한 유일한 암이기도 하다. 자궁경부암을 일으키는 원인은 다양하지만 그중 가장 직접적인 것은 '사람유두종 바이러스'라 불리는 HPV다.

HPV는 사람의 몸에서 사마귀 등을 일으키는 흔한 바이러스다. 자궁경부 외에도 외음부, 질, 성기, 항문, 편도선 등에 영향을 미친다. HPV에 감염되더라도 70%~80%의 여성은 1년~2년 뒤 자연 치유된다. 하지만 일부 여성은 지속적으로 감염 상태가 유지되는데 이런 세포 유전체의 변이가 축적되면 자궁경부에 종양이 생기고 암으로 발전한다. 바이러스 감염 시기로부터 짧게는 수개월, 길게는 수십 년에 걸쳐 진행된다.

하지만 크게 걱정할 필요는 없다. 자궁경부암 발생 원인의 70%에 해당하는 HPV 16형과 18형은 백신이 나왔다. MSD가 개발한 가다실Gardasil이 그 주인공이다. HPV에 노출되기 전, 즉 성접촉을 시작하기 전에 접종할 경우 HPV 감염을 차단해 암 예방이 가능하다. 국내에서 HPV 백신은 2016년부터 국가예방접종으로 도입돼 무료 접종이 가능하다. 9세~13세 연령기에 6개월 간격으로 2회 접종한다.

자궁경부암 백신은 유전자 재조합 기술을 활용했다. 몸의 면역세포가 인식하는 부위인 '항원'을 만드는 유전자를 인체에 해가 없는 다른 바이러스에 끼워 재조합했다. 외형은 HPV 바이러스와 같지만 유전자가 없어 실제 감염 효과를 일으키지 못한다. 대신 인체의 면역세포가 바이러스의 외양을 기억해 나중에 실제 바이러스가 침입했을 때 바이러스에 감염되지 못하도록 막는다. 마치 지명수배자의 사진을 배포해 수배자가 나타났을 때 범죄를 일으키지 않도록 경찰에 신고하라고 유도하는 것과 흡사하다.

가다실처럼 암을 예방하거나 치료하는 백신 시장이 빠르게 성장하고 있다. 항암 백신은 인체 면역체계에 암세포 특유의 항원을 기억시켜 암세포를 항시 공격할 수 있도록 교육시키는 기술이다. 항원 형태나 항원 전달 방법 등 다양한 기술이 있으며, 펩타이드, DNA, RNA, 수지상세포 등을 이용한다. 글로벌 항암 백신 시장은 2018년 42억 3000만 달러 규모에서 연평균 14.2%씩 성장해 2028년 159억 4000만 달러 규모로 성장하리라 예상된다. 2028년엔 항암 백신 시장이 전체 백신 시장의 2위 수준으로 뛰어오를 것이란 전망도 나온다.

특히 코로나19로 mRNA 백신의 가능성을 확인한 만큼 mRNA를 활용한 항암 백신 개발도 활발해지고 있다. 이미 잘 알려진 50가지 암 유발 유전자 돌연변이에 대해 mRNA 백신으로 면역 기억을 만들면 초기 암 발생 시 암세포 제거가 가능하다는 이론은 mRNA를 활용한 항암 백신 연구에 불을 지폈다.

현재 해외에서는 mRNA 항암 백신과 면역항암제의 병용 임상연구가 활발하게 진행되고 있다. **모더나는 머크**와 협력하고, **큐어백·바이오엔테크**는 **로슈·제넨텍**과 협력해 고형암(폐, 위 등 고체로 된 장기에 생긴 암) 등에 대해서 병용 임상을 진행하고 있다.

항암 백신은 크게 예방 백신과 치료 백신으로 나눌 수 있다. 예방 백신은 말 그대로 건강한 일반인을 대상으로 질병 예방을 위해 투약하는 의약품이다. 코로나19 백신을 비롯해 독감 백신 등이 있다. 치료 백신은 질병을 보유하고 있는 환자의 치료를 목적으로 자가 항원 self-antigen 등을 주입해 면역체계를 강화한다. 대표적인 사례가 2010년 FDA로부터 승인받은 전립선암 치료제 프로벤지Provenge다. 프로벤지는 환자로부터 백혈구를 추출해 백신 성분과 섞은 뒤 다시 환자에게 주사하는 방식의 개인 맞춤 암 백신이다. 미국 바이오 기업 **덴드리온**이 개발한 말기 전립선암 치료제다. 자궁경부암 예방 백신인 가다실과 달리 환자 혈액으로부터 면역세포를 추출해 종양 부위에 재주입하는 방식이다. 면역세포를 종양 부위에 투입하면 세포 면역을 담당하는 T세포를 자극해 종양을 공격한다.

코로나19 백신으로 주목받은 모더나도 항암 백신 개발에 나섰다. 맞춤형 백신 'mRNA-4157'과 KRAS 변이를 조준한 'mRNA-5671'를 개발하고 있다. MSD와 공동 개발 중이며 블록버스터 면역항암제 키트루다Keytruda와 병용 요법으로 임상시험을 진행하고 있다. 모더나는 항암 백신 개발을 위해 2021년 8월 **오토러스 테라퓨틱스**로부터 4개 면역항암 타깃에 대해 선택적으로 암세포를 노릴 수 있는 바인더 기술을 도입하기도 했다.

화이자와 함께 코로나19 백신을 개발한 독일의 **바이오엔테크**도 항암 백신을 개발하고 있다. 바이오엔테크 연구진은 암을 공격하는 단백질을 만들도록 세포에 지시하는 mRNA 혼합물을 만들었다. 동물실험에서 이 mRNA를 20마리 생쥐에 투입한 결과 40일이 지나지 않아 19마리에서 암세포가 완전히 사라졌다.

국내 기업들도 mRNA 활용 항암 백신 개발에 나섰다. **에스티팜**과 **테라젠바이오**는 신항원Neo-antigen mRNA 항암 백신의 공동 연구개발 및 CDMO(위탁개발생산) 협력에 관한 MOU를 체결했다. 에스티팜은 5프라임-캡핑 및 지질나노입자 전달 플랫폼 기술을 테라젠바이오에 제공하고, 임상부터 상업화 이후 mRNA-LNP 백신 원액의 CDMO를 담당할 계획이다. 테라젠바이오는 유전자 서열 분석을 통한 신항원 예측법으로 mRNA 항암 백신 후보물질 도출을 담당한다. 에스티팜은 자체 항암 백신 후보물질 개발도 추진 중이다.

셀리드는 암 항원 유전자와 면역증강제를 암 환자의 B세포와 단구세포에 주입해 다시 몸속으로 투여하는 셀리백스CeliVax 플랫폼 기술을 **LG화학**에 기술이전했다. 셀리백스는 세포 기반 항암 면역 치료백신 기술로 환자에서 유래한 자가 B세포 및 단구를 항원제시세포로 이용하는 유전자 도입 세포 치료제다. 암항원과 면역 증강제를 함유해 다양한 항암 면역 작용을 강력히 유도하고 1일 제조 공정의 신속성을 특장점으로 한다.

3

게임체인저된 경구약,
부진한 K치료제

글로벌 제약사에서는 먹는 형태의 코로나19 치료제 개발에 집중하고 있다. 먹는 치료제는 주사제보다 간편해 확진자 수 증가로 재택 치료가 많아지는 상황에서 사용이 더 편하다. 타미플루로 신종플루 유행세를 잡는 데 성공했듯이 코로나19 역시 알약형 치료제가 '게임 체인저'가 될 수 있다는 기대가 크다. 특히 2021년 말부터 오미크론 변이가 창궐하며 백신 접종에도 불구하고 확진자가 줄지 않고 있어 치료제 개발의 중요성은 더욱 높아지고 있다.

가장 먼저 허가를 받은 경구 치료제는 미국 **MSD(머크)**가 개발한 라게브리오Lagevrio다. 뇌염 바이러스 치료제로 개발되다가 코로나19에 효과가 있음이 확인돼 방향을 바꾼 이 치료제는 2021년 11월 영국이 세계 최초로 긴급사용을 승인했으며 2021년 12월 미국 FDA도

라게브리오 사용을 승인했다.

라게브리오는 바이러스가 몸속에서 복제되는 것을 막는 방식으로 환자를 치료한다. 코로나19 바이러스는 RNA 중합효소라는 것을 통해 바이러스 RNA를 복제하는데 라게브리오는 RNA 유사체로서 바이러스 복제 과정에서 필요한 정상적인 RNA 대신 들어가 바이러스 기능을 잃도록 유도한다.

MSD가 감염 5일 이내 코로나19 환자 775명을 대상으로 진행했던 임상3상 시험에 따르면 복용 29일 뒤 라게브리오를 복용한 환자 중 7.3%만이 병원에 입원했고 사망자는 한 명도 없었다. 반면 위약(실제 의약품으로는 아무런 효과가 없는 물질)을 복용한 임상시험 참가자 중에서는 8명이 사망했다. 입원율 역시 14.1%로 라게브리오 복용군에 비해 2배 가까이 높았다. 회사 측에 따르면 라게브리오는 코로나19 바이러스의 유전암호 오류를 유도하는 방식으로 작용해 델타 변이를 포함한 모든 변이에 효과가 있다.

MSD는 2021년 말까지 1000만 명에게 투약할 수 있는 물량을 생산했고 2022년에는 생산량을 더 늘릴 수 있을 것으로 기대하고 있다. 미국 정부는 이미 170만 명 치료분을 구입하기로 했다. 약값은 미국에는 1명 치료분을 700달러에 팔기로 잠정 결정했다. 미국 외 다른 국가들은 국가마다 소득 수준을 고려해 다르게 책정할 방침이다.

다만 MSD의 치료제가 기형아 등 사람의 유전자 발현에 치명적인 부작용을 일으킬 수 있다는 경고가 잇따라 제기되고 있다. FDA에서 라게브리오를 긴급사용승인할 것인지 심사하는 과정에서도 자문위원 23명 중 10명이 반대했다. 항바이러스 효과가 48%에서 30%로 낮아진 데다, 이 약물이 DNA에 돌연변이를 일으킬 수 있다는 동물실

화이자 vs MSD(머크) 코로나19 경구 치료제 비교

화이자 '팍스로비드'	구분	MSD '라게브리오'
89%	효과(입원·사망 확률 감소)	50%
30알	투여량(5일)	40알
2021년 18만 명 2022년 5000만 명	공급 계획	2021년 1000만 명 2022년 2000만명
머크와 비슷	가격	700달러(닷새 치료분)

험 결과가 나왔기 때문이다. MSD는 이에 강력 반발하고 있다.

우리나라에서도 2022년 2월 현재 라게브리오 20만 명 분을 확보했지만 낮은 효능과 부작용 우려에 긴급사용승인을 고심하고 있는 상황이다. 다만 2022년 3월 WHO는 코로나19 치료 가이드라인을 개정하며 경구용 항바이러스제로는 처음으로 라게브리오를 치료제로 권고했다. 개정된 지침에 따르면 WHO는 라게브리오를 입원 위험이 매우 높은 고위험군 환자에 대해 조건부로 권고했다. 코로나19 백신을 맞지 않은 환자와 면역 치료 등으로 면역이 심각하게 결핍된 환자, 고혈압이나 중증 당뇨병 등 고위험군 만성질환자 등이 포함된다.

코로나19 백신을 개발한 **화이자**는 2021년 11월 FDA에 코로나19 경구용 치료제 팍스로비드Paxlovid에 대한 긴급사용승인을 신청했다. 팍스로비드도 라게브리오처럼 바이러스 복제와 활성을 방해한다. 팍스로비드는 화이자가 개발한 알약 니르마트렐비르nirmatrelvir와 이미 시중에서 인간면역결핍바이러스HIV 치료에 사용되는 항바이러스제 리토나비르Ritonavir를 함께 복용하는 방식으로 구성되어 있다. 이 약

은 바이러스가 복제할 때 필요로 하는 단백질 분해효소인 3CL 프로테아제의 활성화를 막아 바이러스 증식을 억제한다.

화이자는 임상2·3상 중간 결과에서 중증으로 악화할 가능성이 높은 기저질환자들이 팍스로비드를 복용했을 경우 증상 발현 5일 내 입원·사망 확률이 약 85% 감소했고 증상 발현 4일 내 투약할 경우 입원 사망 확률이 89%까지 감소한다고 설명했다. 2022년 2월 국내에서는 중증으로 이어질 가능성이 높은 소아 및 50대 이상 성인 고위험군을 대상으로 이 약을 처방하고 있다. 그중에서도 증상이 나타난 지 5일 이내인 초기 경증 환자가 주요 대상이다. 2022년 1월 13일 2만 1000명 분의 초도 물량이 들어온 이후 2022년 3월까지 11만 8000명 분의 팍스로비드가 국내에 반입됐다. 처방받은 사람은 2022년 3월 3일까지 2만 5342명이다.

전세계의 다른 제약사들도 경구용 코로나 치료제 개발에 박차를 가하고 있다. 일본 **시오노기 제약**은 **일동제약**과 코로나19 치료제 공동개발에 착수했고 미국 **길리어드 사이언스**는 코로나19 환자들에게 사용 중인 렘데시비르Remdesivir를 정맥주사 방식에서 경구용으로 변환하는 연구를 진행하고 있다.

2021년 1월까지 식약처의 승인을 받아 국내에서 진행 중이던 코로나19 치료제 임상시험은 21건이었다. 1년이 지난 2022년 2월 기준 국내에서 코로나19 치료제로 식약처의 정식 허가를 받은 제품은 **셀트리온**의 렉키로나, 단 하나뿐이다.

2021년 2월 5일 식약처는 셀트리온의 코로나19 항체치료제 렉키로나에 대해 임상3상 시험 제출을 조건으로 품목허가를 했다. 투여 대상은 60세 이상 또는 심혈관계질환, 만성호흡기계질환, 당뇨병,

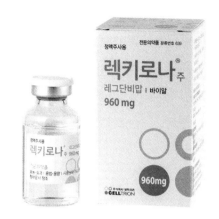

셀트리온의 코로나19 항체치료제 '렉키로나'

출처: 셀트리온

고혈압 중 하나 이상에 포함되는 고위험군의 경증 및 중등증 환자다. 식약처는 이후 2021년 9월 17일 렉키로나를 코로나19 치료제로 정식 승인했다.

2021년 11월 유럽연합집행위원회EC 또한 렉키로나에 대해 정식 품목허가를 승인했다. 국내 바이오 업체가 신약 후보물질을 자체 개발해 임상을 마친 후 유럽 허가를 얻어낸 신약은 렉키로나가 처음이다.

유럽연합집행위원회가 승인한 렉키로나의 적응증 대상은 코로나19가 확진된 성인(만 18세 이상) 가운데 보조적인 산소 공급이 필요하지 않고 중증으로 이환 가능성이 높은 환자로 국내 품목허가와 동일하게 정맥 투여 60분 단회 투약하는 방식이다.

앞서 한국, 미국, 스페인 등 전세계 13개국의 코로나19 경증 및 중등증 환자 1315명을 대상으로 실시한 렉키로나의 글로벌 임상3상에서는 고위험 환자군 중에서 중증환자가 되는 비중이 위약군과 비교해 72% 감소했다. 고위험군에서 확진이 되더라도 위약군과 비교해 4.7일 이상 빠르게 증상이 개선됐다. EMA는 이 같은 임상 결과와 함께 2021년 2월 이후 국내에서 이미 2만 명이 넘는 환자에게 투약하며 입증된 안전성과 효능을 높이 평가한 것으로 알려졌다.

렉키로나의 유럽 허가는 국내 바이오업계에 새로운 전기를 제공했다. 지금까지 국내 제약바이오 기업은 임상3상 이전 글로벌 제약사에 기술수출을 진행해 수익을 얻거나 바이오의약품(생물의약품)의 복제약인 바이오시밀러를 특허 만료 시점에 개발하는 경우가 대부분이었다. 글로벌 제약사의 의약품을 CDMO 하는 **삼성바이오로직스** 같은 사례는 있었지만 렉키로나처럼 신약 후보물질부터 정식 승인까지 한 회사가 도맡아 진행했던 사례는 단 한 차례도 없었다. 임상3상에 수천 억 원이 드는데 연 매출 2조 원을 기록하는 회사가 없는 국내 바이오업계에서 임상3상은 죽음의 계곡이었기 때문이다. 최근 5년간 국내 제약바이오 업체 중 임상3상을 마치고 신약을 내놓는 곳은 **SK바이오팜**을 비롯해 10곳이 되지 않는다. 오히려 임상3상에 섣불리 나섰다가 쓴맛을 보고 회사의 존폐마저 위태롭게 된 사례가 더 흔하다.

더구나 코로나19 팬데믹 와중에 항체치료제 개발에 성공했다. 일각에서는 셀트리온이 비록 렉키로나 발매로 예상했던 금전적인 수익을 얻지 못하더라도 EMA 품목허가만으로 한 단계 진전했다는 평가가 나온다. 바이오의약품의 임상3상에 성공하며 익힌 노하우는 절대 가볍지 않기 때문이다.

성공적인 렉키로나 개발 프로젝트에 이어 셀트리온은 코로나19 변이 바이러스에 대응한 치료제 개발에도 나섰다. 새로이 개발하는 치료제는 '칵테일' 흡입형 치료제로 칵테일은 항체 두 개를 섞는 요법을 뜻한다.

흡입형은 항체의 주요 작용 기전인 스파이크 부위 항원 결합을 통한 중화능(바이러스 억제력)뿐 아니라 흡입된 항체가 호흡기 점막에 들러붙어 호흡기를 통해 유입되는 바이러스를 걸러주는 '트랩핑' 기전도 함께 갖고 있다. 항체와 바이러스의 결합만으로도 바이러스를 무력화하므로 향후 발생 가능한 변이 바이러스에도 최적화된 플랫폼이다. 공동 개발사인 미국 바이오 기업 **인할론 바이오파마**의 특허 실시권을 바탕으로 개발을 진행 중이다. 여기에 팬데믹 초기부터 구축해온 칵테일 후보항체 풀에서 변이 바이러스 대응력이 가장 우수한 후보항체 'CT-P63'을 선별해서 동시 개발 중인 흡입형 치료제와의 결합을 추진할 계획이다.

　반면 셀트리온 외에 국산 코로나19 치료제 개발은 지지부진하다. **GC녹십자**는 당초 혈장치료제 지코비딕(GC5131A)을 개발하고 있었지만 2021년 5월 11일 품목허가의 첫 관문인 식약처 검증자문단 회의를 통과하지 못했다. GC녹십자는 63명을 대상으로 진행한 임상2a상 자료를 제출했으나 검증자문단은 치료 가능성을 평가하기 위한 11개 탐색적 유효성 평가지표에서 시험군과 대조군의 효과 차이가 전반적으로 관찰되지 않았다고 판단했다. 지코비딕은 코로나19 회복기 환자의 혈액 속 항체를 고농도로 농축해 만든 혈장 분획 치료제다.

　대웅제약은 코로나19 치료제로 개발 중인 카모스타트(DWJ1248)의 임상2상을 종료한 뒤 조건부 품목허가를 신청할 예정이었으나 1차 유효성 평가변수에서 유의미한 결과를 도출하지 못했다. **신풍제약** 역시 국내 10개 이상 대학병원에서 경증, 중증 등 코로나19 환자를 대상으로 피라맥스Pyramax의 유효성과 안전성을 확인하기 위해 임상2상을 진행했지만 1차 평가 변수 목표치를 달성하지 못했다. 다만 신풍제약은 일부 지표에서 피라맥스의 코로나19 치료 효과를 발견해 임상3상을 진행하고 있다.

이밖에 코로나19 치료제 후보물질 모세디피모드(EC-18)를 개발하는 **엔지켐생명과학**도 임상2상에서 투약군 간 통계적 유의성을 입증하지 못했다. **종근당**의 코로나19 치료제 나파벨탄(CKD-314)도 식약처의 조건부 승인을 위한 첫 번째 문턱을 넘지 못했다.

업계에서는 렉키로나 이후 국산 치료제 출시 시기를 예상하지 못하고 있다. 임상3상을 진행하고 있는 후보물질 4개의 개발이 성공적일지는 미지수다. 심지어 국내 치료제 개발이 더 이상 불가능해진 것 아니냐는 우려도 제기된다.

임상시험이 진척 없이 지지부진한 가운데 오미크론 변이가 불확실성을 더욱 키웠다. 전파력이 높은 대신 치명률이 낮은 변이의 특성상 경증과 무증상 환자를 대상으로 하는 치료제가 필요한데 오미크론 변이 전 임상 계획을 설정한 개발사들은 이 같은 특징을 반영하지 못하고 있다.

실제 규제 당국은 오미크론 치료제 효과가 떨어지는 치료제의 긴급사용승인을 취소하고 있다. FDA는 미국 바이오 업체 **리제네론**과 **일라이 릴리**의 코로나19 항체치료제 긴급사용승인을 취소했다. 항체치료제는 인공적으로 만든 항체 단백질을 몸에 주입하는 방식으로 작동한다. 효능을 발휘하려면 인공 항체가 바이러스의 스파이크 단백질에 결합해 인체 침투력을 무력화 해야 하는데 오미크론의 스파이크 단백질에는 수십 종의 돌연변이가 있어 이들 항체치료제가 제힘을 발휘하기 어렵다.

셀트리온 역시 렉키로나에 불똥이 튈까 촉각을 곤두세우고 있다. 만약 오미크론 치료 효과 연구에서 렉키로나가 효과적이지 않다는 결과가 나올 경우 FDA 허가에 제동이 걸릴 수 있다. 다만 모든 항체

치료제가 오미크론에 잘 듣지 않는 것은 아니다. 영국 제약사 GSK가 개발한 항체치료제 소트로비맙Sotrovimab은 오미크론에도 일부 효능을 보이는 것으로 알려진다. 일라이 릴리가 **앱셀레리 바이오로직스**와 손잡고 개발한 베텔로비맙Bebtelovimab은 오미크론 변이용 항체치료제로 2022년 2월 FDA 승인을 받았다.

매번 반박자 느렸던 K방역

장기화된 코로나19 사태에서 K방역은 초기 확진자 수가 완만히 증가했을 때만 해도 성과를 내는 것처럼 보였다. 하지만 확진자가 주기적으로 늘면서 정부의 미숙한 대응은 곳곳에서 드러났다. 거슬러 올라가면 코로나19 사태 초기, 신속한 입국 제한 조치를 취하지 않아 해외발 감염에 노출돼 국내 확진자를 양산했다. 특히 코로나19 예방백신이 부족해 미국과 유럽 국가들은 접종에 들어갔지만 우리는 그무렵 접종 계획조차 세우지 못했다. 미국에서는 화이자 백신 접종이 2020년 12월 14일 처음 이루어졌지만 국내 접종은 그로부터 두 달이 더 지난 2021년 2월 26일에서야 진행됐다. 이후에도 백신 공급 부족을 겪으면서 예정했던 접종 일정을 원활히 소화하지 못했다.

정부는 사태 초기, 소수의 확진자만 격리하면 지금처럼 걷잡을 수없는 추가 감염은 일어나지 않을 것으로 오판했다. 이에 정부는 백신보다는 **셀트리온**의 항체치료제 개발에 더 많은 지원과 기대를 걸었고, 정부와 정치권 인사들의 셀트리온 방문이 이어졌다. 2021년 5월 문재인 대통령의 미국 방문을 통해 **모더나** 백신의 국내 위탁 생산 같은 성과들로 자신감을 얻게 되자 정부는 2021년 7월 1일부터 1회 접종자도 실외 마스크 면제, 실외 다중이용시설 이용 시 인원 기준 제외 등 지금이라면 상상하기 힘든 인센티브 방안을 발표했다. 하지만 시행을 앞두고 6월 말 확진자는 500명대로 올라섰고, 7월에는 1000명대로 치솟았다. 결국 백신 접종률을 높이면 확진자 증가세가 꺾일 것으로 보고 서둘러 내놨던 인센티브 방안은 7월 들어 써보지도 못하고 폐기돼 버렸다.

확진자 급증과 함께 사회적 거리두기 기준이 현실성이 떨어진다는 지적이 나오자 2021년 여름, 정부는 새로운 거리두기 개편안을 내놓았다. 수도권 4인, 비수도권 6인으로 모임 인원을 줄이고, 식당과 카페, 다중시설 이용시간을 제한했지만 '반짝 효과'에 그쳤다. 변이 바이러스가 창궐하면서 백신을 맞고도 돌파감염이 늘면서 정부가 예상했던 '백신 접종률 제고 → 집단면역 달성 → 코로나19 진정' 목표는 여지없이 깨졌다. 제한 조치를 시행하는 과정에서 대상 업종 간 차별, 자영업자들의 고통, 백신 부작용 같은 부정적인 뉴스들이 연일 양산됐다.

2년째 영업을 제대로 하지 못해 폐업이 일상화된 자영업자들의 불만이 커졌지만 정부는 백신 1차 접종률이 70%만 되면 집단면역을 이루어 코로나19가 안정될 것이라는 희망의 끈을 놓지 않았다. 하지만 백신 접종자가 늘어나도 확진자 발생이 지속되자 집단면역 기준을 80%로 올리기도 했다. 심각한 변이 확산에 집단면역이 불가능한 계획임이 드러나자 정부는 1·2차 접종 완료율 70%(18세 이상 기준 80%)를 조건으로 11월 1일부터 단계적 일상 회복을 뜻하는 '위드 코로나'로 전환했다. 높은 백신 접종률로 일찌감치 마스크를 벗어던진 영국과 싱가포르 사례를 참고한 것이다. 위드 코로나로 모임 인원이나 영업 시간 제한을 완화했지만 바이러스 확산이 활발한 겨울철이 도래한 데다 델타 변이보다 확산 속도가 5배나 빠른 오미크론 변이가 추가되면서 2021년 11월~12월 하루 최대 확진자는 8000명에 육박했다.

하지만 확진자 증가로 심각해진 의료 상황임에도 정부는 미지근한 대응을 반복했다. 확진자가 급증해 병실이 크게 부족해지자 재택 치료를 원칙으로 했고, 코로나19 중증 환자들은 병실을 찾아 헤매다가 숨지는 사례도 잇따랐다. 정부는 위드 코로나 시행을 앞두고 하루 1만 명의 확진자가 발생해도 문제없다고 했지만 현실에서는 병상 부족과 위중증 환자 증가로 치명률이 급상승했다. 천은미 이대목동병원 호흡기내과 교수는 "백신 접종률만 믿고 중증 환자 병상 확보를 제대로 하지 않은 상태에서 섣불리 위드 코로나에 돌입했다"며 "중간에 문제를 알고도 '후퇴는 없다'며 고집을 부리다 불과 두 달 2700여 명의 사망을 초래했다"고 지적했다.

그럼에도 정부는 특단의 방역 조치를 즉각 내놓지 못하고 우왕좌왕했다. 예컨대 당초 정부가 위드 코로나 시행 때 발표한 비상 대책 가동 기준에 따르면 전국 중환자실 병상 가동률이 75% 이상이면 비상 대책을 시행해야 했지만 중환자실 병상 가동률이 77%에 달했던 지난 2021년 11월 셋째 주에도 정부는 비상 대응에 들어가지 않았다. '코로나 주간 위험도 평가'가 수도권·비수도권 모두 '매우 위험' 상태였지만 정부가 비상 대책을 내놓지 않자 "정부가 제시한 기준과 원칙을 정부 스스로 어기고 있다"는 목소리가 나왔다. 앞서 사회적 거리두기 시행 때도 정부는 스스로 정해놓은 기준을 엄밀히 지키지 않았다. 확진자 규모나 증가 속도를 보면 가장 높은 단계로 지정해야 했지만 자영업자들의 반발과 경기 침체를 우려해 격상하지 않았다.

정부는 위드 코로나를 시행한 지 한 달여 만에 결국 후퇴 결정을 내렸다. 2021년 12월 6일부터 4주간 수도권 및 비수도권 사적 모임 인원을 각각 6명 및 8명으로 해서 위드 코로나 때 모임 가능 인원이었던 10명 및 12명보다 4명씩 줄였다. 감염 위험 시설에 들어갈 때 제시하는 '방역패스' 대상도 식당·카페, 학원, PC방 등으로 확대했다. 하지만 이마저도 효과를 내지 못하자 12월 18일부터 2주간 전국 사적 모임을 4인으로, 식당과 카페 영업을 오후 9시까지로 제한했다. 위드 코로나 이전보다 규제가 더 강력해진 셈이다.

2022년 2월부터 학원과 교습소, 독서실 등에서 시행하기로 한 12세~18세 청소년 대상 방역패스는 처음부터 학부모와 학생들 반발에 부딪혀 후퇴 행보를 보였다. 한 고등학생은 '백신 패스 결사 반대합니다'라는 제목으로 청와대 국민청원을 올려 수십만 명의 동의를 받았다. 방역패스 조치에 반대해 행정소송, 헌법소원, 효력 정지 가처분소송도 제기됐다. 성급한 발표로 논란을 빚자 정부는 청소년 방역패스 시행을 4월 1일로 연기했다.

하지만 이후 서울행정법원이 함께하는사교육연합 등이 보건복지부 장관을 상대로 낸 방역패스 적용 집행정지 신청을 일부 인용까지 하면서 혼란은 가중됐다. 이후 2022년 1월 서울행정법원은 의료계와 종교계 인사들이 낸 또 다른 소송에서 서울 내 방역패스 대상에서 3000㎡ 이상 상점·마트·백화점을 제외하고, 12~18세 청소년은 17종의 시설 전부에서 방역패스 효력을 정지하라고 결정했다. 효력이 서울에만 미치자 정부는 혼선을 우려해 결국 전국적으로 상점·마트·백화점에서 방역패스를 없던 일로 했다. 그러더니 정부는 오미크론 확산으로 하루 확진자가 20만명을 넘으며 방역패스 효용성 논란이 커지자 급기야 3월 1일부로 식당과 카페, 노래방, 유흥시설 등 모든 다중이용시설과 감염 취약시설에서 방역패스를 전격 중단했다. 방역패스에 대한 치밀한 검토나 사전 의견 수렴 없이 정부가 발표부터 하고 보면서 혼란을 야기한 것이다.

3차 접종을 뜻하는 부스터샷도 당초 고령층 위주로 6개월로 했다가 2차와의 접종 간격을 5개월 또는 4개월에서 다시 3개월로 단축하면서 큰 혼선을 빚었다. 이는 정부가 80% 넘는 백신 접종률만 믿고 위드 코로나를 내세웠지만 백신 효과가 기본 접종 후 3개월 지나면 크게 떨어진다는 사실을 간과한 탓이다.

코로나19로 K방역은 일부 성과를 냈지만 지속적이지 않았고 백신 접종 인센티브를 발표할 때마다 확진자 폭증으로 이어지는 등 사태 예측성은 크게 떨어졌다. 사회적 거리두기에 따른 제한 조치는 수시로 바뀌어서 온 국민이 헷갈렸다. 특히 오미크론 변이로 감염자가 폭증하자 정부는 재택 치료를 원칙으로 하는 새로운 방역 대책을 내놓으면서 현장의 혼란은 가중됐다. 확진이 되어도 기존처럼 정부가 확진자 동선 파악이나 지정된 의료기관 이송을 하지 않게 되자 국민은 확진 판정을 받고 나면 어떻게 해야 할지 고민에 빠졌다. 재택 치료자 가운데 60세 이상과 경구용 치료제 복용자(면역 저하자·50대 기저질환자 등)만을 '집중 관리군'으로 분류해 의료기관으로부터 하루 2회 전화 상담을 받는다. 반면 나머지 연령과 무증상·경증 환자는 의료기관의 정기적인 모니터링이 없고 해열제나 산소포화도 측정기 같은 재택 치료 키트도 지급되지 않아 사실상 셀프self 방역이 됐다. 일선 병원에서는 환자를 모니터링하거나 의약품 공급, 정부와의 연락 체계가 마련되어 있지 않아 치료 실효성이 떨어진다는 지적도 나왔다. 또한 기존에 모두가 받았던 PCR 검사는 60세 이상, 확진자 밀접 접촉자로 한정했고, 대다수는 간편한 신속항원키트 검사를 한 뒤 양성인 사람들만 PCR을 받도록 이원화했다. 검사자 급증으로 시간과 비용을 감안한 조치였지만 PCR 검사에 익숙해진 국민은 그동안 검사 결과를 믿을 수 없다며 공식적인 확진 여부 판단에 쓰지 않았던 신속항원검사를 정부가 꺼내든 데 대해 반발하기도 했다. 하루 PCR 검사를 소화할 수 있는 능력이 되는데도 확진자를 줄이기 위해 정부가 신속항원검사를 통해 위(僞)음성을 양산하는 것 아니냐는 음모론도 나왔다.

결국 정부는 무리한 사회적 거리두기로 자영업자의 불만을 샀고, 방역패스 강제로 접종 기피자들과 법적 공방을 벌였다. 오미크론발 신규 방역 대책은 급조된 탓에 국민은 혼란스러워했고, 이제부턴 확진이 되면 스스로 알아서 회복해야 하는 각자도생(各自圖生)의 길로 들어섰다며 자조하게 됐다.

4

코로나 의약품
위탁 생산에 그치나

지지부진한 국산 코로나19 백신 및 치료제 개발과는 달리 코로나
19 시대에 K바이오 역량을 충분히 발휘하고 있는 분야 중 하나는
CMO(위탁 생산)다. 말 그대로 남의 제품을 위탁받아 그들이 원하는
대로 정확히 만들어주는 것이 핵심인 CMO 사업은 코로나19 이전부
터 바이오시밀러와 함께 국내 바이오 업체들이 본격적인 수익을 내
는 가장 유망한 쌍두마차로 꼽혀왔다.

이런 상황에서 코로나19는 글로벌 평판을 쌓아가던 우리나라
CMO 사업에 날개를 달아줬다. 미국 바이오 기업 **모더나**처럼 연구개
발 능력은 있지만 대규모 생산에는 관심을 덜 쏟았던 업체들이 대박
을 낸 백신 제품을 생산하려면 자기 대신 제대로 만들어줄 회사를
찾아야 하기 때문이다. 실제 모더나는 2021년 5월 국내 **삼성바이오**

로직스와 코로나19 백신에 대한 완제 위탁 생산 계약을 체결했다. 해외에서 생산된 원액을 받아다가 국내에서 무균 충전, 라벨링, 포장 작업을 거쳐 모더나가 지정한 국가들로 수출하는 방식이다. 핵심이 되는 mRNA 백신 원액 제조는 빠졌지만 국내에서 완제 작업을 통해 최종 제품이 만들어지기 때문에 국내 공급이 원활해질 수 있어 주목을 받았다. 양사 간 계약 당시만 해도 국내 백신 부족으로 인해 정부는 접종 계획을 세우는 데 애를 먹고 있었는데 백신 CMO를 통해 국내 생산분을 우리나라에서 쓸 수 있는 기회를 확보한 것이다. 백신 개발사와 협의해 국내 생산 제품을 해외로 보내는 대신에 국내에서 쓸 수 있는 대체 물량으로 전환할 수 있기 때문이다. 실제 삼성바이오로직스가 생산한 모더나 백신 물량은 정부 간 논의 등을 거쳐 국내 공급에 사용됐다. 삼성바이오로직스는 2021년 10월 인천 송도 공장에서 생산한 모더나 백신 초도 물량 243만 5000회분을 국내 모더나 백신 허가·유통사인 **GC녹십자** 오창 공장으로 출하했다.

삼성바이오로직스는 백신 외에도 코로나19 치료제도 위탁 생산하고 있다. 2020년 5월 전세계에서 가장 먼저 코로나19 항체치료제를 개발한 미국 **일라이 릴리**와 CMO 계약을 맺었다. 해당 제품은 코로나19에 감염됐다가 회복한 환자의 혈액에서 항체를 추출해 만든 의약품으로 같은 해 11월 경증 환자를 위한 치료제로 FDA 긴급사용승인을 받았다. 2021년 11월에는 미국 **엔졸리틱스**와 CDMO 계약을 체결했는데 엔졸리틱스는 코로나19 및 인체면역결핍바이러스 단일항체 치료제를 개발 중이다. 삼성바이오로직스는 세포주 개발부터 임상 물질 생산, 임상시험계획 신청 지원 서비스를 제공한다.

2021년 말까지 해외 기업이 개발한 코로나19 백신을 국내에서 위탁 생산하는 제품은 4종에 달한다. 삼성바이오로직스의 모더나 백신 외에 SK바이오사이언스의 **아스트라제네카**와 **노바백스** 백신, **한국코러스** 및 **휴온스글로벌** 컨소시엄의 러시아 스푸트니크Sputnik 백신이다. **화이자**와 **얀센**, 중국산 백신을 빼면 전세계에서 사용 중인 거의 모든 백신이 우리나라에서 생산되고 있는 셈이다.

SK바이오사이언스는 2020년 7월과 8월에 각각 영국 아스트라제네카, 미국 노바백스와 임상3상 중인 코로나19 백신 위탁 생산 계약을 체결했는데 이는 WHO 등을 통해 독감 백신을 공급하면서 기술력을 인정받았기 때문이다. SK바이오사이언스는 경북 안동에 있는 백신 공장 L하우스의 연간 생산 규모를 기존 1억 5000만 도즈에서 그보다 3배 이상인 약 5억 도즈까지 확대했다.

회사는 2022년에는 가장 늦게 국내외 품목허가가 나온 노바백스 코로나19 백신 생산에 주력할 방침이다. 국내에서 1차 접종이 사실상 끝나면서 정부가 아스트라제네카 백신의 국내 접종을 종료한다고 밝힘에 따라 SK바이오사이언스는 이미 계약한 노바백스 백신 생산을 늘리게 된다. 현재 SK바이오사이언스는 L하우스에 아스트라제네카 백신(1개 라인), 노바백스 백신(3개 라인), 자체 개발 중인 코로나19 백신(2개 라인) 생산 설비를 갖추고 있다. 이 가운데 노바백스 백신 라인이 3개로 가장 많은데 이 중 2개는 글로벌 공급되는 물량이고, 나머지 1개는 국내 공급용이다. 노바백스 백신은 기존에 독감이나 B형 간염, 자궁경부암 백신 등에서 안전성과 유효성이 이미 검증된 합성항원 방식으로 개발됐다. 2도~8도의 냉장 조건에서 보관이 편리하고, 상대적으로 낮은 제조 단가 등으로 인해 향후 매출 증가가 기대되는 제품이다.

러시아가 전세계 최초로 개발했다는 코로나19 백신 스푸트니크에 대한 국내 위탁 생산은 한국코러스 및 휴온스글로벌 컨소시엄이 각각 맡고 있다. 한국코러스 컨소시엄에는 **이수앱지스, 보령바이오파마, 큐라티스**가 들어가 있고, 휴온스글로벌 컨소시엄은 **휴메딕스, 보란파마, 프레스티지바이오파마**가 포함되어 있다. 한국코러스는 러시아 정부로부터 국내 생산 시설에 대한 GMP(우수 의약품 제조 관리 기준) 인증을 받아 이미 제조해둔 스푸트니크 라이트 완제품을 수출한다. 스푸트니크 백신은 우리나라에서 품목허가를 받지 않았기 때문에 국내 생산 물량은 러시아 본국이나 소유권을 가진 러시아직접투자펀드RDIF가 지정한 나라로 운송된다. 국내 2개의 컨소시엄은 먼저 나온 스푸트니크V보다는 스푸트니크 라이트 생산에 주력하고 있다. 1회 접종하는 스푸트니크 라이트는 2번을 맞아야 하는 스푸트니크V보다 간편하고, 가격 및 보관 조건 등이 유리하다. 황재간 한국코러스 회장은 "스푸트니크V와 라이트는 코로나19 예방 효과가 각각 약 90%, 80%로 큰 차이가 없지만 한 번만 접종해 빨리 집단면역을 달성하려면 라이트가 유리하다"며 "같은 설비로 스푸트니크V 대비 라이트 생산량이 4배나 되기 때문에 효율성도 높다"고 강조했다. 그는 또 "러시아 정부가 중남미나 중동, 아프리카, 동남아 등 백신 소외국들에 값싸고 편리한 라이트 제공을 우선 추진 중"이라고 밝혔다.

일각에서는 코로나19 백신을 우리가 직접 개발해 만들지도 못하고 위탁 생산하는 것이 무슨 대단한 일인가 하는 의문을 제기한다. 더욱이 일부 제품은 백신 원액을 포장하거나 충전하는 데 그친다면서 부가가치가 낮은 단순 작업일 뿐이라고 폄하하기도 한다. 물론 궁극적으로는 우리가 직접 개발해 완성한 백신을 국내에서 대량생산하는 것이 가장 이상적이다. 하지만 당장 국산 백신을 내놓기가 힘들다면 해외 기업들이 만든 백신을 위탁 생산하면서 기술이전을 통해 배우는 것도 한 가지 방법이다. 무엇보다 글로벌 제약사의 백신이나 약을 생산하기 위한 제조 및 품질관리 기준이 무척 까다롭기 때문에 CMO는 부가가치가 결코 낮은 사업이 아니다. 글로벌 기준에 맞는 대규모 시설을 짓기 위한 엄청난 투자비가 들어갈 뿐만 아니라 공장을 본격 가동하기까지 규제 당국의 승인을 받는데 1년~2년이 추가로 소요된다. 미국과 유럽 인증기관은 제출된 서면 자료뿐만 아니라 기관 담당자들이 직접 생산 현장을 찾아와 점검하는 등 안전한 의약품을 만들어낼 수 있을지 철저히 검증한다. 이를 통과해야 비로소 글로벌 제약사들의 러브콜에 응할 수 있는 자격을 갖추게 되는 셈이다.

삼성바이오로직스가 2021년 3월 주주총회에서 "항체 의약품 중심의 CDMO 사업 영역을 세포·유전자 치료제, 백신 등 신약 부문까지 넓히겠다"고 밝힌 것도 위탁 사업 역량을 신약과 백신 개발에 활용하겠다는 뜻이다. 삼성바이오로직스는 모더나 백신의 완제 위탁 생산을 계기로 2022년 상반기에는 mRNA 백신 원료의약품 생산 설비도 구축해 mRNA 백신으로 사업 포트폴리오를 확장한다는 계획이다.

바이오산업은 업체마다 어렵게 임상시험을 끝냈더라도 안전성 등 공정 기준에 맞는 생산 시설을 확보하는 것은 별개의 문제다. 복잡하고 오래 걸리는 과정을 바이오 업체들이 혼자 도맡아 하기는 힘들기 때문에 옆에서 도와주는 위탁 사업자의 존재가 중요해질 수밖에 없다. 초기 바이오 벤처 외에 대형 제약사들도 자체 공장의 역량만으로 모든 약을 생산할 수 없기 때문에 일부 제품에 대해서는 CMO

세계 CMO 시장 규모 (단위: 달러)

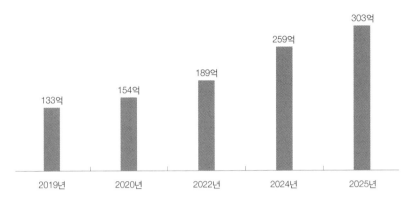

자료: 이밸류에이트파마

업체의 문을 두드릴 수밖에 없다. 이밸류에이트 파마에 따르면 글로벌 CMO 시장은 2019년 133억 달러에서 2025년 303억 달러로 3배가량 커질 전망이다. CDO 시장 규모도 연평균 15%씩 성장하고 있으니 이 두 사업을 같이 하는 회사는 급성장할 수밖에 없다.

바이오 위탁 분야는 CRO(임상시험 수탁)과 CDO(위탁 개발), CMO로 크게 나눌 수 있다. 삼성바이오로직스나 **론자**, **베링거인겔하임** 등 대형 업체들은 그동안 분리되어 있던 세 가지 위탁 사업을 하나로 통합해 원스톱 서비스를 제공하는 데 주력하고 있다. 먼저 CRO는 바이오 벤처가 신약이 될 만한 후보물질을 발견하면 그에 대한 유용성 평가, 상업화 재료에 대한 품질 등을 테스트하고 임상시험을 대행해주기도 한다. 임상을 위해 환자 모집부터 시험 의료기관 선정, 데이터관리, 허가 신청 등을 지원해준다. 이후 초기 세포주 배양 등 본격적인 공정 개발에 착수하는 CDO와 임상이 끝난 뒤 상업 생산 단계인 CMO로 이어진다. CDO는 신약 후보물질을 찾기는 했지만 임상과 개발 등 어떻게 사업화를 할지 막막한 초기 바이오 업체들 위주로 도움을 주는 것이다. CDO와 CMO를 연속해서 대행해주는 경우가 많아 이 둘을 합쳐 CDMO로 부른다.

단계별로 구분된 위탁 사업을 특정 회사가 연속적으로 맡는 것이 고객사들의 이탈을 막아 수익성을 높일 뿐만 아니라 일관된 작업을 통해 신약 개발의 효율성도 제고할 수 있다. 한마디로 후보물질을 신약으로 내놓기까지 전체 과정에 대해 토털 솔루션을 제공하는 것이 위탁 사업인 것이다. 삼성바이오로직스 관계자는 "위탁한 고객사로선 단계별로 위탁 업체를 바꾸면 기술 유출 등의 위험이 생기고, 신규 위탁사를 찾는 데 추가 비용이 발생할 수 있다"며 "원스톱 서비스는 고객사 니즈에도 부합하는 것"이라고 강조했다. 최근에는 s(스몰)CMO를 두고 CDO 이후 본격적인 치료제 생산에 앞서 소용량 및 시험용 제품 생산 단계로까지 세분화되고 있는 추세다. sCMO는 삼성바이오로직스는 물론 중국 최대 CDMO 업체인 **우시바이오로직스**나 독일 베링거인겔하임 등도 속속 도입하고 있다.

중국 우시바이오로직스는 당초 주력 분야였던 CDO를 넘어 CMO 사업으로 확장하고 있다. 크리스 첸 우시바이오로직스 사장은 "삼성바이오로직스는 CMO에서 출발했고, 우리는 CDO로 위탁 사업에 나섰지만 CDO와 CMO 간 연결이 중요해지고 있어 결국 만나는 지점은 동일하다"고 밝혔다. 우시바이오로직스는 모회사인 **우시앱텍**이 주도하는 CRO를 CDMO에 연결시켜 원스톱 체제를 활성화한다는 복안이다.

참고로 바이오의약품의 생산 규모를 얘기할 때 쓰는 단위는 리터

(L)다. 리터는 세포를 배양하는 생물반응기의 크기를 뜻한다. 살아 있는 세포를 체외에서 키울 목적으로 만든 배양액인 배지culture medium 를 사용해 생산이 되기 때문에 액체의 부피를 측정할 수 있는 단위 인 리터를 쓰는 것이다.

현재 전세계에서 바이오의약품 생산능력이 가장 큰 삼성바이오로 직스는 송도에 1공장(3만L)과 2공장(15만 4000L), 3공장(18만L)을 두 고 있고, 2022년 말 완공을 목표로 4공장(25만 6000L)을 건설 중이다. 세계 최대 생산 규모인 4공장의 총 연면적은 약 23만 8000㎡(약 7만 2000평)로 1공장~3공장 연면적(24만㎡)에 육박하고, 서울 상암 월드 컵경기장의 약 1.5배에 달한다. 2022년 4분기부터 4공장 내 6만L 규 모에 대해 부분 가동에 들어간다. 존림 삼성바이오로직스 대표는 2022년 1월 열린 JP모건 헬스케어 콘퍼런스에서 송도에 5·6공장 설 립 계획도 밝혔다. 세포치료제를 생산하는 5공장을 2022년 상반기 착공해 2023년 말 가동을 시작하고, 6공장 부지 매입을 2022년 2분 기에 완료한다는 것이 요지다.

셀트리온은 송도에 있는 1공장(10만L)과 2공장(9만L)에 이어 3공장 (6만L)과 4공장(20만L)을 건설해 총 45만L의 생산능력을 확보할 계획 이다. 셀트리온은 중국 진출도 예정하고 있는데 2030년까지 국내외 공장을 합쳐 총 60만L 생산능력을 갖추겠다는 목표다. 셀트리온은 2020년 1월 중국 우한시에 현지 최대인 12만L급 바이오의약품 생산 시설 건설을 위한 업무 협약을 체결했지만 코로나19로 인해 사업 진 행을 당분간 보류한 상태다.

SK(주)의 자회사인 SK바이오텍은 합성의약품 위주로 CMO 사업을 하고 있다. 대전 대덕단지와 세종시에 있는 공장을 통해 총 32만L 생산능력을 갖추고 있다. 또한 2017년 아일랜드 의약품 공장을 인수해 8만L를 확보했다. 특히 SK㈜는 2018년 5100억 원을 들여 항암제 등 고부가가치 원료의약품을 제조하는 미국 CDMO사인 **앰팩**을 인수했는데 생산 규모는 18만L에 이른다. 또한 2021년 3월 프랑스 세포·유전자 치료제 CDMO 기업인 **이포스케시**를 인수한 데 이어 2022년 1월에는 미국 세포·유전자 치료제 전문 CDMO 업체 **CBM**에 3억 5000만 달러를 투자해 2대 주주로 올라섰다. SK에 따르면 CBM은 세포·유전자 치료제의 핵심 원료로 mRNA 백신에도 쓰이는 플라스미드Plasmid와 바이러스 벡터, 세포주 생산 및 세포 처리·분석 시험, 완제품에 이르는 전 과정에 R&D 역량을 갖고 있다.

　바이넥스는 송도에 있는 생물산업기술실용화센터KBCC 위탁 경영을 2030년까지 맡아 CMO 사업을 지속할 수 있게 됐다. 생물산업기술실용화센터는 2005년 정부가 1000억 원을 들여 연간 1000L 규모로 만든 바이오의약품 생산 시설이다. 이 회사는 코로나19 예방 백신을 개발하는 **제넥신** 주도의 컨소시엄에 들어가 있어 백신 임상시험용 시약은 물론 임상 성공 시 백신 제품도 생산하게 된다.

꽁꽁 감추는 백신 특허 기술

코로나19가 장기화하면서 국가별 백신 접종률에 뚜렷한 차이가 나고 있다. 선진국 국민 대다수는 백신 접종을 완료한 반면 아프리카를 비롯한 저소득 국가들은 10%에도 미치지 못하는 접종률을 보이고 있다.

아워월드인데이터에 따르면 1인당 GDP(국내총생산) 1000달러 이하 저소득 국가들에선 2022년 1월 19일 기준, 평균 백신 접종률이 9.4%에 그치고 있다. 아프리카에 있는 에티오피아 7.9%, 나이지리아 6.2%, 탄자니아 3.4%, 케냐 13%, 나미비아 16%에 머물고 있다. 오미크론 바이러스 출원지로 알려진 남아프리카공화국 역시 아프리카 나라치고는 높은 편이지만 32%에 불과하다. 이밖에 예멘(1.8%), 시리아(12%), 키르기스스탄(19%)도 세계 평균치 보다 낮다.

이른바 백신 디바이드(격차)가 나타나고 있는 것은 자체적으로 백신을 개발했거나 자금력이 큰 나라들로 백신 물량이 몰리고 있기 때문이다. 한때 코로나19 위세가 약해지고, 선진국들의 백신 접종률이 높아지면서 저소득 국가들로도 백신 수급이 원활해질 것으로 예상됐다. 하지만 코로나19 바이러스 변이가 지속적으로 발생하면서 선진국들은 추가 접종(부스터샷)을 위해 백신 확보에 나섰고, 이는 다시 저소득 국가들의 접종률을 높이지 못하는 배경이 되었다.

일각에서는 코로나19가 종식되지 않는 이유가 접종률이 낮은 국가들에서 변이 바이러스가 만들어지면서 전세계로 재확산하고 있기 때문이라고 지적한다. 실제 인도에서는 감염 속도가 빠른 델타 변이가 발생했고, 남아프리카공화국에서는 오미크론이 최초로 나타났다. 이들 나라는 백신 환경이 녹록지 않아 수많은 사망자가 발생한 곳이다. 미국 사우샘프턴대학교 마이클 헤드 선임연구원은 CNN과 인터뷰에서 "새로운 변이의 출현은 백신 접종이 너무 느린 데 따른 자연스러운 결과"라고 말했다.

더욱이 오미크론 같은 신규 변이가 등장하면 제약사들은 새로운 백신 개발에 나서는데 결국 이들 물량은 선진국 위주로 먼저 공급되면서 후진국에서는 감염이 확산하고 또 다른 변이가 발생하는 악순환이 반복된다. 실제 2021년 11월 말부터 오미크론 바이러스가 급증하자 모더나 측은 "오미크론 변이에 대한 예방 능력이 있는 백신을 2022년 초쯤 출시해 대량생산할 수 있을 것"이라고 밝혔다. 하지만 백신 신제품은 돈 많은 나라에 우선 공급되고, 가난한 나라 국민은 오미크론 변이에 속수무책으로 당하게 되면서 전세계 코로나19 종식은 요원해지는 것이다.

세계적인 석학인 제레드 다이아몬드 미국 캘리포니아주립대학교 UCLA 종신교수는 코로나19 백신을 놓고 부국과 빈국 간 불평등이 해소되어야 코로나19가 종식될 것이라고 밝히기도 했다. 2021년 5월 성균관대학교 석좌교수로 부임한 다이아몬드 교수는 같은 해 11월 말 '코로나19 위기로부터 무엇을 배워야 하나'라는 제목의 온라인 강연에서 선진국들의 백신 이기주의에 대해 일침을 가했다. 그는 "지금은 세계화로 인해 의도적이든, 그렇지 않든 간에 부국들은 영향을 받는다"며 "테러와 몰려드는 난민, 빈국에서 새로운 전염병 창궐이 그러한 사례"라고 지적했다. 그는 특히 "싱가포르가 코로나19 팬데믹 초기에 잘 대응했지만 외국인 노동자들한테 백신 제공에 인색했다"며 "그로 인해 감염이 크게 재확산했는데 부국들은 자신의 이익을 위해서라도 싱가포르 사례를 반면교사로 삼아야 한다"고 전했다. 그는 오미크론 바이러스가 선진국들의 백신 민족주의에 대한 경고라고 주장하기도 했다.

이 같은 배경에서 백신 격차 해소를 위해 주요 제약사들이 보유한 백신에 대한 글로벌 지식재산권을 면제해야 한다는 주장이 나오고 있다. 누구나 백신 제조 기술 특허에 접근해 생산할 수 있도록 하면 각국의 접종률을 높이고 결과적으로 변이 발생 확률도 낮출 수 있다는 것이다.

이에 미국 바이든 정부는 2021년 5월 "WTO(세계무역기구)의 코로나19 백신 지식재산권 면제를 지지한다"고 밝혀 논의의 포문을 열었다. 백신 공급 부족을 해결하기 위해 특허를 한시적으로 유예하고, 백신 생산 기술을 공유하는 데 동의한다는 입장을 처음 밝힌 것이다. 백신을 출시한 **화이자**나 **모더나**가 있는 미국에서 지재권 면제를 주장한 것은 다른 어느 국가의 발표보다 강력한 것이다. 미국 정부 입장을 받들어 기업들이 백신 제조 특허를 각국이 활용할 수 있도록 공개한다면 코로나19 확산을 막는 데 기여하게 된다.

하지만 기대와 달리 코로나19 백신 지재권 면제 논의는 답보 상태다. 이유는 업체들의 반발과 EU(유럽연합) 국가들의 비협조, 지재권 면제의 비실효성 때문이다. EU의 주요국인 독일 정부는 "지재권 보호는 혁신의 근원이며 반드시 유지되어야 한다"면서 미국에 반대 입장을 분명히 하고 있다. 독일은 **바이오엔테크**가 화이자와 공동으로, **큐어백**이 단독으로 mRNA 코로나19 백신 개발에 성공한 만큼 업체의 기술 보호를 우선하겠다는 것이다.

당연히 백신 개발 제조사들의 반발은 더 거세다. 화이자나 **아스트라제네카** 등 주요 제약사들이 속한 국제제약협회연맹IFPMA은 "제약사가 특허를 포기한다고 해서 백신 생산량이 증가하거나 보건 위기가 해결되지 않는다"고 반박했다. 지재권 면제가 백신의 품질을 낮춰 오히려 안정적인 물량 공급이 더 힘들어질 것이라며 미국 정부를 비판하기도 했다. ≪월스트리트저널≫은 아예 '바이든의 백신 특허 도둑질'이라는 제목의 사설에서 "다른 정부가 특허를 훔치는 것을 백악관이 돕는다면 누가 미래의 치료제에 투자하겠는가"라고 지적했다.

특히 백신 제조 현장에서는 지재권 문제가 해결되더라도 실제 생산을 하는 것과는 별개라고 주장한다. 유명 요리사의 레시피를 알고 있다고 해서 초보자가 그것을 따라해 같은 음식을 만들기는 쉽지 않다는 것이다. 또한 백신 같은 의약품은 안전성을 바탕으로 높은 품질을 갖춰야 하고, 대량생산 시설도 필요한데 아프리카나 동남아 국가들은 지재권만 풀어준다고 해서 이 같은 문제를 해결할 수 없다는 것이다. 위탁 생산이라도 하려면 일정 수준 이상의 기술이전을 받아 GMP 인증을 받은 시설에서 생산을 해야 하는데 우리나라처럼 글로벌 업체들이 인정하는 생산지는 많지 않다.

이밖에 백신을 생산하려면 문서로 된 지재권이 아니라 세밀한 제조 기술과 원료물질 등 수많은 영업 기밀 노하우를 확보해야 하는데 선진 제약사들이 이것까지 내놓기는 힘들다. 특허를 한시적으로 면제하더라도 백신 기업들이 주요 영업 기밀을 다른 업체들과 공유하지 않으면 저소득 국가에서 다량의 백신 생산 가능성은 신기루에 불과하다는 얘기다. 국내 백신 개발 업체 관계자는 "특허를 풀어 형식상 기술이전은 해주지만 구체적으로 어떻게 만들고 생산할지를 외국 백신 회사가 적극 설명해주지 않으면 실제 생산은 공염불이 될 것"이라며 "다른 영업 기밀 제공 없이 특허만 푼다면 그냥 서류를 보고 알아서 만들라는 소리일 뿐"이라고 말했다.

업계는 백신 지재권 면제로 기술을 이전받더라도 자체적으로 출시하는 데는 최소 3년~4년은 걸릴 것으로 보고 있다. 기술이전 협상과 공정 개발 과정을 거쳐야 하고, 종류와 특성에 맞는 공장을 건설하는 데만 2년, 이후 시제품을 생산하는 데 1년가량 걸린다고 한다. 국내 제약사 관계자는 "백신 지재권 문제뿐 아니라 화이자 백신의 경우 영하 70도의 콜드체인 유통이라는 난제가 더 있다"며 "아시아에서는 한국과 일본만이 콜드체인 유통이 가능할 뿐 다른 나라는 개발을 해도 보관 및 유통 장벽이 높다"고 설명했다.

물론 장기적으로 다양한 백신 개발 능력과 자급 체계를 갖추는 데 백신 지재권 면제가 긍정적인 측면이 있음은 부인하기 어렵다. 모더나와 아스트라제네카, 노바백스, 러시아의 스푸트니크V 등 외국 백신을 위탁 생산하는 우리나라는 화이자나 모더나의 첨단 mRNA 백신을 생산해볼 기회를 갖게 되는 점은 긍정적이다. 또한 기존의 국내 기술에 더해 공유된 글로벌 백신 특허를 활용할 수 있다면 국산 백신을 좀 더 수월하게 개발 완료하고, 장기화되고 있는 코로나19 속에서 안정적인 백신 확보에도 도움이 될 수 있다.

5

세계를 휘어잡은
K진단키트의 실체

코로나19 변이 바이러스가 주기적으로 출현하면서 진단키트 수요는 2021년 들어 가라앉을 것 같다가도 오뚝이처럼 일어서는 패턴을 보였다. 국내에서는 2021년 11월부터 단계적 일상회복을 뜻하는 위드 코로나에 들어가면서 코로나19 진단 검사 수요가 한풀 꺾일 것으로 예상했다. 하지만 그달 말부터 남아프리카공화국발 오미크론 변이가 확산하면서 글로벌 증시는 일제히 폭락한 반면 진단 업체들의 주가는 다시 상승했다.

코로나19 발생 초기부터 국산 진단키트는 신속하고 정확한 검사율을 자랑하며 'K진단'이라는 이름을 얻었고, 각종 코로나19 변이 바이러스 창궐에도 성능을 꾸준히 업그레이드 해왔다. 이에 코로나19 속에서 전세계인한테 K바이오의 기술력을 가장 먼저 각인시킨 것도 진단키트였다. 국내에서는 2020년 2월 **코젠바이오텍**을 필두로 코로나19 초기인 5월 말까지 7개사 제품이 식약처로부터 긴급사용승인을 받았다. 2020년 매출액 기준으로 **에스디바이오센서**와 **씨젠**은 각각 1조 4429억 원, 1조 1252억 원을 기록해 국내 진단 업체 2곳이 매출 1조 원 시대를 열었다. 2021년 2월 3일부로 긴급사용 기간이 끝나고 다시 승인 절차를 밟아 정식 품목허가를 받은 코로나19 진단키트는 식약처 발표 기준(2021년 11월 8일) 총 66개에 달한다. 이와 별개로 해외 수출용으로는 200여 개 제품이 품목허가를 받아 160여 개 국가에 수출되고 있다. 이 중 20개가 넘는 제품이 미국 FDA 긴급사용승인을 받아 미국에서 판매되고 있다.

코로나19 진단 분야에서 성과를 낸 것은 진단키트 제조사만이 아니다. 줄기세포 치료제 개발 업체로 유명한 **파미셀** 역시 코로나19 사태 속에서 실적이 크게 성장했다. 파미셀이 생산하는 원료 의약품 뉴클레오시드Nucleoside가 코로나19 진단키트를 만드는 데 거의 독점적으로 사용되기 때문이다. 파미셀이 미국 제약사 **써모피셔**와 독일 **머크**에 뉴클레오시드를 수출하면 이들 회사가 가공 작업을 거쳐 진단키트나 핵산 치료제를 만드는 또 다른 글로벌 업체에 공급하는 방식이다. 코로나19 직전인 2019년 파미셀 매출액은 325억 원에 그쳤지만 뉴클레오시드 판매 효과로 2020년에는 378억 원을 기록했고, 2021년에는 509억 원에 달했다.

2021년 들어 코로나19가 잦아들 가능성이 제기되면서 진단키트 수요가 간헐적으로 감소하기도 했지만 변이 바이러스 확산으로 코로나19 종식이 당분간 요원할 것으로 보여 국산 진단키트 인기는 계속되고 있다. 관세청에 따르면 코로나19 진단키트 수출은 2019년 약

3000억 원에서 2021년 2조 4400억 원으로 급증했다. 다만 해외에서도 진단키트 제조사들이 많아져 단가 경쟁이 치열해지면서 수출량 자체는 늘더라도 그에 상응하는 수준으로 매출이 증가하지는 못하고 있다.

그럼에도 불구하고 K진단의 인기가 지속되고 있는 것은 코로나19 확산 지속이라는 외생변수뿐만 아니라 시장 수요에 맞게 업체마다 신속하게 기술을 개선하고 있기 때문이다. 예컨대 씨젠의 '올플렉스 SARS-CoV-2 Master Assay'는 기존 코로나19 바이러스 유전자 4개와 변이 유전자 5개, 그리고 검체 유효성 판별 유전자까지 총 10개 유전자를 한 번에 검사할 수 있다. 특히 유행 중인 오미크론의 변이 바이러스 유전자 중 3종(HV 69/70 deletion, N501Y, P681H)을 타깃하고 있어 신속하게 오미크론 변이를 추정 진단할 수 있다. 또 다른 신제품 '올플렉스 SARS-CoV-2 Variants I Assay'는 대용량 PCR 검사를 통해 2시간 이내에 어떤 변이 바이러스에 감염됐는지를 확인할 수 있다. 2022년 1월 말에는 코로나19 검사 시간을 3분의 1로 단축한 신제품 '올플렉스 SARS-CoV-2 fast PCR Assay'도 출시했다. 씨젠은 자체 개발한 효소를 활용해 PCR 검사에 드는 시간을 2시간에서 1시간으로 줄였고, 핵산 추출 과정없이 PCR이 가능하도록 제품을 설계해 전체 검사 시간이 3분의 1로 줄어들었다고 설명했다. 검사 시간은 단축됐지만 정확도는 기

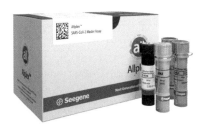

씨젠의 코로나19 진단 시약 '올플렉스'

출처: 씨젠

존 및 경쟁 제품 대비 떨어지지 않는다고 회사 측은 강조했다.

코젠바이오텍도 일찌감치 인도발 변이를 포함해 총 12종 변이 바이러스 진단이 가능한 키트를 개발했다. 기존에 영국, 남아프리카공화국, 브라질 등에서 출몰한 5종의 코로나19 변이 바이러스 외에 인도와 미국 캘리포니아발 등 7개 변이 검출 기능을 추가한 것이다.

이밖에 K진단 성과에는 정부의 진단키트 개발 지원도 빼놓을 수 없다. 식품의약품안전평가원의 「식의약 R&D 이슈 보고서」에 따르면 2020년~2021년 정부는 코로나19 관련 진단기기 개발을 위해 총 191억 6300만 원의 예산을 투입했다. 이 중 과학기술정통부가 71억 6000만 원으로 가장 많고, 보건복지부(55억 9000만 원) 산업통상자원부(27억 7000만 원), 중소벤처기업부(9억 6000만 원) 순이었다.

국내 업체들은 유전자를 증폭시켜 코로나19 바이러스 감염 여부를 매우 정확하게 잡아내는 분자 진단 방식의 PCR 검사용 진단키트를 주로 출시해왔다. 분자 진단은 유전자 정보가 들어 있는 세포 내 DNA나 RNA에서 일어나는 분자 수준의 변화를 찾아내 감염 여부를 판단하는 것이다. 체외진단의 일종으로 혈액, 침, 소변 등 인체에서 나오는 검체를 통해 세균이나 바이러스 등 병원균 정보를 담고 있는 유전자를 증폭시켜 검사한다. 분자 진단은 질병에 의심이 있는 조직 일부를 떼어내는 조직검사를 하지 않고도 감염 여부를 정확히 확인할 수 있다. 또한 내시경이나 MRI, CT, 초음파 같은 매개체를 활용해 몸속 영상 데이터를 얻는 체내진단과 달리 체외진단은 인체에서 나오는 다양한 검체를 추출하는 방식이라 검사 방법이 비교적 간편하고 비용도 적게 든다.

한편 분자 진단은 기존의 면역화학적 진단 방법이 질병에 의해 생성되는 항체 등 간접 인자를 검사함으로써 민감도가 낮아져 질병의 조기 발견이 어려운 점을 개선한 것이다. 예컨대 목감기, 기관지염, 천식, 폐렴 등 각종 호흡기 질환은 기침, 발열, 몸살 등과 초기 증상이 비슷하지만 질환 원인은 전부 다르다. 2종 이상의 바이러스나 세균에 중복 감염도 많아 정확한 질병 진단을 하려면 유전자 증폭을 통한 분자 진단을 할 수밖에 없다. 업계 관계자는 "인플루엔자 독감은 항바이러스제를, 세균성 폐렴은 항생제를 복용해야 낫는데 질병 정보가 담긴 유전자 상태를 분석하는 분자 진단을 해야 병명 파악부터 그에 맞는 약을 처방할 수 있다"고 밝혔다.

최근에는 신속하면서도 일정 수준의 정확도를 갖춘 항원 및 항체 진단키트 사용도 늘고 있다. 항원 및 항체 진단은 모두 면역 활동의 기본인 항원 항체 반응을 살펴 바이러스 감염 여부를 확인하는 간략 검사다. 항원 진단 검사는 코로나19 바이러스만이 가진 항원 단백질을 분리해낸 뒤 이에 대응하는 항체를 인공적으로 만들어 검체와 혼합시켜 감염 여부를 가려내는 것이다. PCR 검사가 검체 채취 후 판정까지 5시간~6시간이 소요되는 반면 항원 검사는 15분~30분이면 가능하기 때문에 무증상 감염 등으로 확진자가 대량 발생할 때 신속한 검사를 하기에 좋다. 더욱이 항원 진단은 콧속(비강)의 이물질을 채취해 검사할 수 있어 간편하다. 반면 항체 진단은 검사지 표면에 항원을 부착한 뒤 혈액을 채취해 반응시켜 변화를 살펴보는 것이다. 정확도는 항원 검사가 상대적으로 좀 더 높은 것으로 알려져 있다. 혈액보다는 콧속 이물질에서 코로나19 바이러스가 더 많아 검출률이 높기 때문이다. 식약처는 홈페이지에서 "항원 진단은 검체로부터 코로나19 바이러스 특정 성분을 검출해 감염 여부를 확인하는 것으

글로벌 헬스케어 영역별 비중 변화

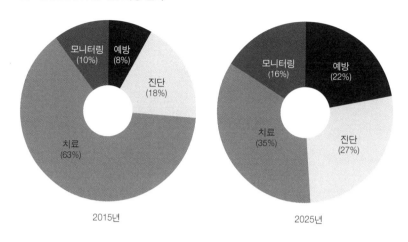

모니터링
(10%)
예방
(8%)
진단
(18%)
치료
(63%)

2015년

모니터링
(16%)
예방
(22%)
진단
(27%)
치료
(35%)

2025년

자료: 프로스트앤드설리반

로 유증상자를 대상으로 대규모 확산 및 감염자 폭증 상황에서 활용도가 높다"고 설명하고 있다.

2020년 11월 코로나19 항원 진단키트로 국내 첫 사용 허가를 받은 **에스디바이오센서** 제품은 민감도 90%, 특이도 96% 수준이다. 또한 에스디바이오센서와 **휴마시스**, **레피젠**의 항원 진단키트는 약국과 편의점에도 판매돼 소비자는 집에서도 감염 여부를 확인해볼 수 있다. 하지만 검사 시 분비되는 코로나19 바이러스의 양이 적다면 항원 검사만으로 감염 여부를 정확히 판정하기 힘들 수 있다. 하지만 바이러스 농도는 감염 후 일주일까지 계속 높아졌다가 줄어들기 때문에 몸에 이상이 생긴 초기에 검사를 하면 정확도를 90% 이상으로 끌어올릴 수 있다.

코로나19 진단키트의 성공은 K바이오의 잠재력을 보여준 것뿐만 아니라 향후 진단 산업의 중요성도 함께 일깨웠다. 질병 치료는 진단부터 받는 것이 우선이지만 그동안 진단은 신약 개발 등에 가려 무시되어온 측면이 있다. 이에 대해 천종윤 씨젠 대표는 "코로나19 사태로 치료에 앞서 진단의 중요성과 효용을 의사나 환자를 비롯한 온 국민이 절감했다"며 "올바른 치료를 하려면 정확한 진단이 바탕이 되어야 한다는 점을 알게 된 만큼 향후 진단 수요는 늘어날 수밖에 없다"고 밝혔다. 천 대표는 한국이 코로나19 진단키트로 성공을 거둔 배경에 대해서는 '실력 있는 퍼스트 무버first mover'였기 때문이라고 표현했다. 즉 "코로나 확산 초기 중국의 진단 제품은 급하게 나오느라 품질관리가 안 되어 신뢰를 잃은 반면 한국산은 빨리 만들면서도 정부가 엄격한 기준을 제시해 세계 시장을 선도했다"고 설명했다.

실제 대다수 글로벌 평가기관들은 체외진단 시장의 성장세를 점치고 있다. 얼라이드 마켓리서치는 글로벌 체외진단 시장 규모가 2019년 671억 달러에서 오는 2027년 910억 달러로 매년 4.8% 성장할 것으로 전망했다. 글로벌 인포메이션도 오는 2026년에 912억 달러에 이를 것으로 보고 있다.

하지만 K바이오의 실력을 보여준 코로나19 진단키트는 전체 진단산업의 일부에 불과하다. 체외진단의 대상은 감염병 외에도 암을 포함한 다양한 질병들이다. 유전자 DNA, RNA 변이를 분석하는 분자진단이나 항원·항체 변화를 탐색하는 등 학계에 공식화된 진단 방식만 8개나 된다. 임신 진단키트처럼 집에서 혼자 사용할 수 있는 제품도 있지만 암 등은 혈액 및 조직검사로 인해 대형 진단 장비가 필요하다.

건강검진 시 채혈을 통해 간 수치 등 각종 건강 정보 파악은 글로

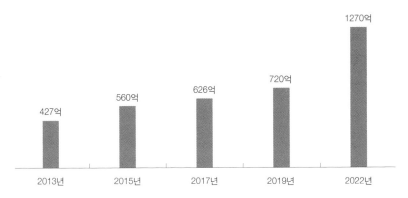

세계 체외 진단기기 시장 규모 (단위: 달러)

2013년 427억
2015년 560억
2017년 626억
2019년 720억
2022년 1270억

자료: 생명공학정책연구센터

벌 업체인 **로슈진단**이나 **지멘스 헬시니어스, 애보트 래보러토리스** 등
이 만든 고가 진단 검사 장비를 통해 이뤄진다. 국산 장비는 대량의
혈액을 신속히 처리하고, 다양한 질병 정보를 찾아내는 능력이 외국
산에 비해 떨어진다. 이로 인해 가장 보편적인 건강검진을 위해 주
요 병원에서 쓰는 진단 장비와 시약의 70%~80%는 외국산이다. 그
렇기 때문에 전문가들은 코로나19 진단키트를 한국이 가장 빠르고
성능 좋게 내놓았지만 그것만이 우리나라 진단 산업의 위상을 대변
하지 않는다고 지적한다.

대형 진단 장비와 암 진단 등 부가가치가 큰 분야에서 한국은 아직
열세다. 진단키트를 100% 국산화의 산물이라고 말하기 힘든 것도
이 때문이다. 실제 글로벌 체외 진단 시장은 몇 개 해외 업체들이 과
점하고 있다. 마켓츠앤마켓츠에 따르면 2019년 기준 글로벌 체외 진
단 시장점유율은 로슈진단이 24.9%로 가장 높고, 지멘스 헬시니어

스(12.3%), 애보트 래보러토리스(9.6%), **다나허**(9.4%) 등 '빅4'가 전체의 56%를 차지했다. 2019년 **로슈그룹** 전체 매출액 615억 스위스프랑(약 77조 원) 가운데 제약과 진단 비중은 약 4대 1 수준이다.

로슈진단의 최첨단 진단 장비 '마그나퓨어24'

출처: 한국로슈진단

현재 국내외 시장에서 가장 많이 쓰이는 RNA 추출 시약과 장비는 세계 1위 업체인 로슈진단의 마그나퓨어Magna Pure다. RNA 추출이 전제되기 때문에 로슈진단의 추출 시약과 장비 없이는 국내 업체들이 애써 개발한 진단키트는 무용지물이 될 수 있다. 국내에서 주로 하는 분자 진단 방식은 가래와 같은 호흡기 검체를 채취한 뒤 거기에 RNA 추출 시약을 넣고, 이를 PCR을 통해 확진 여부를 판정한다. 코로나19 초기 중국에서 대규모 환자 발생으로 로슈진단의 시약 수요가 급증하자 국내 정부 당국자는 "진단키트 공급은 문제가 없지만 진단 과정에서 핵산을 추출하는 시약을 로슈진단에서 공급받는 부분에서 차질이 발생하고 있다"고 시인하기도 했다.

RNA 추출 후 PCR 작업에 필요한 유전자 증폭 효소를 정제하는 과정에서도 **싸이티바**의 제품이 들어간다. PCR 검사의 안정성을 위해 유전자 증폭 효소를 정제해야 하기 때문에 대다수 국내 업체는 싸이티바의 제품을 쓰고 있다. 싸이티바는 2019년 미국 글로벌 헬스케어 기업 **다나허**가 **제너럴일렉트릭(GE) 헬스케어** 내에 있던 생명과학사업부를 인수해 설립한 회사다.

다국적 제약사들이 진단 시장을 장악하는 비결 중 하나는 시약과 장비를 동일한 업체 것으로 쓰도록 만드는 비호환성에 있다. 로슈진단이나 지멘스 헬시니어스, 애보트 래보러토리스, 다나허 등 글로벌 진단 업계 큰손들은 클로즈드 시스템closed system이라는 폐쇄된 방식을 통해 판매망을 넓히고 있다. 자사가 만든 진단 시약은 그 회사의 검사 장비에서만 사용할 수 있고, 타사 장비와 호환되지 않는다. 이로 인해 로슈진단이 만든 시약을 쓰려면 그 회사의 장비를 도입하는 일은 필수다. 지멘스 헬시니어스나 국내 업체가 만든 장비로는 로슈진단 시약을 이용한 진단 결과를 얻을 수 없기 때문이다.

국산 코로나19 진단키트는 로슈진단의 장비에서는 판독할 수 없기 때문에 범용 진단 장비인 미국산 **바이오라드**나 **써모피셔** 등의 제품을 이용할 수밖에 없다. 업계 관계자는 "대다수 국가는 폐쇄형의 클로즈드된 장비를 쓰고 있기 때문에 국내 업체가 암 등의 진단 시약을 개발해도 판로가 좁을 수밖에 없다"며 "시약과 장비를 함께 만들 기술력이 안 되면 시약을 개발해도 범용 장비에만 써야 하는 한계가 있다"고 설명했다. 또 다른 관계자는 "로슈진단 장비만 있으면 로슈진단이 보유한 수천 가지의 진단 시약을 넣고 검사할 수 있다"며 "국내 진단 장비의 90% 이상이 외국산인 이유"라고 말했다.

최근 진단 업계의 새로운 트렌드인 진단과 치료제를 동시에 개발하는 '동반 진단'도 글로벌 업체의 경쟁력을 높이는 요소 중 하나다. 이는 진단 결과에 따라 해당 환자에게 최적화된 맞춤형 약을 제공한다는 정밀의학의 개념과도 맞닿아 있다. 동반 진단 역시 세계적인 제약사 **로슈**를 모기업으로 둔 데다 외부 제약사들에 대한 인수도 활발하게 진행하고 있는 로슈그룹이 가장 강력하다. 유방암의 경우 환자는 유방암을 일으키는 HER2 유전자 및 그 변이를 갖고 있는지 확인하는 진단 검사를 받은 뒤 측정 수치가 기준치 이상이면 유방암 치료제인 허셉틴Herceptin을 투약받게 되는데 진단과 치료제 모두 로슈그룹이 개발한 것이다. 신약 개발 전문인 로슈는 허셉틴 외에도 면역항암제 티센트릭을 출시했는데 이를 처방하려면 자회사인 로슈진단이 만든 진단키트 '벤타나 SP142'를 통해 암세포 표면의 단백질 'PD-L1'의 발현율을 측정한 뒤 일정치 이상이 나와야 한다. 로슈의 비소세포폐암 치료제 알레센자Alecensa 역시 처방을 위해서는 로슈진단의 '벤타나 ALK 검사'가 필수가 되는 등 치료제와 진단이 동시에 이뤄지고 있다. 로슈그룹은 이 같은 동반 진단을 강화하기 위해 바이오 업체 **제넨텍**, **쥬가이** 등을 인수했고, 50여 개 제약사와 협력해 진단과 치료제 개발을 연계하고 있다.

이런 가운데 글로벌 업체들은 진단 사업을 키우기 위해 회사 내 헬스케어사업부로 있던 것을 별도 회사로 분사하고, 유망한 진단 업체 인수에 나서고 있다. 로슈진단은 1968년 설립됐고, 지멘스는 헬스케어사업부를 2016년 지멘스 헬시니어스로 독립시켰다. 로슈진단은 2015년 미생물 진단 바이오벤처인 **진위브**와 유전자 시퀀싱 시약 업체인 **카파 바이오시스템스**를 인수했다. 또한 유전체 분석을 강화하기 위해 2018년 **파운데이션 메디슨**을 22억 달러에 사들였다. 다나허는 2016년 분자 진단 업체인 **세페이드**를 40억 달러에 인수했다. 세페이드는 결핵 및 노로바이러스 등 감염성, 성병, 유전적 혈전증 등 진단 전문 업체다. 유전체 분야에서는 **인테그레이티드 DNA 테크놀로지스**를 20억 달러에 인수했다. 이 밖에 애보트 래보러토리스는 독감, 에이즈, 콜레스테롤 등의 진단 업체인 **앨리어**를 58억 달러에 매입했다.

국내 전문가들은 진단 장비 및 시약의 국산화를 당장 실현하기는 힘든 만큼 틈새시장 공략을 주문한다. 손미진 체외진단기업협의회장은 "대형 진단 장비들은 수많은 기술이 오랜 기간 축적되어 탄생한 것이고, 로슈진단이나 애보트 래보러토리스 등 다국적 기업들이 선점하고 있어 우리가 단시일에 접근하기엔 역부족"이라고 밝혔다. 그는 "간단한 장비가 필요한 현장진단과 시스템 기반 분야는 국내 정보통신, 나노, 생명공학 기술과 융합해 신규 진단 영역을 개척할 수 있다"며 "다국적 진단회사의 장비가 구축되어 있는 종합병원이나 검진센터보다는 중소형 병·의원의 현장진단이나 최근 부상 중인 홈 테스트(자가 시험) 쪽을 집중 공략할 필요가 있다"고 설명했다.

암·희귀질환으로 영역 넓히는 K진단

국내 진단 업체들은 사업 영역을 코로나19 진단키트에 한정하지 않고 확대하고 있다.

JW바이오사이언스는 패혈증과 췌장암 진단키트를 개발 중이다. 혈액에서 암 발생 유무를 판단할 수 있는 바이오마커를 찾아내 거기에 타깃한 시약이 효과를 내느냐에 따라 암 진단을 하는 것이다. 이 회사가 개발 중인 패혈증 진단키트는 WRS(트립토판-tRNA 합성효소)를 바이오마커로 쓰는데 민감도가 뛰어나 한 번의 혈액 채취로 구체적인 사망 확률 예측이 가능하다. WRS 수치가 높으면 향후 28일 내 사망할 확률이 몇 %라고 제시할 수 있을 정도다.

기존 패혈증 진단은 세균에 의한 감염만 가능했지만 WRS는 바이러스와 진균(곰팡이)에 의해서도 활성화되기 때문에 세균성 패혈증과 함께 코로나19와 같은 바이러스 감염증에도 적용될 수 있다고 JW바이오사이언스는 설명했다. WRS 원천기술은 유럽특허청EPO으로부터 특허 등록이 결정돼 회사는 주요 유럽 국가들을 상대로 최종 특허 취득을 완료할 계획이다. 국내에서는 2022년 상반기 품목허가를 받을 수 있을 것으로 기대하고 있다.

이 회사의 췌장암 진단키트는 기존 외국 제품이 초기 단계의 환자를 잡아내기 힘든 약점을 보완한 것이다. 지금도 췌장암 판정을 위해 1980년대 개발된 CA19-9 마커를 찾는 검사를 하는데 주로 3기 췌장암 환자가 대상이다. 난치성인 췌장암은 1기~2기에 조기 발견이 중요하지만 현재 방식으로는 무용지물인 셈이다. 반면 JW바이오사이언스의 진단키트는 CA19-9 외에 초기 췌장암 환자에서도 잘 검출되는 CFB 등 두 개의 마커를 동시에 사용함으로써 췌장암 진단의 정확도를 높일 수 있다. 회사에 따르면 1기~2기 췌장암 환자의 진단율은 2개의 지표를 동시에 써보니 65.6%에서 90.6%로 크게 올랐다. JW바이오사이언스는 이들 바이오마커에 대해 미국, 유럽 21개국, 중국, 일본에서 원천기술에 대한 특허를 보유하고 있다. 2021년 9월에는 스웨덴 진단기업 **이뮤노비아**와 해당 특허에 대한 비독점적 기술이전 계약도 체결했다.

대전에 본사를 둔 **바이오니아**는 국내 대다수 업체가 고가의 해외 진단 장비에 의존하고 있는 것과 달리 장비와 시약, 원재료 등을 자체 개발·생산하는 국내 유일한 회사다. 바이오니아 관계자는 "1992년 설립 이래 진단기기 국산화를 위해 다양한 제품을 개발해왔다"며 "우리가 개발한 검체 내 핵산 추출 장비 'ExiPrepTM' 시리즈는 세계에서 가장 높은 검사량을 자랑한다"고 강조했다. 바이오니아는 DNA 합성용 포스포라미디트phosphoramidite라는 화학물질 양산 등에 쓰이는 100종 이상의 진단용 원료물질을 만들고 있다. 또한 PCR 및 핵산 추출키트 테스트분을 연간 최대 3000만 개 생산할 수도 있다. 자동화 대량생산과 관련해 300여 개 이상의 특허 및 기반 기술도 갖고 있다.

지노믹트리는 자체 바이오마커 발굴 엔진인 메틸화-디스커버리 시스템을 통해 암 조기 진단 제품을 내놓고 있다. 얼리텍Early Tect 대장암 검사는 분변 DNA에서 메틸화된 물질을 측정해 대장암을 진단하는 것으로 90.2%의 민감도와 특이도를 갖추고 있다. 얼리텍 대장암 검사는 2019년 4월 국내 출시되어 전국 1100여 개 병·의원에서 사용하고 있다. 특히 지노믹트리는 중국 시장 진출을 위해 2020년 10월 얼리텍 대장암 진단 기술을 **오리온홀딩스**에 이전하는 구속력 있는 양해각서MOU를 체결했다. 이후 2021년 5월에는 오리온홀딩스와 중국 국영 제약사 **산둥루캉의약** 간 합작법인인 **산둥루캉오리온바이오** (이하 루캉바이오)에 해당 기술에 대한 이전 계약을 체결했다. 루캉바이오는 중국 내 얼리텍 임상시험과 인허가 등을 진행하고, 지노믹트리는 기술이전 후 매출 발생 등에 따른 로열티를 받게 된다. 업계에 따르면 중국 대장암 조기 진단 시장은 2022년 13조 원에 달한다. 지노믹트리는 2021년 11월 이탈리아 분자 진단 기업 **바렐리**와 얼리텍 대장암 검사 서비스 판매 계약 체결을 계기로 유럽 전역으로 시장을 확대해나갈 방침이다. 또한 얼리텍 폐암 검사 제품도 있는데 이는 혈액 내 cfDNACell-free DNA(세포유리 DNA) 비중을 이용해 폐결절 환자 가운데 폐암 고위험군을 판별하는 것이다.

압타머사이언스는 2017년 식약처로부터 폐암 조기 진단키트인 압토디텍트-렁AptoDetect-lung에 대해 판매 승인을 받았다. 이 제품은 폐암 1기~4기를 대상으로 진단의 민감도와 특이도가 각각 75%, 92%에 달한다. 압타머aptamer는 특정 단백질에 특이적으로 결합하는 핵산 물질(DNA·RNA)의 일종으로 전세계적으로 1990년대 초반 연구가 시작돼 항체의 대체 기술로 주목받고 있다. '화학 항체Chemical Antibody'라고 불리는데 압타머를 활용해 체내의 특정한 질병 관련 단백질을 찾아낼 수 있어 진단 및 치료제 개발에 사용된다. 압타머사이언스가 세계 최초로 개발한 압타머 기반 폐암 조기 진단키트는 혈액을 키트에 떨어뜨리면 압타머와 결합해 암 성분이 있는지 찾아낸다. 이 제품은 피검사자 혈액 내 소량의 혈청(5마이크로리터)에 존재하는 비소세포 폐암 증식과 관련된 바이오마커 4종 및 면역 관련 바이오마커 3종의 양을 측정해낸다. 이를 알고리즘으로 분석해 폐암 위험도가 고위험인지, 저위험 상태인지 정보를 제공한다. 회사는 국내 8개 상급 의료기관에 폐암 조기 진단키트를 공급하고 있다. 또한 해외 진출을 위해 유럽 CE 인증도 받았다. 3조 원대 규모의 아시아 폐암 진단키트 시장을 공략하기 위해 중국과 싱가포르에서 임상을 진행 중이다.

2021년 3월 코스닥에 상장된 진단업체 **바이오다인**은 자궁경부암 진단에 주로 쓰이는 LBC(액상세포) 검사 방식의 정확도를 높여 제품을 수출하고 있다. LBC 검사는 장기에서 채취한 세포를 보존용액에 넣고 이물질을 제거한 뒤 이를 슬라이드에 올려 진단하는 방식이다. 기존 LBC 방식으로는 채취한 세포를 곧바로 슬라이드에 발라 관찰하는데 이 경우 말라붙거나 다른 세포 및 이물질과 겹치는 현상이 생겨 정확한 진단이 안 되는 사례가 있었다. 바이오다인은 10여 년간 자체 개발한 블로윙Blowing이라는 LBC 신기술 플랫폼을 활용해 세포 중첩 문제를 해결하면서 LBC 정확도를 85%에서 95% 수준으로 끌어올렸다. 검체 검사 속도도 기존의 다른 검사 장비 대비 3배나 빠르다. 회사 측은 "블로윙 기술은 공기압을 사용해 세포를 잘 스며들게 하고 물리적인 압력을 사용하지 않아 세포 보존 상태가 우수하다"며 "세포 간 중첩을 최소화함으로써 세포의 고른 분포가 가능해 검진 정확도를 크게 높였다"고 설명했다. 바이오다인은 블로윙 기술을 기반으로 LBC 검사 전 과정을 자동화한 검사 장비(PATHPLORER)도 개발해 암 진단키트와 함께 국내 대형 병원들과 전세계 20여 개국에 판매 중이다.

파나진은 피엔에이클램프 BRAF 돌연변이 검사키트로 비소세포성 폐암 표적 치료제 처방을 위한 신의료기술 인증을 받았다. 2013년 갑상선암을 시작으로 대장암, 직장암에 이어 폐암까지 적응증을 확대해 같은 진단키트로 세 번째 신의료기술 인증을 받은 것이다. 특히 폐암의 BRAF 유전자 돌연변이 검사는 다국적 제약사 **노바티스**가 만든 치료제와의 병용 요법 처방을 위한 것이다.

랩지노믹스는 성 매개 감염, 모기 매개 전염, 감염성, 유전성 질환 등 네 가지 진단 분야에 집중하고 있다. 유전체 염기서열 분석 기술에 기반한 암 진단키트는 암 조직을 분석해 치료에 적합한 표적항암제와 항암제 용량까지 검증해주는 기술이다. 또한 액체생검 기술로 혈액과 소변 등을 분석해 암 조기 진단키트도 개발 중이다. 최근에는 인공지능AI 기반 유전자분석서비스 업체 **제노코어BS** 지분(48.5%)을 확보하면서 진단에 AI 유전자 분석을 가미하고 있다.

하지만 국내 진단 산업은 JW바이오사이언스를 빼면 대형 제약사들이 참여하지 않고 있을 만큼 사업 환경이 영세하다. 국내 진단 업체 수는 500개가 넘을 것으로 추정되는데 이 중 절반가량은 자체 제조가 아닌 수입 회사다. 반면 식약처가 매년 품목허가를 내주는 진단 제품은 600개~800개에 이를 정도로 많다. 이로 인해 타사와 유사한 성능의 바이오마커를 이용하면서 제품 간 차별화가 쉽지 않은 등 국내 진단 산업은 레드오션화되고 있다는 평가도 있다.

2부

코로나가
가져온 시장 변화는

1

잠재력 폭발한 RNA 기술
뭐길래

코로나19 백신으로 RNA 기술에 대한 관심도 높아지고 있다. RNA 는 인체의 유전 정보를 담고 있는 DNA가 효소 등 실제 단백질로 바 꾸기 전 사용하는 물질이다. 원본인 DNA를 함부로 쓸 수 없는 만큼 일시적으로 사용하기 위한 카피본이라 이해하면 쉽다. 최근에는 이 같은 유전정보의 전달 작용을 하는 RNA를 활용해 새로운 기전의 약 물들이 생겨나고 있다. 코로나19를 비롯해 유전질환, 심혈관계질환, 암과 같은 난치성질환의 치료에 사용된다.

RNA 치료제는 작용 기전에 따라 크게 세 가지로 나뉜다. 코로나 19 백신에 사용돼 유명해진 mRNA, 조그마한 RNA 조각이 mRNA 발 현을 막는 RNAi(RNA 간섭), mRNA 조각과 맞물리는 RNA를 활용하 는 안티센스 올리고뉴클레오티드Antisense oligonucleotide로 나눌 수 있다.

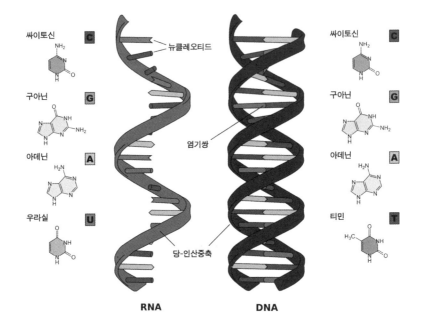

싸이토신 C

구아닌 G

아데닌 A

우라실 U

뉴클레오티드

염기쌍

당-인산중축

RNA

DNA

싸이토신 C

구아닌 G

아데닌 A

티민 T

먼저 mRNA 치료제는 단백질을 발현하기 위해 사용한다. 4개의 뉴클레오티드가 길게 연결됐다. DNA가 일종의 복사본인 mRNA를 거쳐 단백질로 발현된다. 대표적인 mRNA 활용 사례가 **화이자**와 **모더나**의 코로나19 백신이다. 이들 백신에 들어있는 mRNA는 코로나19 바이러스 중 껍질에 있는 스파이크 단백질만을 만들어낸다. 실제 독성이 있는 부분을 제외하고 껍질만 만들어내는 만큼 인체에 무해하고 우리 몸의 항체는 이 부분을 인식해 실제 코로나19 바이러스가 침입했을 때 공격에 나선다.

다음으로 RNAi 치료제는 단백질을 통해 질병 유발 인자를 제거하는 기존 바이오의약품보다 한 단계 더 발전한 형태로 질병 유발 인자 자체가 활성화되지 못하도록 RNA 차원에서 제거하는 기술이다. 인체에 들어간 조그마한 RNA가 특정 mRNA를 분해해 단백질 발현을 억제한다. RNA 간섭 현상을 발견한 앤드류 파이어 교수와 크리에그 멜로 교수는 발견 10년도 되지 않은 2006년 노벨 생리의학상을 수상했다. 과학계에서 우스갯소리로 노벨상을 "20대에 수행했던 연구로 70살 넘어 수상한다"며 "노벨상 수상의 가장 필요한 조건 중 하나가 장수"라 평하는 것을 고려하면 생명공학계가 이 기술에 거는 기대감을 알 수 있다.

RNAi 기술로 개발된 세계 최초의 치료제는 온파트로Onpattro다. **앨라일람 파마슈티컬스**가 개발한 온파트로는 희귀병인 유전성 ATTR 아밀로이드증 환자에 쓰인다. 조그마한 RNA 조각이 트랜스티레틴 단백질이 비정상적으로 생성되는 과정을 방해해 아밀로이드가 말초신경과 심장 등의 조직에 축적되는 것을 막는다. 환자 225명을 대상으로 한 글로벌 임상에서 근력, 감각, 반사, 자율신경 등 다발성신경병증 증상이 개선되는 효과를 냈다.

앨라일람 파마슈티컬스는 온파트로에 이어 급성 간성 포르피린증 치료제인 기브라리Givlaari도 개발했다. 급성 간성 포르피린증은 유전자 결핍으로 나타나는 희귀난치성질환이다. 헤모글로빈 헴heme 생산 과정에서 독성 포르피린이 축적돼 발생한다. 급성 발작을 일으키며 심한 통증과 마비, 호흡 부전, 발작 등으로 이어지며 영구적인 신경 손상, 사망을 초래한다.

기브라리는 급성 간성 포르피린증 환자 94명을 대상으로 진행한 임상3상 결과, 기브라리 투여군에서 포르피린성 발작이 1년간 발생한 비율은 위약군보다 74% 적었다는 사실을 확인했다. 소변으로 배

출된 신경독성 물질 농도도 줄었다. 이 같은 결과를 바탕으로 2019
년 FDA 허가를 획득했다.

RNAi 치료제는 글로벌 제약사들이 큰 관심을 갖고 있는 분야이기
도 하다. 다이어트 약 삭센다Saxenda로 유명한 **노보노디스크**는 2021년
11월 **다이서나 파마슈티컬즈**를 33억 달러에 인수했다. 노보노디스크
와 다이서나는 2019년부터 만성 간 질환, 비알콜성 지방간염NASH, 제
2형 당뇨병, 비만 및 희귀질환 후보물질에 대한 공동 연구를 해왔다.

앞서 **노바티스**는 2019년 **메디신스**를 97억 달러에 인수하기도 했
다. 메디신스는 미국 뉴저지주에 본사를 둔 콜레스테롤 치료제 개발
회사로 나쁜 콜레스테롤인 저밀도 지방단백질LDL의 혈중 수치를 낮
추는 신약 인클리시란inclisiran을 개발 중이다. 인클리시란은 PCSK9 유
전자의 발현을 억제해 간에서 저밀도 지방단백질 콜레스테롤의 흡
수를 촉진, 혈중 농도를 낮추는 기전을 갖고 있다. 임상3상 시험에
따르면 인클리시란을 6주 간격으로 주사를 맞은 사람에게서 콜레스
테롤 수치가 50% 가까이 감소했다.

마지막으로 안티센스 올리고뉴클레오티드 치료제는 발병의 직접
적 원인인 병적 단백질이 생성되지 않게 차단하는 작용을 한다.
DNA는 두 가닥으로 이루어져 있는 반면, RNA는 한 가닥으로만 이
뤄져 불안정한 특성을 가진다. 안티센스 올리고뉴클레오티드 치료
제는 복사본인 RNA와 맞물리는 RNA를 인위적으로 만들어 투입하
는 방식이다. 두 RNA가 결합하면 마치 원본인 DNA처럼 쉽게 사용
할 수 없게 된다.

척수성 근위축증 치료제 스핀라자Spinraza는 대표적인 안티센스 올
리고뉴클레오티드 치료제다. 2016년 FDA 승인을 받았는데 2017년

1조 원에 가까운 매출액을 기록하며 RNA 치료제가 블록버스터 신약이 될 수 있음을 증명했다.

척수성근위축증은 근육 기능이 위축되며 숨을 쉬거나 음식물도 삼키지 못해 사망하는 유전성 희귀난치병이다. 신생아 1만 명당 1명꼴로 나타나며 가장 흔한 형태의 제1형 척수성 근위축증의 경우 영아 초기부터 증상이 발병하며 이 경우 대부분 2세 이내에 사망한다.

스핀라자는 척수성 근위축증을 일으키는 염색체 내 돌연변이로 의한 생존운동신경세포SMN 단백질의 결핍을 방지한다. SMN2 유전자의 mRNA에 결합해 유전자 돌연변이로 인한 결함 부분을 보완해 SMN 단백질의 생산을 증가시킨다. 임상시험 결과 40% 환자에서 치료 효과를 보였다. FDA는 치료제의 중요성을 감안해 신속 절차로 스핀라자의 승인을 진행했고 실제 품목허가 신청 2개월 만에 승인 결정을 내렸다.

국내에서도 RNA 치료제 개발 및 생산에 뛰어드는 업체가 늘고 있다. **진원생명과학**은 자회사 **VGXI**를 통해 mRNA 백신 및 RNA 치료제 생산의 핵심 기술과 mRNA 백신 설계 및 연구 기술을 이전받았다, **올릭스**는 RNA 간섭 기술을 바탕으로 흉터의 생성 기전에 직접적으로 관여해 흉터 생성을 억제하는 신약 'OLX101A' 개발을 진행 중이다. **올리패스** 역시 독자적 RNA 치료제 개발 플랫폼 'OPNA(올리패스 PNA)'을 활용한 비마약성 진통제 'OLP-1002'에 대한 임상시험을 영국과 호주에서 진행 중이다.

CDMO에 나선 업체도 있다. **에스티팜**은 RNA 치료제의 원료로 사용되는 올리고의 CDMO에 나섰다. 공장 증설도 이어가고 있다. RNA 치료제의 적응증이 희귀질환에서 만성질환으로 확대되면서다.

2020년 두 차례의 추가 증설을 결정한 데 이어 제2 올리고동 신축도 검토 중이다.

독감 백신 역시 mRNA 백신의 다음 타깃으로 꼽힌다. 독감 바이러스는 매년 변이를 일으킨다. 이에 WHO는 겨울이 오기 전 유행할 가능성이 있는 바이러스를 예측해 백신 성분에 포함하도록 권고한다. 계란이나 동물 세포에서 바이러스를 배양해 백신을 생산하기까지 6개월가량 소요되기 때문이다. 하지만 예측이 틀리는 경우도 상당하다. 미국 질병통제예방센터에 따르면 2009년~2020년 독감 백신의 평균 예방 효과는 43%였다.

하지만 mRNA 백신은 생산 기간이 짧아 유행철에 맞춰 백신을 개발할 수 있다. 모더나는 2021년 말 계절성 독감 mRNA 백신 후보물질에 대한 임상1상에서 긍정적인 중간 데이터를 얻었다고 발표했다. 성인 180명을 대상으로 시험된 모든 용량에서 백신 접종 후 29일 뒤 면역반응이 촉진됐고, 안전성 문제도 관찰되지 않았다. 모더나는 코로나19와 독감을 동시에 예방하는 백신도 개발 중이다. 화이자와 **바이오엔테크, 사노피** 등도 mRNA 독감 백신을 개발 중이다. 하지만 기존 독감 백신을 쉽게 대체하지 못할 것이란 의견도 있다. 부작용 때문이다. 독감은 코로나19와 달리 기존 백신으로도 어느 정도 제어가 가능한 만큼 코로나19 백신보다 훨씬 더 높은 안정성을 요구받는다.

정부·기업 mRNA 백신 위해 뭉쳤다

국내 제약사들이 mRNA 백신 개발을 위해 뭉쳤다. **에스티팜**, **한미약품**, **GC녹십자** 등 대형 제약사들이 뭉친 'K-mRNA 컨소시엄'과 **아이진**, **큐라티스**, **진원생명과학**, **보령바이오파마** 등 바이오벤처들이 주축으로 참여하는 'mRNA 바이오벤처 컨소시엄'이 주인공이다.

개발 속도는 mRNA 바이오벤처 컨소시엄이 빠르다. 큐라티스는 2021년 7월 자가 증폭 mRNA 코로나 백신인 QTP104의 국내 임상1상 계획을, 아이진은 2021년 8월 mRNA 백신 EG-COVID의 국내 1/2a상 계획을 승인받아 2021년 12월 현재 임상시험을 진행하고 있다. mRNA 백신 CDMO 기술을 보유한 진원생명과학과 백신 대량생산이 가능한 자동화 시설 및 노하우를 지닌 보령바이오파마도 함께한다.

2021년 9월 15일 정식 출범한 mRNA 바이오벤처 컨소시엄은 2022년 상반기까지 mRNA 백신의 신속한 제품화와 변이 바이러스 대응 백신 개발, 연간 5억 도즈 생산 기술 및 시설 확보 등을 위해 힘을 합쳤다. 국가 백신안전기술지원센터와 한국바이오의약품협회는 백신 개발과 관련한 기술 동향 및 정보를 제공한다.

국내 mRNA 컨소시엄 구성 비교

mRNA 바이오벤처 컨소시엄	구분	K-mRNA 컨소시엄
큐라티스	기업	한미약품
아이진		GC녹십자
진원생명과학		에스티팜
보령바이오파마		이셀
한국혁신의약품컨소시엄	기관	백신안전기술지원센터
		한국바이오의약품협회
큐라티스 QTP104(임상1상)	임상	STP2104(연내 임상1상 진입)
아이진 EG-COVID(임상1/2a상)		

앞서 2021년 6월 출범한 K-mRNA 컨소시엄은 국내에서 내로라하는 제약사들이 대거 참여했다. 한미약품을 비롯해 GC녹십자, 에스티팜에 바이오 원부자재 전문기업 **이셀**이 합류했다. 한국제약바이오협회와 한국혁신의약품컨소시엄KIMCo은 컨소시엄 운영지원 및 관리, 정부와 민간 투자 유치, 정책 지원 등을 뒷받침한다.

다만 속도는 바이오벤처 컨소시엄에 비해 늦다. K-mRNA 컨소시엄은 에스티팜의 STP-2104의 연내 임상1상 진입과 내년 상반기 조건부 허가 등을 목표로 개발 진행 중이다. 여기에 한미약품은 보유한 바이오 플랜트를 통해 mRNA 백신 생산에 적합한 품질을 가지는 선형화 pDNA(플라스미드 DNA) 공급을 맡는다. GC녹십자는 향후 코로나 mRNA 백신의 완제 생산을 담당하게 된다. 최근 합류한 **동아에스티**와 이셀은 각각 임상개발 및 인·허가 지원과 백신 생산체계 구축 과정에서 원부자재를 우선 공급한다.

정부도 mRNA 백신 개발에 팔을 걷었다. 2022년 바이오헬스산업에 역대 최대 규모인 약 2조 5000억 원의 예산이 투입될 계획이다. 최근 2년간 예산 증가 폭만 연평균 54%며 코로나19 치료제와 백신 개발, mRNA 백신 개발 등에 투자할 돈만 5000억 원이다. 다만 mRNA 백신 개발에 직접 투입되는 금액이 부족하다는 지적도 제기된다. mRNA 백신용 원부자재 자급화를 위해 약 69억 원의 예산이 지원될 예정인데 실제 필요한 비용에 비해 턱없이 적은 상황이다.

2

코로나가 불 지핀
원격의료

2020년 8월 미국 최대 원격의료 기업 **텔라닥 헬스**는 경쟁 업체였던 **리봉고 헬스**를 185억 달러에 인수했다. 텔라닥 헬스는 코로나19를 계기로 원격의료 사업 영역을 확장하고 있었는데 당뇨병 등 만성질환 분야에서 강점을 지닌 리봉고를 인수하면서 외연을 키운 것이다. 코로나19로 원격의료 분야에서도 인수합병 등을 통해 1등은 살아남는다는 대마불사 신화의 신호탄으로 관심을 끌었다. ≪뉴욕타임즈≫에 따르면 2019년 미국 내 비대면 진료는 전체 진료 건수의 0.15%에 불과했지만 2020년 3월 미국 정부가 코로나19 팬데믹을 선언한 직후 13%를 기록하며 원격의료 시장은 2배가량 팽창했다.

대표적인 기업인 텔라닥 헬스의 사례는 이렇게 원격의료 분야가 커질 수 있다는 점을 보여주는 사례다. 지난 2002년 텍사스주 댈러스에 설립된 텔라닥 헬스는 감기부터 암에 이르기까지 450개가 넘는 질병 분야에서 3500여 명의 의사들이 비대면으로 진료를 시행하는 디지털 헬스케어 업체다. 2015년 원격의료 서비스 회사로는 미국 나스닥에 최초로 상장됐고, 마침 불어닥친 코로나19로 인해 진료 환자 수가 급증하면서 성장 가도를 달리고 있다. 텔라닥 헬스는 개인 환자가 아닌 기업 고객을 대상으로 계약을 맺고, 해당 기업의 직원들이 원격의료 서비스를 제공받는 방식이다. 기업이 직원들에 대한 복지 혜택의 일환으로 텔라닥 서비스에 가입해 이른바 구독료를 납입하는 것인데 대형 기업들이 주요 고객인 만큼 안정적인 수익 구조를 갖췄다는 평가다. 텔라닥 헬스의 진료 건수는 2017년 150만 건에서 2020년에는 570만 건으로 3년간 3.8배 증가했다. 전문가들은 미국에서 오는 2032년까지 최대 12만 명의 의사가 부족하고, 대면 진료 시 큰 비용 부담과 긴 대기시간 등 불편이 많아 비대면 진료 확산은 불가피할 것으로 보고 있다.

국내에서도 코로나19가 의료 분야에 가져온 변화 중 하나는 막혀 있던 원격의료에 대한 수요를 확인하고, 그 도입을 위한 본격적인 논의를 촉발했다는 것이다. 코로나19 발생 초기인 2020년 2월 24일부터 전화 상담 등을 통해 비대면 진료가 임시 허용되자 환자들은 직접 병원을 가지 않고도 진료가 가능하다는 사실을 알게 되면서 원격의료 논의에 불이 붙었다. 최혜영 더불어민주당 의원실에 따르면 코로나19에 따른 비대면 진료는 2020년 2월 24일부터 2021년 9월 5일까지 1만 1936개 의료기관에서 276만 건에 달했다. 특히 코로나19와 같은 감염병이 앞으로도 계속 발생할 가능성이 거론되면서 그동안 금기시됐던 원격의료 도입 논의가 시급하다는 공감대가 생긴 것은 고무적이다.

실제 전국경제인연합회의 설문조사(2020) 결과, 원격의료 도입에 긍정적인 의견은 62.1%로 부정적 의견(18.1%)보다 세 배 이상 많았다. 이런 분위기 속에서 정부와 정치권도 여론에 힘입어 원격의료의 필요성과 당위성에 대해 목소리를 내기 시작했다. 문재인 대통령은 2020년 4월 국무회의에서 "비대면 의료 서비스 등 디지털 기반의 비대면 산업을 적극적으로 육성하겠다"고 밝혔다. 업계는 이 같은 논의의 불씨가 살아나고 있는 데 대해 환영의 목소리를 내고 있다. 이주완 벤처기업협회 부회장은 "감염병 대응 차원에서 한시적 허용을 통해 안정성과 필요성이 검증됐다면 원격의료의 시대적 흐름에 맞게 이제는 전격적인 허용을 늦출 수 없는 상황"이라고 강조했다.

현행 원격의료는 의료법과 약사법에 따라 의료인 간에만 허용된다. 의료인과 환자 간에는 원격 진료나 의약품 원격 조제, 약 배달 판매 등도 금지되어 있다. OECD(경제협력개발기구) 보고서에 따르면 37개 회원국 가운데 32개국이 원격의료를 허용하고 있는 실정이다. 정부는 몇 차례 원격의료 도입을 추진했지만 대한의사협회 등 유관 단체들의 반대에 눌려 실현되지 못했다. 하지만 코로나19 사태를 계기로 사회보건의 패러다임이 언택트untact로 바뀌면서 새롭게 논의해 볼 수 있는 추진 동력이 마련됐다. 이로 인해 2020년 12월 국회 본회의는 코로나19 등 감염병 상황에서 한시적 비대면 진료를 허용하는 '감염병 예방법' 개정안을 처리했다. 이에 따르면 감염병 '심각' 단계 이상의 위기 경보가 발령될 경우 보건복지부 장관이 정하는 지역과 시간 내에서 의료기관을 방문하지 않고도 인터넷과 전화 등을 활용한 진단 및 처방 등 비대면 진료가 가능하다. 감염병 국가 위기 경보 수준은 관심/주의/경계/심각 4단계로 나뉘는데 코로나19 확산으로 전국적으로 심각 단계를 유지하고 있다.

하지만 국민은 코로나19 같은 비상 상황뿐만 아니라 평시에도 병원을 방문하지 않고 인터넷으로 접속해 치료를 받을 수 있는 환경을 원하고 있다. 이에 정치권에서도 코로나19가 촉발한 비대면 진료를 이번에는 반드시 정착시키기 위한 법적 기반 마련에 돌입했는데 제한적인 상황에서 가능한 정도다. 강병원 더불어민주당 의원은 의원급 의료기관으로 한정해 고혈압, 당뇨, 부정맥 등 기저질환 재진 환자에 한해 건강 상태를 원격으로 관리할 수 있도록 하는 내용의 의료법 개정안을 발의했다. 같은 당 최혜영 의원도 섬·벽지 거주자, 교정시설 수용자·군인, 대리 처방자에 대해 의원급 의료기관에서 비대면 진료를 가능하게 하는 개정안을 냈다. 두 법안은 의원급 기관, 재진 환자, 대상자 축소 등 제한이 붙어 있어 완전한 비대면 진료는 아직 갈 길이 멀다. 두 법안에 대해 원격의료산업협의회는 "비대면 진료의 큰 비중을 차지하는 도시에 거주하는 환자의 권리가 보장되지 않는다"며 "재진부터만 비대면 진료가 가능할 경우 초진 야간진료 서비스에는 사각지대가 생길 수 있다"고 지적했다.

업계에 따르면 비대면 진료는 환자가 병원 방문 없이 전화나 온라인으로 의사의 진료와 처방을 받는 원격의료를 포함하는 상위 개념이다. 비대면 진료에는 원격의료(진단·처방·모니터링)뿐만 아니라 온라인 의약품 유통, 디지털 헬스케어 등도 포함된다. 전문가들은 비대면 진료에서는 무엇보다 정보통신기술에 기반을 둔 환자와 병원 간 디지털 연결 시스템 구축이 필수라고 강조한다. 웨어러블 측정 기기, 스마트폰 등을 통해 환자 건강 정보가 병원 내 플랫폼에 전송되어 이를 의사가 모니터링할 수 있어야 정확한 처방이 가능하기 때문이다.

인터넷상에서 소비자에게 전문의약품을 판매하는 온라인 의약품 유통 역시 광의의 원격의료에 포함된다. 미국 **아마존**은 2018년 처방약 유통업체인 **필팩**을 10억 달러에 인수해 의약품 배송 서비스를 본격화했다. 하지만 국내 약사법은 약국 외 장소에서 의약품 판매를 금지하고 있어 반드시 처방전을 들고 약국을 찾아가는 수고를 해야 한다. 그렇기 때문에 완전한 비대면 원격의료가 되려면 처방받은 약까지 온라인상에서 구입할 수 있어야 한다.

국내에서도 현재는 감염병 위기 경보 수준이 '심각' 단계인 만큼 온라인 플랫폼을 통한 비대면 진료와 의약품 배송이 법적으로 가능한 상태다. 이로 인해 여러 벤처 기업들이 비대면 진료나 약 배송 서비스를 위한 플랫폼을 출시해 원격의료 사업화에 뛰어들고 있다.

플랫폼 업체인 **닥터나우**는 260여 개 병·의원 및 약국을 연결해 다양한 질병에 대해 비대면 진료와 온라인을 통한 처방 약 전달 서비스를 한다. 월 거래액은 1억 원을 훌쩍 넘어섰다.

2021년 8월 비대면 진료 및 약 배송 앱을 출시한 **올라케어**는 3개월 만에 누적 진료 건수가 10만 건을 돌파했다. 전달 대비 월간 진료 건수 성장률은 9월 200%, 10월 460%로 증가세다. 이용자는 디지털에 익숙한 20대 중반~30대 중반 여성이 40%로 가장 높다. 올라케어 홈페이지에는 서비스에 대한 칭찬 글이 많다. "직장인이라 바쁜 일상 탓에 시간을 내서 병원 가는 것을 미루는 일이 많았는데 온라인에서 편하게 진료받았다"는 내용이 주를 이룬다. 올라케어의 배송 전문 의약품 패키지도 장점으로 꼽힌다. 냉장 보관 같은 전문적인 포장과 함께 자체 배송 시스템을 마련해 비대면 진료 후 안전하게 약까지 배달하는 서비스를 제공 중이다. **솔닥**은 어린이들의 피부 건조증 비대면 진료 서비스를 제공한다. 코로나19로 병원 방문이 꺼려지는 가운데 영상 통화로 의사에게 자녀의 피부 상태를 보여준 뒤 처방을 받아 약을 신청하면 집으로 약을 배달받는 방식이다.

정부가 특정 지역을 정해 원격의료를 허용해주는 시범 사업도 진행되고 있다. 2020년 5월 27일부터 강원도 디지털 헬스케어 규제자유특구에서는 비대면 의료 실증 사업이 개시됐다. 당초 2021년 7월까지 예정된 국내 최초의 원격의료 실증 사업은 당뇨와 고혈압에 한정해 각 200명씩, 총 400명 환자를 대상으로 비대면 진료의 가능성을 따져보기 위한 것이다. 실증 방식은 강원도 내 격오지에 거주하는 당뇨와 고혈압 등 만성질환자를 대상으로 당뇨·혈압 측정 기기를 제공하면 환자는 앱을 통해 매일 체온, 혈압, 혈당 등 건강 수치를 의사에게 전달하는 것이다. 의사는 환자의 의료 정보를 모니터링하면서 진단과 처방을 내리고, 상태가 심각하면 내원을 안내한다. 환자는 집에서 인터넷과 프린터로 처방전을 출력해 집 근처 약국에서 약을 구입하면 된다.

앞서 2019년 7월 강원도는 원격의료 실증 사업 개시를 위해 제반 준비를 해왔다. 중기부와 강원도는 1년 동안 비대면 의료 실증의 안정성을 확보하기 위해 현지 참여 병원들의 보험 가입을 독려하고, 실증 내용에 관한 기관생명윤리위원회 사전심의, 강원도 안전점검위원회 자체심의 등 필요한 절차를 진행했다. 하지만 의료계 반발 등으로 사업 진행이 순조롭지만은 않았다. 특히 원격의료 실증 사업에 참가 의사를 밝힌 8곳의 강원도 내 병·의원 가운데 실제 초기 시행은 2곳에 불과할 정도로 현지 의료계는 소극적이었다. 하지만 지금은 참여 병·의원이 13곳으로 늘어났다. 정부도 이 같은 호응에 강원 실증 특례기간을 2023년 8월까지로 연장했다.

우리나라 입장에서 다행스러운 일은 지금이라도 당장 비대면 진료를 시행할 수 있을 정도로 기술적인 장벽이 거의 없다는 점이다. 원격의료를 하려면 의사와 환자를 연결하는 장비와 이후 정확한 진단과 처방, 사후 결제까지 해주는 프로그램이 필요한데 정보기술 강국인 한국은 이미 그에 걸맞은 기술력을 갖추고 있기 때문이다. 이승규 한국바이오협회 상근부회장은 "코로나19로 원격의료에 대한 관심이 커지면서 국내 기업들도 기술 확보에 나서고 있다"며 "법과 제도적 기준만 마련되면 시행되는 데 문제없다"고 강조했다.

하지만 아직 국내법상 제약이 많아 기업들은 개발한 제품을 해외를 겨냥해 팔거나 국내에선 진료 모니터링 정도에 그치는 경우가 많다. 원격 재활 의료기기 전문 업체인 **네오펙트**가 대표적이다. 이 회사의 주력 제품인 '스마트 글러브'는 뇌졸중 등 중추신경계질환 환자가 컴퓨터 화면에서 재활치료사 설명에 따라 특수 장갑을 끼고 재활 훈련을 받도록 한 장치이다. 하지만 국내에서는 원격으로 치료와 상담이 금지되어 있기 때문에 둘 간에 온라인 화상으로 설명을 주고받을 수가 없다. 이로 인해 국내의 경우 병원에만 네오펙트 제품을 판매할 수 있어 환자의 방문 치료가 필수지만 미국에서는 가정에 공급해 원격 재활훈련에 쓰이고 있다. 미국에서는 환자가 의사를 찾아가 처방을 받은 뒤 그것을 바탕으로 독립된 재활치료사와 실행 프로그램을 짜고 원격으로 재활훈련을 진행한다. 의사는 재활치료사나 환자로부터 재활운동 정보를 웹상에서 받아볼 수 있다. 네오펙트는

중추신경계질환 환자 재활치료를 돕는 '스마트 글러브'

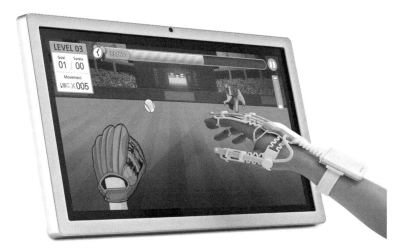

2020년 6월 스마트 글러브 등을 활용한 홈 재활 분야 규제 샌드박스 첫 실증 특례 사례로 선정됐다. 이듬해인 2021년 5월 네오펙트는 식약처로부터 홈 재활용으로 스마트 글러브에 대한 국내 시판 허가를 획득했다. 이로써 환자는 집에서 스스로 재활훈련을 수행하고 물리작업치료사가 비대면으로 훈련을 돕는 등 국내에서도 원격 재활사업이 시행될 수 있게 됐다.

삼성SDS에서 분사된 디지털 헬스케어 전문 기업 **웰리시스**는 심전도를 측정하는 에스패치 카디오S-Patch Cardio를 개발해 유럽 등에 수출하고 있다. 에스패치는 직경 5㎝ 작은 크기의 원형 패치 2개를 가슴에 붙이고 있으면 부정맥 등 다양한 심혈관 질환 상태를 실시간 측정할 수 있는 플랫폼이다. 측정된 데이터는 환자 스마트폰을 통해 병원과 연결된 클라우드에 전송되어 저장되고, 이후 의사가 클라우드에 접속하면 환자를 직접 대면하지 않고도 몸 상태를 체크할 수 있다. 환자 심전도 상태를 에스패치와 연결된 시스템상의 인공지능이 분석해 신속하고 정확하게 판독 결과 보고서까지 생성해준다. 환자 상태가 심각하다면 의사는 병원 방문을 요청할 수 있다. 전영협 대표는 "해외에서는 에스패치를 활용해 원격 처방까지 가능하지만 국내에서는 모니터링만 할 수 있다"며 "비대면 진료가 허용되면 의사가 처방 내역을 클라우드에 올린 뒤 환자가 수령하도록 해서 본격적인 원격 시스템이 만들어질 것"이라고 내다봤다.

이지케어텍은 진료 접수부터 처방 내역, 비용 수납까지 병원에서 발생하는 모든 활동에 대한 일체화된 온라인 병원 정보 시스템인 HIS을 개발한다. HIS는 환자가 병원에 와서 진료 전후의 모든 활동을 전산화하는 것으로 과부하 없이 정보를 전송하고 데이터베이스화하는 것이 핵심이다. 즉 집에서 스마트폰으로 HIS 내 환자 전용 포털에 들어가 진료 예약을 하고, 혈압이나 당 수치 등 건강 정보를 입력한 뒤 약속한 날짜에 집에서 컴퓨터 화상을 통해 의사와 비대면 소통을 하는 것이다. 처방 및 수납 내역 등은 HIS에 입력된 뒤 환자 스마트폰 앱으로 보내져 결제까지 이뤄질 수 있다.

이미 전세계적으로 원격의료 시장은 커지고 있다. 시장조사 기관인 스타티스타에 따르면 글로벌 원격의료 시장은 2030년 4598억 달러에 이를 전망이다. 김아름 인하대병원 국제진료센터장은 2021년 4월 한 세미나에서 주제 발표를 통해 "글로벌 원격의료 시장은 2018년 343억 달러에서 2026년 1857억 달러로 크게 성장할 것"이라며 "북미, 유럽, 아시아·태평양, 라틴아메리카, 중동·아프리카 순으로 시장 규모가 크다"고 설명했다. KOTRA(대한무역투자진흥공사)는 한

세계 원격의료 시장 규모 (단위: 달러)

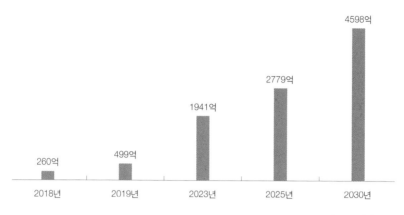

4598억

2779억

1941억

499억

260억

| 2018년 | 2019년 | 2023년 | 2025년 | 2030년 |

자료: 스타티스타

보고서에서 "미국에서는 막대한 의료비용, 의료 인력 부족, 만성질환 위주의 고령 인구 증가 등으로 원격의료 수요가 증가하고 있다"며 "2019년부터 향후 5년간 연평균 9.2%씩 성장할 것"이라고 전했다.

다만 원격의료가 급하게 활성화되면 환자들이 대형 병원의 특정 의사들에게 몰리면서 동네 병·의원은 수익 보전이 안 돼 의료 체계가 무너질 수 있다는 우려도 나온다. 대형 병원 위주로 환자들의 쏠림과 의료비 상승, 오진 및 의료사고에 대한 법적 책임 소재 불분명 같은 부작용 발생도 거론된다.

이에 업계는 원격의료 실현을 위한 성급한 접근 대신 문제를 하나씩 풀어가는 전략을 제시한다. 예컨대 원격의료가 본격 시행되더라도 의사와의 대면 진료가 필수인 질환을 특정하는 등 정부의 지침 마련이 필요하다. 병원마다 대면과 비대면 진료 대상에 대한 판단이 다르기 때문에 어떤 질환을 비대면으로 할지 가이드라인이 있어야 의사나 환자 모두 혼선을 줄일 수 있다. 송승재 한국디지털헬스산업 협회장은 "코로나19 사태로 많은 국민이 비대면 진료를 접하면서 안전성에 대한 검증을 어느 정도 받았다"며 "국민의 의료 선택권 보장 차원에서 비대면 의료 실시를 위한 진일보된 사회적 합의를 도출해야 한다"고 밝혔다. 그는 "원격의료나 비대면 의료 등은 용어부터 통일되지 않고, 공통된 개념 정립도 안 되어 있다"며 "원격의료 전달 체계를 비롯해 비대면 서비스 범위, 보험 급여 적용 방식, 의료인 책임 범위, 이중과세 등 관련 사안에 대한 심층적인 논의가 필요하다"고 강조했다.

먹거나 붙이는 간편 치료제 개발붐

코로나19를 계기로 제약사들은 간편한 치료제를 개발하는 데 열중하고 있다. 대표적인 예가 '피하주사'다. 병상에 누워 4시간~5시간 동안 링거로 맞아야 했던 약을 배나 허벅지 등에 찔러 5분 내 투입할 수 있도록 만드는 것이다. 병원을 방문하기 어려운 고령자 등에 적합한 데다 코로나19 대유행 속 비대면 의료가 각광받고 있어 더욱 주목받는 기술이다.

2020년 4조 7000억 원의 기술수출 성과를 냈던 **알테오젠**은 미국의 **할로자임**과 함께 정맥주사를 피하주사로 바꿔주는 플랫폼 기술을 보유하고 있다. 알테오젠의 기술은 히알루론산 분해 효소를 활용한다. 피부 안에 존재하는 일종의 막인 히알루론산의 연결을 일시적으로 끊어 약물을 투입한다. 다른 회사의 제품과 차별점은 사람 정액의 효소를 활용해 중성 환경에서도 안정화했다는 것이다. 정자가 수정할 때 난자의 막을 녹이며 뚫는 데서 착안했다. 보통의 히알루론산 분해 효소는 소화가 이뤄지는 위를 비롯한 산성 환경에서만 작동할 수 있다.

바이오시밀러에서도 피하주사제형 개발 경쟁이 뜨겁다. 세계 최초의 항체 바이오시밀러 램시마Remsima로 바이오의약품 시장에 돌풍을 일으키며 시장을 개척한 **셀트리온**은 독자적으로 개발한 세계 첫 인플릭시맙 피하주사제 '램시마SC'도 내놨다. 램시마SC는 기존 정맥주사제 램시마를 피하주사제형로 바꾼 것으로 2019년 11월 EMA의 판매 승인을 획득했다. **삼성바이오로직스** 역시 베네팔리, 임랄디의 피하주사 제형 의약품을 내놨다. 팬 타입의 '오토인젝터'를 적용했으며 다른 기업과 파트너십 없이 회사 내 관련 부서로 독자 개발했다.

붙이는 치료제 방식으로는 마이크로니들Microneedle이 관심을 끈다. 수백 마이크로미터micrometer의 초미세 바늘을 인체에 투입해 약물을 전달하는 기술로 시술이 간단해 기존 치료법을 대체하는 수단으로 쓰이고 있다. 즉 파스 형태로 된 패치를 피부에 부착하면 환자들은 별다른 고통 없이 미세한 바늘을 통해 약물을 몸에 투여할 수 있다. 얼굴이나 목, 눈 같은 민감한 부위에 주삿바늘을 찌르는 근육 주사 방식은 통증과 공포감을 유발하고 피부에 멍이 들고 2차 감염을 일으키는 등 부작용이 생길 수 있다. 하지만 마이크로니들을 적용하면 피부 깊숙한 진피층까지 큰 통증 없이 약물을 넣을 수 있다.

다만 얇은 바늘로 피부를 뚫고 체내에 약물을 전달하기란 아직 쉽지 않다. 2021년 12월까지 품목허가를 획득한 회사가 아직 없다. 미국의 바이오업체 **조사노파마**가 가장 FDA에 품목허가를 신청해 가장 빠른 상황이다. 하지만 성장 가능성은 높다. 시장조사기관 퓨처마켓 인사이트에 따르면 전세계 마이크로니들 시장은 2020년 6억 4400만 달러에서 연평균 6.5%씩 성장해 2030년에는 12억 390만 달러에 달할 것으로 전망된다.

국내에서도 치료제, 백신, 보툴리눔 톡신 등에 다양하게 활용할 마이크로니들을 개발 중이다. **라파스**는 알레르기 면역 치료 패치를 임상1상을 승인받았으며 보령제약은 라파스와 함께 마이크로니들 치매 패치제 임상1상을 진행 중이다. **신신제약**은 전립선비대증 치료 마이크로니들을, **대웅테라퓨틱스**는 성장호르몬 전달용 마이크로니들 패치를 개발하고 있다. **쿼드메디슨**은 손톱 크기 면적에 다수의 미세 바늘을 배열시킨 뒤 피부로 약 성분을 전달하는 경피약물전달 TDDS 기술을 보유하고 있다. 쿼드메디슨은 B형 간염 백신 마이크로니들 제품에 대한 임상1상 신청을 준비 중이다.

　코로나19 치료제도 편의성을 높이는 방향으로 진화하고 있다. 경구용 치료제에 이어 코나 입에 뿌리거나 흡입하는 형태의 치료제를 개발 중이다. 셀트리온은 호주 규제 기관으로부터 주사 형태의 항체 치료제 렉키로나의 흡입제형 1상 임상시험을 승인받았다. 미국의 바이오 기업과 공동 개발 중이다. **한국유나이티드제약**은 2021년 5월 식약처로부터 입으로 흡입하는 형태의 코로나 치료제(UI030)의 2상 임상시험 승인을 받았다. 이밖에 **진원생명과학**은 축농증 치료 후보물질(GLS-1200)을 6시간마다 코에 뿌리는 스프레이 형태의 코로나19 감염 억제 약으로 개발하는 중이다.

3

게임도 약이 되는
디지털 치료제

초등학교 저학년 학부모라면 한 가지 일에 집중하지 못하고 산만해 하는 아이의 모습을 지켜보며 답답한 마음을 숨기지 못했던 적이 있을 것이다. 게임이 문제일까 고민하기도 하고 바둑이나 서예 등 정신 수양을 위한 취미를 알려주기도 한다. 그런데 미국에서는 최근 이런 주의력결핍 과다행동장애ADHD 증세를 완화해주는 게임이 FDA 승인을 받았다.

2020년 6월 출시한 **아킬리인터랙티브**의 엔데버Rx EndeavorRx가 주인공이다. 외계인을 조종하는 게임을 하면 특정 신경회로에 자극이 가해져 치료 효과를 볼 수 있다. 임상시험에서 하루에 30분, 일주일에 5일씩 한 달 동안 게임을 하면 어린이의 주의력이 향상되는 것으로 나타났다. 2019년 5월 WHO가 만장일치로 게임 이용 장애를 질병코드에 등재한 지 1년 만이다. 스마트폰, 태블릿PC 등에서 작동하며 약물 및 심리·사회적 치료와 함께 사용한다.

혼히 생각하는 약물은 아니지만 엔데버Rx와 같이 정보통신기술을 접목한 '디지털 치료제'가 차세대 치료제로 주목을 받고 있다. 앱, 게임, 가상현실VR 등을 통해 외상 후 스트레스 장애PTSD, 마약 중독 등을 치료한다. 다른 치료제와 마찬가지로 임상시험을 진행하고 FDA 등 규제 당국의 승인을 거쳐 발매한다. 미국의 시장조사 기관 프로스트 앤드설리번은 미국 내 디지털 치료제 시장 규모가 2017년 8억 9000만 달러에서 2023년 44억 달러까지 성장할 것으로 예측했다.

전세계 60여 개 관련 회사들이 연합한 디지털치료연합은 디지털 치료를 질병이나 의학적 장애를 예방·관리·치료하기 위해 고품질의 소프트웨어를 이용하여 증거 기반으로 치료하는 것으로 정의했다. 디지털 치료의 가장 큰 장점은 약물과 같은 기존의 화학적 방식이나 기기를 통한 물리적 방식과는 달리 소프트웨어를 사용해 새로운 치료 효과를 낸다는 점이다. 디지털 치료는 축적되는 데이터를 바탕으로 소프트웨어의 업데이트를 통해 지속적으로 기능을 향상시킬 수 있다.

디지털 치료 분야에서 가장 앞서가는 미국의 경우 질병 치료·관리·예방을 개인 맞춤형으로 하고, 부작용을 줄여주면서, 인지 행동 치료를 제공한다. 기존의 치료법을 향상시켜 최적화하고, 치료에 도움이 되는 신체적 운동과 행동 방식을 제공해주는 목적으로 이미 몇 가지가 개발돼 사용되고 있다.

대표 사례가 **피어 테라퓨틱스**의 디지털 치료제 '리셋'이다. 이 치료제는 알코올·코카인·마리화나 등 다양한 약물의 중독 치료 효과를 인정받고 FDA 승인을 얻어냈다. 의사가 처방을 하면 환자는 치료를 위해 스마트폰에 리셋 앱을 설치한다. 눈에 띄는 점은 환자가 앱을 통해 충동에 대한 대처법 등을 훈련받는다는 것이다. 임상시험에 따르면 리셋을 사용한 환자군에서 약물에 대한 충동을 억제한 비율은 40.3%로 사용하지 않은 환자(17.6%)에 비해 상당히 높았다. 피어 테라퓨틱스는 비슷한 치료 방식으로 마약성 진통제인 오피오이드Opioid 중독을 치료하는 앱 리셋오reSET-O와 불면증 치료앱 솜리스트Somryst도 개발해 FDA의 허가를 받았다.

2017년 11월 조현병 치료제로 FDA 허가를 받은 아빌리파이 마이사이트Abilify Mycite는 알약 속에 칩이 내장되어 있다. 조현병 환자들이 여러 이유로 약을 거부하는 경우가 많다는 데서 개발이 시작됐다. 환자가 약을 먹으면 약 속에 들어 있는 칩이 위산에 녹아 센서가 반응하고 스마트폰으로 신호를 보낸다. 이를 통해 보호자나 의사가 환자의 복약 순응도를 객관적으로 추적할 수 있다. 정신질환자는 복약 지도를 지키는 데 문제가 있는데 이를 잘 공략했다는 평가다.

이 같은 디지털 치료제는 정보기술과 게임 산업에 강점을 가진 한국이 경쟁력을 가질 수 있는 분야로도 꼽힌다. 막 태동기에 들어선 신산업인 만큼 잠재력도 충분하다. 이미 국내 디지털 치료제 개발 기업들이 확증임상시험에 돌입한 만큼 빠르면 2022년에 국내 디지털 치료제 1호가 탄생할 것으로 기대된다. 2021년 12월까지 식약처로부터 가이드라인(SaMD 기반) 확증임상 단계 승인을 받은 기업은 **뉴냅스, 라이프시맨틱스, 에임메드, 웰트** 등 4곳이다.

국내 바이오벤처인 뉴냅스는 눈이나 시신경은 괜찮은데 뇌졸중 등의 이유로 뇌 시각중추가 망가져 사물을 보는 데 어려움을 겪는 환자를 치료하는 '뉴냅비전'을 개발하고 있다. 가상현실을 활용하는데 자극에 반복적으로 노출되면 지각 능력이 향상되는 원리를 이용했다. 뉴냅스는 2019년 7월 국내 최초로 디지털 치료제의 임상시험 계획을 식약처로부터 승인받았다.

라이프시맨틱스는 호흡재활 소프트웨어 '레드필 숨튼'의 임상시험을 진행 중이다. 레드필 숨튼은 만성폐쇄성폐질환COPD 등 호흡기 질환자가 병원을 찾지 않고도 집에서 재활할 수 있도록 돕는다. 개인이 측정기기를 통해 활동량 및 산소포화도를 측정한 뒤 환자 맞춤형 운동 프로그램을 제시하고 의료진과 환자가 함께 확인할 수 있는 리포트를 제공해 체계적인 재활을 가능하게 한다.

아임메드와 웰트는 불면증 환자 치료를 위한 인지 치료 스프트웨어를 기반으로 한다. 아임메드의 '솜즈'는 만성 불면증 환자 대상으로 불면증 인지 행동 치료법을 앱에 체계적으로 구현했다. 6주~9주간 실시간 피드백, 행동 중재 및 교육 훈련 프로그램을 제공함으로써 환자 맞춤형 불면증 치료를 돕는다. 웰트의 '필로우Rx' 역시 인지 행동 치료를 기반으로 수면 패턴을 개선하며 수면제를 처방하기 전 권고하는 1차 치료로 볼 수 있다. 현재 임상시험 중으로 식약처 허가를 받으면 국내 1호 디지털 치료제가 된다.

웰트는 또한 벨트와 연동해 근육 감소증 환자의 평소 관리 상태를 파악하고 개인 맞춤형 운동을 제안하는 앱을 개발 중이다. 웰트에서 출시한 '스마트 벨트 프로'는 허리둘레, 과식 여부, 걸음 수 측정에 더해 세계 최초로 낙상 예방 기능을 구현했다. 기존 웨어러블 기기가 낙상을 감지하거나 낙상 이후의 위험 상황을 가족 등에 공유하는 기능에 그쳤다면 스마트 벨트 프로는 사용자의 보행 패턴이 무너지는

웰트의 '스마트 벨트 프로'

출처: 웰트

것을 분석해 낙상의 위험을 예측한다. 손목에 차는 웨어러블 기기와 달리 벨트 형태로 기기의 센서가 몸 중심에 위치하기 때문에 미세한 걸음 패턴까지 감지할 수 있다.

디지털 치료제 개발의 강점은 연구개발 비용이다. 1조 원이 넘는 비용과 10년 이상의 시간이 필요한 신약 개발과 달리 디지털 치료제는 100억 원 내외의 비용으로 3년~5년 내 개발이 가능하다. 스마트폰의 보급과 스마트워치 등 웨어러블 디바이스의 발달도 디지털 치료제의 상용화를 앞당기고 있다.

코로나19의 대유행으로 비대면 진료가 확대되고 있다는 점도 디지털 치료제 개발 열기를 높일 것으로 예측된다. FDA는 코로나 사태를 계기로 디지털 치료제 관련 규제를 일시적으로 완화했다. 전세계 30여 개발사를 회원으로 둔 디지털 치료제연합은 "코로나 사태로 만성질환자가 병원에 가기 어렵고 정신질환자는 사회적 격리 생활로 스트레스가 커지고 있다"며 "새로운 종류의 약(디지털 치료제)을 사용해 코로나로 직면한 도전 과제를 해결해야 한다"고 밝혔다.

식약처 역시 2020년 8월 디지털 치료제 인허가 가이드라인을 내놓았다. 가이드라인에는 '디지털 치료기기의 제품 범위, 정의 등 기본개념'과 '판단 기준 및 제품 예시', '기술 문서 작성 첨부 자료 등 허가 심사 방안'이 담겼다. 식약처는 디지털 치료제를 '의학적 장애나 질병을 예방, 관리, 치료하기 위해 환자에게 근거 기반의 치료적 개입을 제공하는 소프트웨어 의료기기'로 정의했는데 근거 기반은 임상시험을 거쳐야 한다는 의미다.

디지털 치료제 외에 한국말로 '착용형 장치'인 웨어러블 디바이스 wearable device에 대한 관심도 커지고 있다. 코로나19 확산으로 스스로 몸 상태를 체크하는 등 언택트 열풍에 부합할 뿐 아니라 빅데이터 및 정보통신기술 발달로 제품 기능도 개선되고 있기 때문이다. 시장조사업체 IDC에 따르면 2020년 글로벌 웨어러블 기기 출하량은 3억 9600만 대로 전년보다 14.5% 증가했다. 2024년에는 출하량이 6억 3170만 대에 달할 전망이다.

가장 대표적인 제품이 스마트워치다. **애플**은 애플 워치Apple Watch를 내세워 전통의 아날로그 시계 명가인 스위스 시계 전체 판매량을 앞질렀다. 주머니에 넣고 다니는 스마트폰과 달리 손목에서 심전도 등 다양한 인체 신호를 측정할 수 있는 스마트워치는 디지털 헬스케어에 안성맞춤인 디바이스라는 평을 받는다.

애플은 2020년 9월 애플워치를 활용한 '피트니스+'를 선보였다. 애플워치는 혈중 산소량 측정이 가능하며 수면 시 무호흡증을 잡아내고 호흡기 질환을 탐지한다. 심전도 측정 기능도 탑재되어 있다. 의료기기 승인을 받지 않아 국내에서는 출시가 한동안 미뤄졌지만 2020년 11월 식약처 허가를 받았다. 애플워치에 장착된 광혈류 측정 PPG 센서로 맥박을 측정·분석하고, 심방세동으로 의심되는 불규칙한 심장 박동을 확인해 사용자에게 알림을 보내준다. 착용자가 넘어진 뒤 1분간 움직임이 없다면 자동으로 119에 전화를 걸어 사용자 위치를 알려주는 긴급 구조 요청도 포함됐다.

삼성전자 역시 갤럭시워치Galaxy Watch로 웨어러블 디바이스 시장에 진출해있다. 다른 스마트워치와 가장 큰 차별점은 혈압 측정 기능이다. 스마트워치 발광 다이오드LED의 빛을 혈관에 비춰 통과하는 혈액량을 센서로 재는 광혈류 측정 방식이다. 기존 커프 혈압계로 잰 혈압을 기준으로 비교 분석해 혈압 수치를 산출한다. 삼성전자는 2020년 4월 세계 최초로 모바일 앱을 이용해 혈압을 측정하는 소프트웨어 의료기기로 식약처 허가를 받았다.

구글은 2019년 11월 **페이스북(현 메타)**과의 경쟁 끝에 웨어러블 전문 기업 **핏빗**을 21억 달러에 인수했다. 핏빗은 한국계 미국인 제임스 박이 창업한 것으로 유명하다. 이용자의 하루 걸음 수와 달린 거리, 소모 칼로리 등 운동량과 심장박동 수, 수면 시간 등을 측정해 알려주는 스마트워치를 생산한다. 설립 이후 전세계에서 1억 대 이상을 팔았고, 사용자 수는 2800만 명이 넘는다. 구글은 2020년 8월 세계 최초로 피부 전기 활동EDA 센서를 탑재한 신제품 '핏빗 센스'를 공개했다. EDA 센서를 통해 스트레스로 인한 신체 변화를 감지하고, 명상 휴식 앱을 추천해준다. 피부 온도 센서로 발열을 확인할 수도 있다.

국내 헬스케어 벤처들의 약진도 두드러진다. **휴이노**는 웨어러블 기기에서 나온 생체 신호를 인공지능으로 분석해 심장마비와 부정맥 등을 사전에 감지해내는 기술을 갖고 있다. 국내 최초 원격 모니터링 기술로 식약처 품목허가를 획득했고 의료보험도 적용된다. 손목시계형 심전도 측정 장치인 '메모워치'에 이어 가슴에 붙이는 형식인 '메모패치'도 개발했다. 메모패치는 환자가 일상에서 붙이고 있기

휴이노의 '메모워치'(좌), '메모패치'(우)

출처: 휴이노

만 하면 병원에서 실시간으로 검사 및 관리가 가능해져 부정맥을 효과적으로 진단할 수 있다.

남성의 소변 소리를 분석해 전립선 질환을 관리해주는 앱도 있다. **사운더블헬스**가 개발한 일반인용 앱 '프라우드P'는 양변기에서 들리는 소변 소리로 배뇨 건강을 확인한다. 이 앱의 의료기기 버전인 '프리비' PRIVY는 미국의 여러 비뇨기과 병원에서 원격 진료와 원격 모니터링 용으로 활용되고 있다. 미국 FDA 2등급 의료기기 허가를 받기도 했다. 의료기기 버전에서는 화장실에서 앱을 실행시키고 두 번만 클릭하면 소변 보는 시간과 소리를 분석해준다. 인공지능 엔진이 불과 몇 초 만에 배뇨량, 최대 요속, 평균 요속, 배뇨 시간을 그래프로 그려서 보여주고 해당 결과는 대시보드에 저장된다. 전립선과 방광 질환 환자들은 이 데이터를 들고 병원에 찾아가면 된다.

통증, 천식 등 기존 약물이 잘 듣지 않았던 질환을 치료하는 기기들도 속속 등장하고 있다. 미국 **카이아헬스**는 물리치료사를 스마트폰 속으로 넣었다. 스마트폰의 카메라가 이용자의 동작을 체크해 통증의 원인을 평가하고 개인에게 맞는 운동법을 가르쳐준다. 근골격계 통증 환자에게 인공지능 분석을 기반으로 운동 성과를 측정해 환자에 따라 맞춤형 운동량을 제시한다. 미국의 **압타 파마**는 천식용 흡입기에 각종 센서를 부착한 디지털 흡입기 '히어로 트래커'를 내놨는데 환자의 흡입량이나 사용 주기 등을 감지한 뒤 약물 주입량 등을 자동으로 조절해 처방전에 맞게 흡입기를 사용하도록 돕는다.

생체전자공학의 발달에 따라 뇌와 신경세포에서 발생하는 전기신호로 질병을 치료하는 전자약도 세상에 나올 준비를 마쳤다. 전자약electroceuticals은 전자electronic와 약pharmaceutical의 합성어다. 전류나 자기장 등의 에너지로 뇌 또는 신경 기능을 자극해 치료 효과를 낸다. 주로 자극을 가할 신경이 있는 이마(뇌)나 목, 팔뚝 등에 부착하는 형태다. 게임이나 앱 등으로 질병을 치료하는 디지털 치료제와 마찬가지로 규제상 의료기기로 분류한다.

2020년 7월 신경에 전기 자극을 줘 코로나19 환자를 치료하는 전자약이 FDA 승인을 받았다. 미국 뉴저지주의 **일렉트로코어**가 개발한 미주신경 자극기인 '감마코어 사파이어'가 그 주인공이다. FDA는 호흡 곤란을 겪는 급성 코로나19 환자에게 기존 약물이 잘 듣지 않을 경우 감마코어를 가정이나 병원 등에서 쓸 수 있다고 판단했다. 일렉트로코어는 감마코어를 목에 대면 저전압 전류가 폐, 심장, 소화관에 연결된 미주신경을 자극해 기도 수축을 억제한다고 설명했다. 구체적으로 미주신경에서 뇌로 가는 신경 신호에 자극을 줘서 폐의 기도가 열리도록 하고 미주신경에서 온몸으로 가는 신호를 교정해 항염증 효과를 내는 방식이다.

전자약이라는 용어를 처음 사용한 곳은 GSK다. 2013년 전기신호를 통한 치료기기 개발에 뛰어든 뒤 2016년 **구글**과 합작사 **갈바니 바이오일렉트로닉스**를 세워 2023년까지 7억1500만 달러를 투자해 류머티즘 관절염 전자약을 개발하기로 했다. 조그마한 장치를 체내에 삽입해 전기 자극을 조절, 관절염 증상을 치료한다는 개념이다.

FDA는 지금까지 전자약 10여 종에 품목허가를 내줬다. 셋포인트(크론병, 류머티즘), 인스파이어 메디컬 시스템(수면 무호흡), 엔트로메딕스(비만) 등이 FDA 허가를 받아 전자약 파이프라인을 개발하고 있다. 항암제 개발에 나선 회사도 있다. **노보큐어**는 2019년 뇌종양 치료 전자약에 대해 FDA 승인을 받았다.

시장조사 기관 마켓앤드마켓에 따르면 글로벌 전자약 시장 규모는 2016년 172억 달러에서 2021년 252억 달러에 이를 전망이다. 연평균 성장률은 8%에 이른다. 2018년 세계경제포럼에서 전자약이 10대 유망 기술에 포함되기도 했다. 전자약은 점점 더 많은 기존 의약품을 보완할 것으로 예상된다.

국내에서도 전자약 개발에 도전하는 업체가 늘고 있다. 전자약 플랫폼 마인드MINDD의 개발사 **와이브레인**이 대표적이다. 이 중 우울증 전자약 '마인드스팀'은 우울장애를 받은 경증 및 중등증 환자 65명을 대상으로 한 임상시험에서 6주간 매일 30분씩 자가 사용한 환자 대부분의 우울 증상이 개선됐으며 50% 이상의 환자는 정상 범주로 회복해 2021년 상반기 식약처 허가를 받아냈다.

코로나 불면증은 '슬립테크'에 맡겨요

'코로나 블루'라는 말이 더 이상 낯설지 않다. 사회적 거리두기 강화와 자가격리 등으로 집 안에서 보내는 시간이 길어지며 우울한 기분, 공허감, 무기력증과 함께 불면증이 번지고 있다.

국내 불면증 환자가 60만 명을 넘을 정도로 잠자기에 어려움을 겪는 이가 늘어나면서 슬립테크 시장이 폭발적으로 성장 중이다. 데이터 브리지 마켓 리서치에 따르면 전세계 수면장애 디지털 치료제 시장은 2021년~2028년 연평균 성장률이 10.95%, 슬립테크 시장 규모는 2028년 301억 달러에 달할 전망이다.

수면질환이란 건강한 수면을 취하지 못하거나 충분한 수면에도 불구하고 낮 동안 정신이 개운하지 못한 상태를 뜻한다. 불면증, 기면증, 코골이, 수면무호흡증 등이 수면장애(질환)에 해당한다. 이에 따라 관련 시장에 진출하는 국내 기업도 늘어나는 추세다.

아워랩은 2021년 2월 식약처의 의료기기 허가를 받은 '옥슬립'을 개발했다. 옥슬립은 구강 내 장치가 환자의 자세에 따라 움직이며 아래턱의 위치를 교정해 기도를 확보한다. 구강 내 장치는 치아 교정이 이후 착용하는 유지 장치나 틀니와 비슷하게 생겼다. 자세를

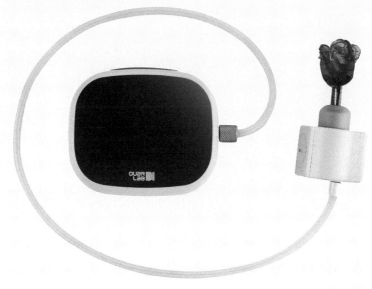

출처: 아워랩

파악하는 센서를 통해 똑바로 누워서 잘 때는 아래턱을 좀 더 바깥쪽으로 밀어내고 옆으로 누워서 잘 때는 비교적 기도를 확보하기 쉬운 만큼 아래턱을 원래 위치로 돌려준다. 수면무호흡증 치료에 흔히 사용하는 양압기는 마스크를 통해 강제로 공기를 기도 안에 불어넣는 방식인데 시끄러운 데다 불편해서 오히려 잠을 설치게 된다는 불만이 많았다. 하지만 옥슬립은 기기 자체가 수면 자세에 반응하는 만큼 편안한 사용감을 자랑한다.

슬립테크 기업 **에이슬립**은 비접촉식으로 사용자의 수면 중 움직임과 호흡 패턴, 각종 생체 신호를 측정해 수면 상황을 체크한다. 송신기에서 수신기로 쏘는 와이파이 신호가 복부에 닿아 굴절되는 정도를 체크해 호흡을 포착한다. 측정 데이터는 인공지능 기술을 적용해

30초 단위로 사용자의 수면 단계를 진단한다.

뉴로티엑스는 수면장애 치료 전자약 '슬립에이드'를 개발했다. 목과 머리에 소형 패치를 부착하면 인공지능을 통해 코골이, 뒤척임, 무호흡 등 수면 패턴을 분석한 뒤 미주신경을 자극해 신체·심리적 긴장감을 완화해준다.

이밖에 미국 스타트업 **드림**은 이마에 두르는 밴드 형태 제품으로 뇌파를 탐지해 깊은 수면을 유도하는 소리를 골전도 방식으로 전달해준다. 귀에 이어폰 등을 꽂지 않아도 자연스럽게 수면 유도 소리를 전달할 수 있다. 핀란드 웨어러블 기기 업체 **오우라**는 수면 상태를 실시간 확인할 수 있는 반지 형태의 웨어러블 기기를 개발했다. 반지 내의 각종 센서가 심박수와 체온을 측정해 연동된 스마트폰에 저장한다.

4

예방부터 치료까지,
커지는 맞춤 정밀의학

2013년 국내 개봉한 할리우드 공상과학 영화 '엘리시움Elysium'은 전 세계 1% 부자들이 황폐화한 지구를 떠나 엘리시움이라는 우주정거장에 가서 살아가는 이야기를 다룬다. 서기 2154년에 극소수의 선택받은 자들만이 유토피아에서 생활하는 모습이 그려진다. 눈길을 끄는 것은 개인별 유전자와 연동해 위조가 불가능한 시민증과 어떤 질병도 치료해내는 '메디베이'라는 만능 치료기기다. 이 치료기기는 엘리시움에 사는 집마다 한 대씩 있는데 몸이 아프면 메디베이가 몸을 스캐닝해서 즉시 질병을 진단하고 치료까지 해준다. 부러진 뼈나 피부 화상, 손상된 장기 재생은 기본이고, 암과 백혈병 같은 중증 질환도 쉽게 고친다. 그야말로 엘리시움에서는 개인마다 맞춤형으로 최적의 치료가 이뤄지는 것이다. 한 사람 한 사람에게 유전자 특성에 따라 맞춤형 시술을 하게 되니 완치율이 100%에 달한다. 물론 엘리시움이 의료 얘기를 주제로 다룬 것은 아니지만 미래의 치료법은 영화에 나온 것과 유사해지지 않겠느냐는 기대와 희망을 갖게 된다.

코로나19로 바이러스 진단 검사가 상시화되면서 치료에 앞서 질병 확인 및 예방의 중요성이 강조되고 있다. 전문가들은 맞춤형 정밀의료를 하려면 병을 미리 막기 위한 예방과 진단이 선행돼야 한다고 조언한다. 그 사람의 유전자 기질을 파악해야 정확한 치료법이 제시될 수 있기 때문이다.

우리가 잘 아는 유명 배우 안젤리나 졸리는 2013년 전세계인들을 깜짝 놀라게 했다. 멀쩡한 본인의 양쪽 유방을 잘라내는 예방적 유방 절제 수술을 받았기 때문이다. 여기에는 그녀의 어머니와 외할머니까지 유방암 병력을 가진 유전적인 영향이 컸다. 졸리는 '브라카 1BRCA¹'이라는 돌연변이 유전자를 갖고 있었는데 이로 인해 유방암과 난소암이 발병할 확률이 각각 87%, 50%나 된다는 진단을 받았다. 졸리는 2015년에는 난소암 예방을 위해 난소 적출 수술까지 받았다. 질병을 만드는 개인별 유전자의 중요성을 간파한 뒤 질병이 발생하기 전에 예방적 차원에서 선제적인 치료를 한 것이다.

일상에서도 사람마다 잘 듣는 감기약이나 두통약이 있을 것이다. 각자 유전자가 달라 약물 반응에서 차이가 나타나는데 병원이나 약국에서는 통계적으로 얻는 자료를 기반으로 평균 내지 표준적인 치료법을 사용한다. 사람마다 유전적으로나 생화학적으로 다 다르지만 현행 보편적인 의료 시스템에서는 특별한 사정이 아니면 환자별 맞춤 치료는 잘 이뤄지지 않는다. 개인적으로는 환절기가 되면 기관지염과 감기에 잘 걸리는데 3개~4개 병원을 다녀야 완치가 되는 경험을 한다. 물론 병원을 옮길 때마다 세균과 바이러스가 약해져서 마지막 병원에서 치료 효과가 높아지는 점은 있지만 처방약을 먹고 아무런 차도가 없던 기억이 많다. 다른 사람들한테는 잘 들더라도 내 몸에는 맞지 않는 약인 것이다.

환자마다 질병에 대한 유전자가 달라 특정 약물을 흡수한 뒤 나타나는 반응에 차이가 생긴다. 뇌혈관 질환을 예방하기 위해 아스피린 등 항응고제를 복용하더라도 특정 유전자의 변형 상태에 따라 필요한 약의 용량은 사람마다 큰 차이를 보인다. 이 경우 정밀의료의 도움을 받으면 본인에게 맞는 치료법을 통해 신속히 병이 나을 수 있을 것이다. 한국과학기술기획평가원KISTEP 보고서는 "개인 특성을 고려하지 않고 처방할 때 암은 25%, 알츠하이머는 30% 환자에게만 효과를 낼 수 있다"며 "전체 사람들에게 분명한 효과를 보이는 약이 없는 만큼 계속해서 신약이 개발되고 있는 상황"이라고 밝혔다.

특정 환자에 맞는 유전자 맞춤형 치료제를 처방받을 수 있다면 불필요한 의료 비용을 감소시킬 수 있다. 개인별로 맞춤형 치료가 적용되는 만큼 잘못된 처방으로 인한 시간과 비용을 줄인다. 값비싼 표적항암제의 경우 정밀의료를 통해 본인에게 딱 맞는 맞춤형 약물이 제공된다면 건강보험 급여 대상자를 한정할 수 있다. 불필요한 의료비 지출을 막아 국가 전체의 건강보험 재정 개선으로 이어지는 것이다. 전문가들은 "정밀의료기술은 초기 인프라 구축에 비용이 소요되지만 장기적으로는 효용성이 높아져 개인이나 사회적으로 경제적 부담이 점차 완화된다"고 강조한다.

생화학분자생물학회에서 발간한 『생화학백과』에서는 정밀의료 precision medicine를 이렇게 정의한다. '환자마다 다른 유전체 정보, 환경적 요인, 생활 습관 등을 분자 수준에서 종합 분석해 최적의 치료 방법을 제공하는 의료 서비스. 대규모 집단을 대상으로 유전자 변이, 단백질 발현, 대사물질 변화, 후성유전학적 변이 등을 분자 수준에서 종합 분석함과 더불어 개개인 생활 습관, 환경 요소, 병력 등을 종합 분석해 조기 진단, 맞춤 치료, 최소 부작용 및 최대 치료 효과를 얻기 위한 총체적 활동.'

중요한 사실은 의료기술이 발전하고 일반인들의 건강에 대한 관심이 높아지면서 정밀의료 시장은 커질 수밖에 없다는 점이다. 본인의 유전자를 파악해 질병을 미리 막고, 치료 효과가 높은 맞춤형 약을 얻을 수 있다면 이를 마다할 사람이 누가 있겠는가.

의료시장 조사업체 프로스트앤드설리반에 따르면 글로벌 정밀의료 시장 규모는 2017년 474억 7000만 달러에서 연평균 13.3%씩 성장해 2023년에는 1003억 달러로 확대될 전망이다. 현재 북미 지역이 전체 정밀의료 시장의 54% 이상을 차지하고 있고, 한국과 중국, 일본 위주의 아시아는 13.5%에 그치고 있다. 의료 대국인 미국의 경우 버락 오바마 전 대통령이 2015년 1월 신년 국정 연설에서 정밀의료 계획 발표를 통해 전세계 최초로 국가 차원에서 정밀의료 확대에 포문을 열었다. 의료기술, 첨단과학, 방대한 의료 기록을 바탕으로 질병의 근본 원인을 파악할 뿐만 아니라 개인별 정확한 표적 치료에 중점을 둔다는 것이다. 이를 위해 미국 정부는 그해 2억 1500만 달러의 예산을 책정해 대규모 코호트 구축, 암 유전체 연구 등의 사업을 지원했다.

우리나라도 정밀의료의 중요성을 인식하고 2020년 기술영향평가 대상으로 정밀의료기술을 선정해 보고서를 작성했다. 기술영향평가

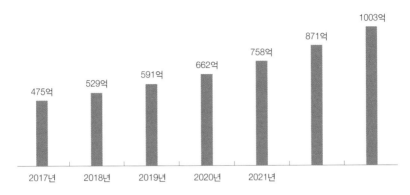

글로벌 정밀의료 시장 규모 (단위: 달러)

- 2017년: 475억
- 2018년: 529억
- 2019년: 591억
- 2020년: 662억
- 2021년: 758억
- 871억
- 1003억

자료: 프로스트앤드설리반

대상은 미래 신기술 및 경제·사회적 영향과 파급효과 등이 큰 기술로 과학기술정통부는 선정 사유로 '최적화된 예방과 진단, 치료를 제공하는 정밀의료기술이 각광받고 있어 기존 의료 패러다임에 변화를 가져올 수 있다'고 밝혔다. 앞서 2016년 보건복지부는 당시만 해도 생소한 정밀의료를 미래 먹거리를 책임질 '9대 국가전략 프로젝트'로 제기하기도 했다. 당시 발표에 따르면 정밀의료로 향후 10년 내 개별 환자별 맞춤 치료와 함께 발생 가능한 질병을 예측해 이에 맞는 건강관리 서비스를 받게 한다는 것이다. 이를 통해 건강 수명이 늘고, 암과 난치병의 장기 생존율은 훨씬 더 높아질 것이라고 했다. 하지만 맞춤형 치료제가 보편화하지 않는 점만 봐도 정밀의료는 아직 갈 길이 멀다.

현재 국내에서 정밀의료의 주된 논의는 암이나 희귀질환에서 이뤄지고 있지만 앞으로는 고혈압이나 탈모 같은 건강 정보 측면의 웰니스로 확장될 것이다. 정밀의료 범위에는 예측과 예방, 진단, 치료,

사후 관리까지 포함된다. 그만큼 미래 의료에서 정밀의료를 내걸고 시행하는 사업 분야가 많아질 수 있다는 얘기다.

유전자를 분석하면 어떤 사람이 무슨 질병에 얼마의 확률로 걸릴지 알아내고, 특정인에게 보다 효과를 발휘하는 맞춤형 치료제를 만드는 것이 정밀의료의 가장 기본이 되는 일이다. 이처럼 질병 예방과 진단, 치료를 위한 유전자를 분석하는 데 있어 최근 주목을 받는 분야 중 하나는 NGS(차세대 염기서열 분석)다. 2017년부터 본격 상용화된 이 기술은 기존에 유전자 데이터를 직렬식으로 분석하느라 몇 주씩 걸리던 결과 도출을 병렬식 분석으로 전환해 몇 시간 만에 끝낼 수 있다. 직렬식 분석이 유전자를 처음부터 끝까지 일일이 따라가며 염기서열을 분석하는 방식이라면 병렬식 분석은 유전자를 여러 조각으로 나눠 체계적이면서도 동시에 서열을 분석해낸다. NGS를 통해 단 한 번의 검사로 여러 질병과 관련된 유전자 돌연변이 유무를 검사할 수 있다. NGS를 바탕으로 유방암이나 난소암, 백혈병 등에서 환자 유전자별로 맞춤형 치료를 진행할 수 있다. 특히 NGS는 초고가의 대형 장비를 여러 대 쓰던 것을 소형 장비 1대로도 가능하게 함으로써 분석 비용을 대폭 낮췄다. 최초의 NGS 제품인 **로슈진단**의 장비는 사용 비용이 100만 달러에 분석 기간은 13주나 소요됐지만 2017년에는 고작 15분 만에 1000달러대로 떨어졌다. 조만간 NGS 검사 비용이 100달러 안팎으로 크게 낮춰져 진단의 대중화가 가능해질 전망이다.

NGS 방식으로는 유전자분석업체인 **마크로젠**이 탈모 등의 발생 확률을 예측하는 DTC(소비자 직접 의뢰) 유전자 검사를 시행하고 있다. DTC는 의료기관을 방문하지 않고 소비자가 직접 유전자 검사키트를 배송받아 검사해서 결과를 확인할 수 있는 것으로 사용이 간편하다. 국내는 아직 DTC로는 질병 진단이 활성화되지 못하고 있지만 외국에서는 질병 검사까지 가능해 초기 단계 정밀의료를 경험해볼 수 있는 장이 되고 있다. **엔젠바이오**는 국내 최초로 NGS 기술 기반 체외진단 의료기기 3등급 허가를 받았다. 이 제품은 유전성 유방암 및 난소암 대상 NGS 진단 제품으로 엔젠바이오가 서울성모병원과 공동 개발했다. **테라젠바이오**는 2020년 NGS 기술로 3만여 개의 코로나19 RNA 전장 염기서열을 분석해내는 고민감도 진단키트를 개발했다.

의료기술이 인간 유전체 정보를 얻을 수 있게 되면서 이에 기반을 둔 맞춤형 치료제, 정밀의료는 계속 확대될 수밖에 없다. 환자마다 유전적인 기질에 차이가 있기 때문인데 맞춤형 치료를 하기에 앞서 진단을 통해 미리 질병 발생을 막아낼 수 있는 것이다. 개인별로 각종 질병에 대한 민감도를 평가해 조기 진단을 시행하고, 발병 확률이 높은 질병을 대상으로 이를 예방하기 위한 생활습관, 식습관, 운동법 등도 제안할 수 있다.

이처럼 정밀의료를 위해서는 질병이 발생했거나 앞으로 발생할 가능성이 얼마나 되는지 등 조기 진단과 검진이 필수다. 그동안 질병 예방을 위한 선제적인 진단 방식으로는 유전체(유전자+염색체)를 검사하는 것이 주를 이뤘다. 하지만 유전체 속의 DNA나 RNA가 변화를 일으켜 유전체를 둘러싼 단백질의 성분이 바뀌게 되는 과정에 대한 연구가 심화하면서 유전체와 단백질을 합친 개념인 '단백체'를 동시에 분석하는 방법이 강조되고 있다. 단백체는 개체 내에 있는 단백질의 총집합을 뜻한다.

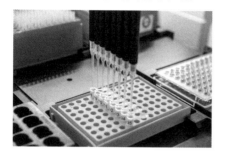

단백체 진단 분석을 위한 혈액 전처리 작업

출처: 베르티스

유전자 DNA에 담긴 유전정보가 mRNA로 옮겨지고, mRNA의 정보가 리보솜에서 단백질로 합성된다. 이러한 일련의 과정을 '유전자 발현'이라고 한다. 메신저 RNA로 불리는 mRNA는 DNA의 유전정보를 옮겨적은 일종의 청사진 역할을 하는데 이것이 단백질로 합성되는 것이다. 이로 인해 유전체에 비해 개체의 변이 정보가 폭넓게 담긴 단백체는 생명 현상을 규명하는 데 좀 더 효과적일 수 있다. 유전체 정보를 갖고 합성된 단백질은 이후 변형이 나타나기 때문에 기존의 DNA 등 유전자에 담긴 정보만으로는 질병을 완벽히 예측해내기가 어렵다. 또한 유전체와 단백체가 서로 발현하는 상관성은 40%~50%에 불과해 단백질의 변형과 분해 등의 과정을 연구하는 것이 더욱 중요해졌다. 즉 질병을 정확히 진단해내고 맞춤형 치료제를 개발하는 데 있어 단백질을 뜻하는 'protein'을 따서 프로테오믹스proteomics(단백체학)라는 방식이 등장하게 된 것이다. 이와 함께 유전체와 단백체, 전사체, 대사체 등 다양한 분자 수준에서 생성된 여러 데이터를 모두 관찰해 진단하는 멀티오믹스multiomics(다중체학) 방식도 관심을 끌고 있다.

원래 프로테오믹스는 생체 내 존재하는 100만여 개 단백질의 기능과 구조를 분석해 생명과 질병 현상을 규명해내는 학문이다. 인간의 DNA를 연구하는 지노믹스genomics(유전체학)를 넘어 최근에는 유전체와의 융합 연구가 강조되면서 멀티오믹스가 등장했고, 이 중 하나인 프로테오믹스를 활용한 진단 분야에 관심과 투자가 급증하고 있는 것이다. 이는 인간 생체 활동의 기본 단위는 단백질이고, 수많은 단백질의 종류와 변이 등을 연구해야 생명과 질병 현상을 규명할 수 있기 때문이다. 기존의 유전체학을 통해서는 질병의 원인이 되는 유전자의 돌연변이를 파악할 수 있지만 실제로 암을 일으킨다고 밝혀진 유전자의 돌연변이가 많지 않고, 각각의 유전자가 어떤 질환과 어떻게 연결되는지는 명확하지가 않아 병의 발생이나 진행 과정을 이해하는 데 한계가 있다. 반면 프로테오믹스는 질량 분석기의 높은 민감도와 특이도 때문에 표적 단백질을 정확하게 정성 및 정량 분석함으로써 정확한 진단이 가능하다.

업계 관계자는 "지노믹스가 질병 연구의 기초 데이터가 되는 도구로서의 역할이라면 최근 각광받는 프로테오믹스는 최종적으로 암을 유발하는 단백질이 어떻게 유전자의 변이와 연결되는지를 규명하는 것"이라며 "유전체가 궁극적으로 발현되어 나타나는 단백체에 대한 정보 활용이 중요해지고 있다"고 밝혔다. 즉 겉으로 드러난 단백체를 검사해 질병의 유무를 파악한 뒤 근원적인 치료법을 찾기 위해 유전체 분석을 가미하는 방식으로 멀티오믹스가 전개될 것이라는 얘기다. 경희의과학연구원 멀티오믹스연구소장 김광표 교수는 "질병을 예견하고 근원적인 치료법을 찾는 데 정확성을 높이려면 조기 진단은 멀티오믹스로 진화할 수밖에 없다"며 "이 중 프로테오믹스로 정확한 조기 진단은 물론 맞춤형 치료와 정밀의료, 나아가 질병 예방이 가능해질 것"이라고 말했다.

이 같은 분위기에서 해외 업체들은 단백체를 위주로 해서 유전체 정보를 가미하는 융합된 진단 방식을 속속 도입하고 있다. 미국 업

질병 조기 진단 방식의 진화

| 유전체 검사(지노믹스) |
| 유전자 검사 통해 예상 가능 질병 사전 파악 |

| 액체생검(리퀴드 바이옵시) |
| 혈액 등 체액에서 암세포 조각 등 발견 |

| 단백체 검사(프로테오믹스) |
| 유전체가 변화해 만든 단백질 성분 검사 |

| 다중오믹스(멀티오믹스) |
| 유전체·전사체·단백체 등 복합 관찰로 질병 적발률 증가 |

체인 **프리놈**은 유전체 기반 기술로 시작했지만 2018년 단백체 선도 기업인 **바이오지노시스**와 협약을 맺고 융합된 진단 기술 개발에 나서고 있다. 또 다른 업체인 **바이오드식스**는 폐암 조기 검진 키트를 제작하면서 혈액 내 유전체와 단백체 마커를 동시에 분석할 수 있도록 했다. 미국 **노틸러스 바이오테크놀로지**는 인간의 생리에 관여된 단백질을 보다 쉽고 완벽하게 이해하기 위해 단백질을 분석하는 플랫폼을 개발 중이다.

국내에서도 프로테오믹스 바람이 서서히 불고 있다. 2019년에는 고려대와 대구경북과학기술원 연구팀이 조기 발병 위암 환자 80명을 대상으로 암 조직과 주변 정상 조직에 대한 유전체와 단백체를 분석하는 작업을 했다. 이를 통해 세계 최초로 40대 이하에서 위암을 일으키는 유전자 3개를 찾아내기도 했다.

JW생명과학의 자회사인 JW바이오사이언스는 췌장암 진단 단백체 바이오마커로 기존의 CA19-9 뿐만 아니라 CFB라는 단백질까지 두 가지를 활용하고 있다. CA19-9는 췌장암 말기 환자에게서 나타나기 때문에 조기 진단이 힘들 뿐만 아니라 간암이나 난소암, 폐암에서도 반응이 생길 수 있어 CA19-9만으로는 췌장암의 발생을 정확히 찾아내기 힘들다. JW홀딩스는 췌장암 초기 환자의 혈액에서 CFB 단백질이 증가한다는 연세대 백융기 교수팀의 연구 결과와 원천 기술을 2018년 독점적으로 도입해 손자회사인 JW바이오사이언스를 통해 상업화를 진행 중이다. 췌장암 환자를 포함해 500여 명을 대상으로 탐색적 임상시험을 하고 있고, 2023년 품목허가를 목표로 하고 있다.

프로테오믹스 기반 정밀의료기술 업체인 베르티스는 세계 최초로 프로테오믹스 기술을 활용한 유방암 혈액검사 소프트웨어 '마스토 체크MASTO CHECK'를 상용화했다. 2019년 식약처로부터 품목허가와 함께 보건신기술 인증을 받은 마스토체크는 2021년 12월까지 대형 검진기관을 중심으로 전국 80여 개 병원 및 검진 기관에 도입됐다. 미국과 싱가포르 시장 진출도 추진하고 있다. 최근에는 생존율이 낮은 췌장암을 혈액으로 간편하게 조기 진단할 수 있는 정확도 94% 수준의 혈액검사 솔루션을 개발 중이다. 서울대병원 강남센터와 함께 높은 정확도의 난소암 바이오마커 발굴에 주력하고 있다. 이 밖에 심혈관 상태를 확인할 수 있는 바이오마커, 우울증을 객관적인 지표로 진단할 수 있는 바이오마커를 확보해 검증 작업을 하고 있다. 궁극적으로 프로테오믹스에 기반을 둔 동반 진단을 통해 개인 맞춤형 치료가 가능한 바이오마커 개발도 하고 있다.

곰팡이가 키운 무시 못 할 항진균 시장

코로나19 확산세가 좀처럼 꺾이지 않고 있는 가운데 인도를 포함한 서남아시아 국가들에서는 '털곰팡이 감염증mucormycosis'이 기승을 부리고 있다.

과학자들은 코로나19 팬데믹 와중에 털곰팡이 감염증이 급속히 증가하는 이유에 대해 바이러스 감염, 스테로이드계 항염증제 과다 사용, 당뇨병과 같은 기저질환을 들고 있다. 이들은 모두 인체 면역력을 크게 떨어뜨린다. 바이러스는 인체 감염 후 복제 과정에서 면역력을 저하시킨다. 여기에다 스테로이드계 항염증제를 과다 사용하게 되면 면역을 억제하게 되고, 당뇨병 등의 기저질환은 인체 방어력을 떨어뜨린다.

코로나19 바이러스와 털곰팡이 감염 간의 시너지로 인해 그동안 간과해온 곰팡이 같은 진균(眞菌)에 의한 감염병과 그 치료를 위한 항진균제 시장에 관심이 쏠리고 있다.

털곰팡이는 본래 흙이나 공기 중에서 흔히 발견되는데 곰팡이 포자는 공기 중을 떠다니다가 호흡을 통해 체내로 쉽게 들어온다. 체내에 유입된 포자 대부분은 정상적인 체내 면역 시스템과 폐 기능에 의해 제거돼 심각한 감염을 일으키지는 않는다. 하지만 면역 기능이 저하되거나 폐 손상으로 방어력이 약해지면 곰팡이 포자는 빠르게 증식하고, 폐로부터 코, 부비동, 눈, 뇌까지 순식간에 전이된다. 이로 인해 치사율이 54%에 이르는 무서운 감염병으로 발전한다.

일반적으로 감염병을 유발하는 대표적인 미생물은 바이러스와 세균이다. 세균은 하나의 독립된 세포로 이뤄진 생물이고, 자연환경이나 인체 내에서 증식할 수 있다. 반면 바이러스는 살아 있는 생명체에서만 증식한다. 스페인 독감은 인플루엔자 바이러스에 의한 것이고, 흑사병을 불러온 것은 세균이었다. 세균과 바이러스 외에 생명을 위협하는 감염병을 유발하는 또 다른 미생물이 곰팡이 같은 진균이다. 곰팡이 포자는 공기 중을 떠다니면서 호흡을 통해 폐 속에 깊숙이 침투하고 알레르기나 천식을 유발한다. 통계에 따르면 매년 전 세계 10억 명 이상이 진균 감염병에 노출돼 이 중 150만 명 넘게 사망하고 있다. 이는 말라리아로 인한 사망자보다 많고, 결핵 사망자와 비슷한 수준이다.

항진균제 전문 개발 업체인 **앰틱스바이오**의 이종승 대표는 "진균은 무좀이나 비듬, 천식, 각종 알레르기 질환을 일으키고, 뇌수막염의 경우 감염원이 세균, 바이러스, 곰팡이 등으로 다양하다"며 "곰팡이는 면역력이 떨어진 환자에게서 다른 미생물 감염과 시너지를 일으켜 치사율 높은 질환으로 발전하고, 다른 질병으로 확산할 수 있는 각종 염증을 유발한다는 점에서 선제적인 치료가 중요하다"고 강조했다.

곰팡이는 사람에게만 해로운 것이 아니다. 식용 작물의 3분의 1 이상이 진균 감염병으로 피해를 입고 있고, 박쥐나 양서류, 뱀에게도 치명적인 감염증을 유발한다. 2006년 미국 뉴욕에서 처음 확인된 흰코증후군WNS이라는 박쥐 전염병은 2012년까지 불과 6년간 북미 지역 박쥐 중 670만 마리를 사망하게 했는데 이는 곰팡이에 의한 것이었다. 이 기간 동굴 속에서 동면 중이던 박쥐 가운데 90% 이상이 죽었다. 또한 양서류 90종 이상이 진균 감염에 의해 멸종된 것으로 보고되기도 했다.

코로나19 상황에서 진균 감염증이 우려되는 것은 이를 적절히 치료할 수 있는 마땅한 항진균제가 없기 때문이다. 이는 장기간 사용해온 항진균제에 대한 내성균의 종류와 수가 크게 증가한 탓이다. 특히 사람과 동식물에 광범위하게 사용돼온 '아졸azole'계 약물에 대해선 칸디다속 진균Candida auris 대다수가 이미 내성을 갖고 있다. 특히 지구온난화로 사람 체온에 대한 적응력이 높아진 진균은 기존에 없던 병독성을 갖게 됐다.

곰팡이 진균을 다루는 항진균제 시장은 오는 2025년 약 20조 원에 달할 것으로 전망되고 있다. 진균이 사람뿐만 아니라 반려견, 농작물, 산업계에도 심각한 피해를 미칠 수 있다는 점에서 이들을 아우르는 항진균제 시장 규모는 훨씬 더 크다. 앞으로 각종 바이러스 감염 확산, 감염병 대응 관련 국가 정책 변화, 항암 치료 및 장기이식 환자·노인 인구 증가 같은 면역력이 낮은 잠재적 감염자의 확대는 항진균제 시장의 성장성을 높이고 있다.

반면 시장 잠재력에 비해 새로운 항진균제 개발은 많지 않은 편이다. 1958년 개발된 암포테리신 BAmphotericin B와 1980년대 개발된 플루코나졸fluconazole이 가장 많이 쓰이는 항진균제일 정도로 새 의약품은 나오지 않고 있다. 전문가들은 새로운 항진균제가 출시되지 않는 이유를 진균 감염증이 치사율이 높은 심각한 질환으로 인식되지 않는다는 점을 든다. 또한 항진균 약물은 작용 기전 특성상 장기간 사용해야 하는데 이는 심각한 간 독성과 신장 독성을 가져올 수 있다.

현재 항진균제를 개발 중인 기업은 미국 화이자에 인수된 **앰플릭스**, 영국 **F2G**, 국내에서는 앰틱스바이오 정도다. 앰플릭스는 미국 샌디에이고에서 2006년 설립된 항진균제 개발 기업으로 임상2상 중인 약물과 비임상 단계 약물 파이프라인을 갖고 있다. F2G는 **노바티스**로부터 600억 원 규모의 투자를 받아 임상2상 중인 항진균제 물질을 보유하고 있다.

앰틱스바이오가 개발 중인 항진균제 가운데 속도가 가장 빠른 것은 손발톱 진균 감염증 치료제 'ATB1651'다. 현재 호주와 뉴질랜드에서 글로벌 임상1·2상을 신청한 상태다. ATB1651은 진균 세포벽 구성 성분의 하나를 타깃으로 해 억제물질을 생성함으로써 세포벽을 허물어뜨리는 방식이다. 이종승 대표는 "일명 손발톱 진균 감염증은 일반 피부 무좀과 달리 손발톱 밑에서 곰팡이균이 자라나 완치가 잘 안 된다"며 "현재 나와 있는 약은 장기간 발라야 하는데 치료율이 5%~10%에 불과하고 재발률도 높다"고 설명했다.

앰틱스바이오는 미생물 감염원에 의해 유발되는 아토피, 건선, 천식, 알레르기 질환 치료를 위한 항염증제 'ATB1606'도 개발하고 있다. 이 밖에 뇌수막염이나 폐곰팡이 감염증 치료제 'ATB6023'도 동물 대상 시험 중이다.

5

'코로나 블루' 함께한
반려동물에 치료제를

　1448만 명. 2020년 말 기준 한국인 4명 중 1명은 반려동물과 함께했다. KB금융그룹의 「한국 반려동물 보고서」에 따르면 2020년 국내 반려동물을 키우는 가구 수는 604만 가구에 달했다. 1인 가구 증가와 코로나19 대유행은 반려동물과 함께하는 시간을 더욱 늘어나게 만들었다. 집에 머무는 시간이 증가하고 사람 간 만남이 급감하면서 반려동물에 관심을 쏟는 이들이 많아졌다.

　이에 따라 '펫 헬스케어'에 대한 관심도 높아지고 있다. 한국동물약품협회에 따르면 동물의약품 시장 규모는 2010년 5445억 원에서 2020년 8871억 원으로 2배 가까이 늘었다. 글로벌 시장 규모 역시 우상향 그래프를 그리고 있다.

　치료 분야도 다양하다. 단순한 외상 치료뿐 아니라 치매, 암 치료

국내 동물약품 시장 규모 (단위: 원)

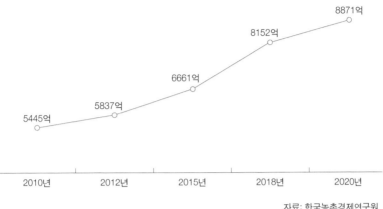

자료: 한국농촌경제연구원

제까지 개발하고 있다. 의료기기 업체 위주로 개발이 진행되던 시장에 제약바이오업체들이 동참하는 추세다. 반려동물의 수명이 늘어나면서 치료제, 건강관리, 예방의학에 대한 수요가 커진 덕분이다. 애드바케어파마 USA에 따르면 글로벌 반려동물 치료제 시장은 2021년 115억 달러에서 5년 뒤인 2026년 155억 달러로 커질 것으로 전망된다.

사실 그동안 동물용 의약품 개발 및 판매는 중소 제약사에서 활발하게 이뤄졌다. 2005년까지 동물용 의약품 제조업이 중소기업 고유업종으로 지정돼 있었기 때문이다. 하지만 1인 가구의 증가 등으로 반려동물을 키우는 사람이 늘어나며 상황이 반전됐다. 대형 제약사들도 속속 동물용 의약품 판매에 뛰어들었고, 동물용 신약 개발도 활발하다.

동국제약은 2021년 3월 정기 주주총회에서 '동물용 의약품 제조·

수입 및 판매업'을 신규 사업으로 추가하는 정관 변경안을 통과시켰다. 동국제약은 이어 2021년 9월 국내 최초 반려견 전용 치주질환 치료제 '캐니돌' 정을 내놓았다.

유한양행은 2021년 5월 **지엔티파마**가 개발한 반려동물 인지기능 장애 증후군 치료제 '제다큐어'의 국내 독점 판매권에 대한 계약을 체결했다. 반려견의 인지기능장애 증후군은 사람의 알츠하이머 치매와 유사한 퇴행성 뇌질환이다. 유한양행은 펫푸드 '윌로펫'도 내놓으며 반려동물 먹거리 시장에 진출했다.

GC녹십자랩셀은 2021년 동물 진단검사 전문 회사 '그린벳'을 설립하면서 반려동물 분야까지 사업을 확장했다. 그린벳은 제품 개발 외에 유통까지 사업 규모를 확대할 예정이며, 이를 위한 투자, 파트너십 등도 고려 중이다. 이외에 **종근당바이오**는 2019년 반려동물용 프로바이오틱스 브랜드 '라비벳'을 출시한 뒤 2021년에는 자체몰을 오픈해 본격적인 판매에 나섰다.

제약사들이 동물용 의약품 개발에 뛰어든 이유는 간단하다. 시장이 빠르게 성장하고 있으면서도 허가를 받기 훨씬 쉽기 때문이다. 아울러 동물용 의약품은 인체용과 달리 특정 제품에 매출이 몰리지 않는다는 특성이 있다. 동물용 의약품을 개발하고 있는 바이오벤처들은 오히려 이런 시장의 특성 때문에 제대로 된 제품만 만들어낸다면 세계 시장을 이끌 수 있다고 입을 모은다.

한 사례가 아프리카돼지열병이다. 아프리카돼지열병 바이러스는 매우 크고 복잡해 다양한 단백질을 만들어내는 만큼 백신 개발에 어려움이 적지 않았다. 스페인에서 유전자 조작으로 백신을 개발했다는 소식이 전해지기도 했지만 유전자 조작 과정에서 오히려 바이러스를 변이시켜 사람에게까지 감염을 일으킬 수 있다는 우려도 함께 제기된다. 당연히 지금까지 상용화된 백신도 없다.

하지만 이 때문에 아프리카돼지열병 백신을 개발만 한다면 매출 1조 원까지 넘볼 수 있는 '블록버스터' 등극이 확실하다. 국내에서도 여러 바이오업체가 백신 개발에 뛰어들었다.

플럼라인생명과학은 아프리카돼지열병 백신 'PLS-ASF'의 임상1상을 진행하고 있다. 회사는 2021년 8월 **중한바이오**와 PLS-ASF에 대해 1600만 달러 규모의 기술수술 계약도 체결했다. 계약 국가의 범위는 중국, 말레이시아, 인도네시아, 마카오, 홍콩, 대만이며 기간은 20년이다.

플럼라인생명과학은 또 반려견 암 치료제 'PLS-D5000' 개발을 진행하고 있다. 반려견의 혈액암에 사용되는 이 치료제는 2016년 10월 미국 농림부로부터 임상시험계획을 승인받고 품목허가를 위한 연구개발을 진행하고 있다. 현재 안전성을 검증받고 유효성을 확인하고 있는데 인체용 의약품 개발 상황으로 가정하면 후기 2상·3상 단계라고 플럼라인생명과학은 설명했다.

한편 세포 치료제 전문 업체 **박셀바이오**는 암에 걸린 반려견의 전용 항암제 '박스루킨-15'를 개발 중이다. 박스루킨-15는 몸 안의 항암 면역 기능을 높이는 사이토카인 물질 중 하나인 '인터루킨-15'를 기반으로 면역 T세포가 암세포를 정확히 찾아내 사멸시키는 방식으로 암을 제거한다.

테라젠바이오는 동물 대상 유전자 검사 서비스인 '어헤드진'을 출시했다. 개와 고양이를 대상으로 하는 이 서비스는 개 24종, 고양이 4종의 검사가 가능하다. 테라젠바이오는 향후 경주마 등으로 유전자 검사 대상을 확대할 예정이다.

경보제약은 신약 개발 회사인 **아이바이오코리아**와 손잡고 동물용 안구건조증 치료제, 아토피 치료제, 신장질환 치료제 등을 개발 중이다. 앞으로 관절염, 알레르기 등 염증성 질환 치료제로 동물용 의약품 제품군을 확대할 계획이다.

동물 전용 CT도 늘어나고 있다. 동물용 영상 장비 전문 기업 **우리엔**은 동물 전용 CT인 'MyVet CT i3D'를 2020년 1월 출시했다. 이 장비는 공간이 협소한 동물병원에서도 쓸 수 있는 데다 조기 암 진단, 종양성 질환, 궤양, 신장결석, 폐결절 등 엑스레이 촬영으로 보기 어려웠던 질환을 진단할 수 있어 수요가 늘고 있다.

마크로젠은 반려견 마이크로바이옴(장내 미생물) 빅데이터 구축 사업에 나섰다. 반려견의 분변 속 마이크로바이옴을 분석한 뒤 반려견의 건강 취약점을 사전에 발견해 맞춤형 건강관리 시스템을 제공한다는 의도다. 앞서 마크로젠은 반려동물 유전자검사 서비스 '마이펫진'을 2015년 업계 최초로 출시한 바 있다.

대웅제약은 2021년 8월 **한국수의정보**(현 대웅펫)를 인수하며 동물용 의약품 시장에 진출했다. **대웅펫**은 반려동물용 신약·비대면 의료·임상시험 지원 플랫폼 개발을 주요 사업으로 한다.

진짜 고기 대신 인조 배양육 어때요

　2021년 9월 외신에서는 미국 할리우드 스타 배우이자 지구환경 운동가로도 유명한 레오나르도 디카프리오가 배양육 스타트업 2곳에 투자했다는 소식이 날아들었다. 대체 육류 단백질 제품을 개발하는 이스라엘의 **알레프 팜스**와 네덜란드의 **모사 미트**의 지분을 매입한 것이다. 디카프리오는 이에 앞서 동물이 아닌 식물 성분으로 버거와 소시지 등 육류 대체품을 생산하는 미국 식품바이오벤처 **비욘드 미트**에도 투자한 바 있다.

　알레프 팜스는 소에서 분리한 줄기세포를 배양해 만든 스테이크와 꽃등심을 2018년과 2021년에 공개한 바 있다. 모사 미트도 암소 줄기세포를 배양해 만든 근육 조직을 키워 2013년 세계 최초로 햄버거 패티 배양육을 선보였다.

　배양육Cultured Meat은 동물에게서 추출한 줄기세포를 배양해 근육세포로 분화시켜 단백질 조직을 만든다. 별도의 도축 과정 없이 세포공학 기술과 3D프린터 등을 활용해 생산하는 인공 고기다. 배양육은 일반 가축을 통해 고기를 얻는 것에 비하면 온실가스 배출량, 물 소비량 등을 줄일 수 있어 친환경 기술로 평가받는다. 하지만 콩 같은 식물로 고기 맛을 내는 '콩고기' 제품은 국내외에서 출시되고 있지만 배양육은 동물 세포를 배양해 나오는 것이라 안전성 논란이 많아 상업화는 아직 초기 단계다. 또한 배양 과정이 길고, 고도의 기술이 필요한 만큼 생산 비용이 비싸 배양육이 시장에 출시되려면 시간이 걸릴 전망이다. 배양육이 실제 고기의 육질과 얼마나 유사한 맛을 낼 수 있는지도 향후 판매 수요를 좌우할 포인트다.

현재 배양육 유통이 허용되는 나라는 싱가포르가 전세계적으로 유일하다. 2020년 12월 미국 기업인 **잇 저스트**는 싱가포르 정부로부터 세포 배양육으로 만든 닭고기 제품을 승인받아 판매를 시작했다. 하지만 너겟 하나에 50달러에 달해 판매가 많지는 않다고 한다.

디카프리오가 실제 고기 대신 대체육 시장에 뛰어든 것은 지구 기후변화 위기에 대응해야 한다는 그의 소신과 맞닿아 있다. 소나 돼지를 키우는 데 상당한 물과 사료가 필요하고, 가축들이 탄소를 내뿜는 과정에서 온실가스 배출량도 많다. 그렇기에 고기를 배양육으로 바꾸게 되면 이 같은 부작용을 줄이고, 대규모 동물 사육에 따른 질병 발생이나 오염물질 배출도 막을 수 있다. 또한 일부 농가는 사육 시설을 짓기 위해 다량의 벌채를 해야 하는데 그 비용도 사라진다. 공장식 도축에 반대하는 동물보호단체의 주장대로 동물 학대나 윤리 문제도 해결할 수 있다. 이 같은 다양한 효과 때문에 맥킨지컨설팅은 전세계 배양육 시장 규모가 2030년이면 250억 달러에 이를 것으로 전망했다. 동물성인 배양육과 식물성 제품을 합친 대체 단백질 소비량은 2020년 1300만 톤에서 2025년 2400만 톤, 2030년 6500만 톤으로 증가가 예상된다.

국내에서도 배양육 기술 연구과 생산 준비가 활발하다. 식품 대기업인 **대상**과 벤처업체 **스페이스에프**는 2021년 8월 업무 협약을 맺고 배양육 대량생산 협력을 통해 2025년까지 제품화를 목표로 하고 있다. 이를 위해 양사는 배양육의 단점 중 하나인 높은 원가 문제를 해결하고, 배양육 배지 원료를 식품에 사용 가능한 원료로 대체하는 연구를 수행하게 된다.

스페이스에프는 동물성 단백질로 된 대체식품 소재를 연구하는 업체다. 배양육 생산에 필요한 근육줄기세포 분리 배양, 근육 조직 형성, 무혈청 배지 개발 등에 대한 특허와 원천기술을 갖고 있다. 2021년 3월에는 서울대학교 및 세종대학교 연구팀과 함께 국내 최초로 돼지 줄기세포를 활용한 배양돈육 시제품을 선보이기도 했다. 김병훈 스페이스에프 대표는 "배양육은 글로벌 식량 공급의 불안정과 환경 윤리적 이슈 등을 해결할 수 있는 솔루션"이라며 "앞으로 많은 사람들이 배양육을 자연스럽게 선택하게 될 것"이라고 말했다.

하지만 전문가들은 배양육의 높은 생산 비용 외에 안전성 문제 해결이 선행돼야 한다고 지적한다. 식량 안보나 기후 문제 대응 차원에서 배양육 개발은 필요하지만 인체에 무해한 안전 식품으로 확인받기에는 시기상조라는 견해가 다수다. 특히 동물성 배양육이 암이나 특정 질병을 앓고 있는 환자나 영유아 및 초고령자, 임산부 등에게 어떤 영향을 줄지에 대한 연구가 부족한 것도 조속한 상업화를 막는 요인 중 하나다.

최윤재 서울대 명예교수(국가과학기술 한림원 부원장)는 2021년 11월 국회 '제4차 K-바이오헬스포럼'에서 "배양 과정에서 혈청, 세포주, 항생제, 성장 촉진제 등을 비롯해 맛과 색깔을 흉내 내기 위해 여러 첨가물이 들어가 안전성에 논란이 있다"며 "배양육의 경우 현재 상태로는 상품화 단계로 가기에 무리가 많다"고 밝혔다. 그는 "배양육이 상품화되기 전에 배양육 표기와 관련된 법제화가 반드시 필요하다"고 덧붙였다. 미국에서는 육류광고법을 통해 가축에서 나온 축산물에 대해서만 고기라고 명명할 뿐 배양육에는 고기라는 표현을 쓰지 못하게 돼 있다. 엄애선 한양대 식품영양학과 교수도 "인조육 등은 칼로리와 지방, 단백질 총량에서 문제가 있고 탄수화물과 당 함량이 지나치게 높을 우려가 있다"고 말했다. 조태임 소비자단체연합 회장은 "첨가물을 사용한 미트볼이 저비용 대량생산 목표에는 도달할지 몰라도 국민의 건강에는 해를 끼치고, 자라나는 아이들을 그러한 맛에 길들이게 할 것"이라며 "안전성 측면에서 배양육이 상표화되어 나오는 데 대해 부정적인 입장"이라고 전했다.

그럼에도 '미래 식품'으로 불리는 동물 및 식물성 대체육 시장은 앞으로 확대가 불가피하다. 환경과 동물 복지를 중시하는 소비 트렌드와 함께 ESG(환경·사회적 가치·지배구조)에 대한 사회적 관심이 커지면서 배양육과 대체육 수요는 증가할 수밖에 없다. WHO에 따르면 2050년이 되면 전세계 인구 증가로 고기 소비량은 2011년 대비 171%나 늘어나게 된다. 지금의 도축 방식으로 고기 수요를 맞추려면 한계에 봉착할 수밖에 없다는 얘기다. 결국 높은 생산 비용과 이질감이 드는 고기 맛, 제품 안전성 문제들이 차차 해결되어 간다면 배양육은 가까운 시일 내에 새로운 먹거리 산업으로 자리 잡게 될 것이다.

3부

1등만이 살길!
지금 바이오 최전선은

1

암은 도대체
언제 정복되나요

인류의 생존을 가장 위협하는 질병 중 하나는 암이다. 의료 및 제약바이오업계의 숙원은 완벽한 암 치료법을 찾는 데 있다고 해도 과언이 아니다. 항암제가 현재 다양한 질병 치료제 가운데 가장 많이 개발 시도가 이뤄지고 있는 분야인 것도 이 때문이다. 실제 2019년 세계 10대 매출액을 기록한 블록버스터 치료제 가운데 5개가 항암제일 정도로 암 정복은 전세계적으로 가장 뜨거운 과제다. 글로벌 시장조사 기관인 이밸류에이트파마에 따르면 전세계 항암제 매출 규모는 2018년 1240억 달러에서 2026년 3112억 달러로 지속적인 1위가 예상되고 있다. 같은 기간 항암제의 연평균 매출 성장률은 11.5%에 달할 전망이다. 특히 미국 FDA(식품의약국)가 승인한 임상시험 후보물질 가운데 항암제는 전체의 약 30%를 차지한다.

세계 상위 매출 치료제 분야 (단위: 달러)

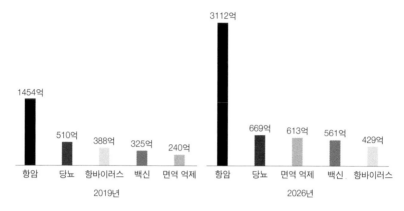

자료: 이밸류에이트파마

세계 항암제 시장 규모 (단위: 달러)

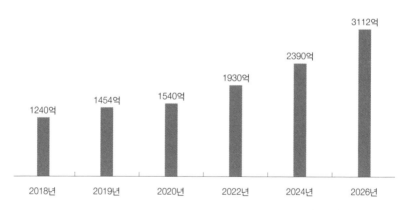

자료: 이밸류에이트파마

글로벌 예상 매출 상위 항암제

제품명	개발사	주요 적응증	매출액(달러)
키트루다	MSD	비소세포폐암	269억 2300만
옵디보	BMS·오노약품공업	흑색종	149억 3300만
임브루비카	애브비·존슨앤드존슨	혈액암	108억 45000만
엘리퀴스	화이자·BMS	항응고제	125억 4700만
듀피젠트	사노피	아토피 피부염	120억 8000만
타그리소	아스트라제네카	비소세포폐암	96억 4900만

자료: 이밸류에이트파마, 2026년 기준

이밸류에이트파마에 따르면 2020년 기준 전세계 매출 1위 의약품은 203억 9000만 달러를 기록한 자가면역질환 치료제 휴미라Humira다. 면역항암제인 키트루다는 143억 8000만 달러의 매출을 올려 2위를 차지했다. 하지만 키트루다는 2026년이 되면 약 269억 달러를 기록하면서 휴미라를 제치고 글로벌 시장에서 가장 많이 팔리는 의약품이 될 것으로 보인다. 2026년 글로벌 예상 매출 2위 역시 같은 면역항암제인 옵디보Opdivo가 차지할 것으로 전망된다.

암 치료 분야에서는 환부를 떼어내는 수술요법 개발과 함께 복잡한 전이에 따른 암세포 확산을 억제하는 방법을 찾는 연구가 활발하다. 또한 항암제가 암세포는 물론이고 정상 세포까지 공격해 전체적으로 몸의 면역력을 낮추고 부작용을 일으키는 것을 막는 데 중점을 두고 있다. 인류는 좀 더 나은 항암제를 갖기 위해 다양한 방법을 써가며 오랫동안 치료제 개발에 공을 들여왔다.

본격적인 항암제 개발의 단초는 제2차 세계대전으로 거슬러 올라

간다. 1943년 12월 연합군의 거점지였던 이탈리아 남부의 바리 항이 독일 공군의 기습을 받았다. 연합군 군함이 격침되면서 많은 병사가 사망했는데 이들은 단순히 폭격 그 자체만으로 숨진 게 아니었다. 화학전에 대비해 배에 실려 있던 화합물이 새어 나오면서 이에 접촉했거나 냄새를 맡은 병사들은 작열감과 수포, 실명을 겪었고, 치료를 받는 과정에서 생명을 잃었다. 그런데 의사들은 환자들의 몸 상태를 살펴보다가 놀라운 사실 한 가지를 발견해낸다. 독가스가 위험하기는 하지만 여기에 노출되면 암의 일종인 림프종이 크게 줄어든다는 사실이었다. 의사들은 쥐를 대상으로 한 임상시험을 통해 이를 재확인했고, 이후 림프종을 앓고 있던 환자들에게 이 화학물질을 투여해 종양의 크기를 줄일 수 있었다. 수술과 방사선만을 암 치료법으로 간주하던 당시 의학계에서는 이때부터 치료에 도움을 줄 수 있는 화학 약물 연구에 본격적으로 착수했다.

이렇게 시작된 '화학항암제'는 1990년대 중반까지 1세대 항암제로 불리며 개발의 주류가 됐다. 화학항암제는 세포분열이 왕성한 암세포를 공격하기 위해 이를 억제하는 독성 물질을 주사한다. 그런데 단점이 하나 있다. 주변의 멀쩡한 세포 부위까지 침범해 건강했던 다른 장기의 작동을 막는다는 것이다. 화학항암제를 투약한 환자들은 심한 구토와 위장 장애, 탈모 등 큰 불편을 겪게 된다. 탈모 발생은 항암제가 머리카락 등 계속해서 자라나는 세포마저 무차별적으로 공격하기 때문이다.

이러한 부작용을 없애고자 1990년대 말부터 등장한 것이 2세대 항암제인 '표적항암제'다. 이것은 말 그대로 목표한 암세포만을 정밀 타깃해 주변의 정상 조직을 침범했던 화학항암제의 부작용을 최소화한 약이다. 노바티스가 출시한 만성 골수성 백혈병 치료제인 글리벡Gleevec이나 아스트라제네카의 폐암 치료제인 이레사Iressa가 대표적이다. 하지만 표적항암제는 심각한 전이가 이미 발생한 상태에서는 효과가 떨어진다. 무엇보다 특정한 암에 치료제가 정확히 맞아야 환자에게 쓸 수 있고, 항암제 투여 후 일정 기간이 지나면 내성이 생겨 치료제의 효과가 잘 나타나지 않는 단점도 있다.

이를 극복하기 위해 출현한 것이 2010년대부터 3세대 항암제로 본격화한 '면역항암제'다. 환자의 면역력을 키워 암과 싸울 수 있는 힘을 높여준다는 아이디어에서 출발했다. 2018년 노벨 생리의학상을 공동 수상한 혼조 다스쿠 일본 교토대 교수와 제임스 앨리슨 미국 텍사스대 엠디앤더슨 암센터 교수의 연구 분야가 면역항암제다. 혼조 교수가 면역세포(일명 T세포)에서 발견한 핵심 물질 'PD-1'은 이후 면역항암제를 개발하는 단초가 됐다. 반면 면역세포가 아닌 반대편 암세포에서는 'PD-L1'이라는 단백질이 발현된다. 여기에서 L은 면역세포 수용체와 정확히 맞아 특이적으로 결합하는 물질을 뜻하는 리간드Ligand에서 따왔다.

면역세포에서 나오는 PD-1이나 CTLA-4(Cytotoxic T Lymphocyte Antigen-4)가 암세포의 PD-L1과 결합하게 되면 면역세포가 암세포를 인식하지 못하게 된다. 따라서 PD-1과 PD-L1, 혹은 PD-L1과 CTLA-4 간의 결합을 차단하는 방식, 일명 '면역 관문 억제'를 통해 결과적으로 T세포가 암세포를 정확히 인식하도록 함으로써 암 발생을 강력하게 억제할 수 있게 하는 원리다. 즉 면역 관문 억제는 면역세포가 암세포를 인지하지 못하는 이유가 두 세포 간 결합에 있다고 보고 이를 막아 면역체계의 활동을 정상화시키는 것이다.

세계 최대 면역항암제 '키트루다'

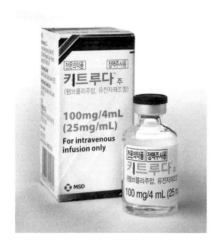

출처: 한국MSD

출시된 주요 면역항암제들은 면역 관문 억제를 하는 구체적인 부위는 각각 다르지만 면역 관문 억제제로서 작동 방식은 동일하다. PD는 우리 말로 하면 '프로그램된 세포 사멸programmed cell death'인데 면역항암 치료제는 면역 T세포를 타깃하는 항PD-1 제제와 암세포 쪽을 표적하는 항PD-L1 제제로 크게 나눌 수 있다. 예컨대 MSD의 면역항암제 키트루다와 **BMS·오노약품공업**의 옵디보, **사노피**의 리브타요Libtayo는 T세포의 PD-1에 작용해 암세포에 붙어 있는 PD-L1과의 결합을 차단한다. 반면 **BMS**의 여보이Ervoy는 T세포의 CTLA-4에, **로슈**의 티센트릭Tecentriq, 아스트라제네카의 임핀지Imfinzi는 PD-L1에 작용해 두 세포 간의 결합을 막는 방식이다. 노벨상 수상자인 앨리슨 교수는 "암세포는 체내 면역체계로부터 공격당하지 않도록 하는 특별한 능력을 갖고 있는데 이를 해제하는 것이 핵심"이라며 면역항암제 원리 중 하나인 면역 관문 억제를 설명했다.

면역항암제는 우리 몸의 면역체계를 이용하기 때문에 기존 항암제에 비해 독성이나 내성 발생이 적다. 면역 기능을 높여 정상 세포까지 공격하는 부작용이 훨씬 덜하기 때문에 안전성도 뛰어나다.

단점으로는 면역항암제 자체만으로는 치료 효과가 낮아 다른 항암제와의 병용 투여가 필요하다는 것이다. 2020년 FDA 자료에 따르면 키트루다나 옵디보 같은 면역 관문 억제제의 평균 치료율은 각각 33%, 27%에 그치고 있다. 이로 인해 이들 면역항암제는 타사가 개발 및 시판 중인 다른 항암 물질들과 무수한 병용 투여 임상을 진행하고 있다. 또한 면역항암제가 잘 듣는 환자를 투약 전에 선별하기 위한 특정 바이오마커를 개발하는 데도 연구가 집중되고 있다.

이 밖에 면역항암제 범위에는 암세포가 보유한 종양에 특이한 반응을 일으키는 항원을 암 환자에 투여해 면역 기능을 높여 암세포를 공격하는 '항암 백신'이나 아예 체내에 면역 T세포를 변형해 주입하는 면역세포 치료제 등도 포함된다. 나이가 들면 T세포가 감소해 암과 감염병 등에 취약해지는 짐을 감안해 T세포를 활성화하거나 그 숫자를 높여주는 증폭제 개발이 필요한데 이 연구도 면역항암제 테두리에서 이뤄지고 있다. T세포는 면역 시스템을 이루는 림프구의 70%가량을 구성하는데 CD4 T세포(활성화 지원 헬퍼 T세포)와 CD8 T세포(암세포 사멸 킬러 T세포)로 나뉜다. 림프구 나머지는 항체를 생산하는 B세포와 NK세포natural killer cell(자연 살해 세포) 등으로 구성되는데 NK세포는 암세포의 수상한 행동에 근거해 암세포를 제거한다. 여기에서 수상한 행동이란 정상세포 표면에 있는 'MHC 1형' 단백질이 암세포의 경우 T세포의 공격을 회피하기 위해 MHC 발현을 억제하게 되는데 NK세포는 암세포의 이런 행동을 찾아 없앤다.

면역항암제의 또 다른 분야는 T세포 활성화 및 증폭을 통해 항암 치료 효과를 높이는 데 주안점을 두고 있다. 일부 암 환자들은 면역 관문 억제제를 투여해도 암세포를 공격할 수 있는 T세포가 워낙 적기 때문에 치료율이 떨어지는데 여기에 T세포 활성제나 증폭제를 넣으면 치료 효과를 개선할 수 있다.

면역항암제와 함께 최근엔 '대사항암제'가 4세대 항암제로 부상하고 있다. 이는 암세포의 영양소 대사 작용에 관여해 암세포에 공급되던 에너지의 공급을 멈춤으로써 암세포를 굶겨 죽이는 방식이다. 즉 몸속에 있는 암세포가 성장하고 생존하는 데 필요한 에너지원을 차단함으로써 암세포의 소멸을 유도한다. 그 작동 원리 중 하나를 설명하자면 정상 세포는 95%가 세포 내부의 미토콘드리아mitochondria에서 산소를 흡수해 에너지원인 ATP(아데노신 3인산)를 만드는 반면 암세포는 산소가 있음에도 ATP의 60%를 무산소로 생성해낸다. 이처럼 무산소로 에너지를 얻는 암세포의 대사 작용은 발견자인 독일인 과학자 오토 와버그의 이름을 따서 와버그 효과Warburg Effect로 불린다. 암세포는 와버그 효과에 따라 주로 무산소 대사를 하게 되고, 이를 통해 일반 세포에 비해 젖산이 분해되지 않은 채 많이 분비된다. 암세포에 축적된 젖산은 세포 활동을 떨어뜨릴 뿐만 아니라 암세포에서 넘쳐나온 젖산이 다른 세포로 흘러들어가 전이를 일으키기도 한다. 젖산은 암세포 표면에 'MCT'라고 불리는 작은 통로를 통해 들어가고 나가는 것을 반복하는데 일부 대사항암제는 MCT를 막아 암세포 내에 축적된 젖산의 에너지 대사를 방해함으로써 암세포 활동을 소멸시킨다.

코스닥 상장 업체 **뉴지랩파마**의 경우 젖산과 유사한 분자구조를 가진 3-브로모피루베이트3-bromopyruvate, 일명 '3BP'라는 물질을 기반으로 하는 대사항암제 'KAT(Ko Anti-Cancer Technology)'에 대한 임상시험을 진행하고 있다. 2021년 8월 미국 FDA로부터 간암 대상 KAT의 임상1·2a상을 승인받아 글로벌 대사항암제 개발의 선두에서 있다. KAT는 암세포에만 열려 있는 MCT라는 통로를 통해 들어가 HK2 등의 효소들과 결합함으로써 암세포의 대사 기능을 망가뜨리도록 하는 기전을 갖고 있다. 개발자인 재미 과학자 고영희 박사는 "3BP가 암세포에 들어가 화학반응 일으키면서 효소가 기능을 하지 못하도록 함으로써 암세포의 대사 자체를 막는다"며 "암세포가 하는 무산소와 유산소 대사 작용을 동시에 차단할 수 있어 MCT가 있는 거의 모든 암에 적용할 수 있다"고 밝혔다. 이밖에 뉴지랩파마는 비소세포성 폐암 치료제인 탈레트렉티닙taletrectinib의 국내 임상2상을 승인받아 진행 중이다.

현재 전세계적으로 출시되어 있는 대사항암제는 미국 **아지오스 파마슈티컬스**가 2017년 출시한 급성 골수성 백혈병 치료제인 아이드하이파Idhifa뿐일 정도로 새로운 분야다.

대사항암제의 단점으로는 암세포의 대사 작용을 억제하려고 해도 암세포가 다른 방식으로 대사를 전개하면서 전이를 계속할 경우 따라잡기가 쉽지 않다는 것이다. 이로 인해 암세포의 복잡한 대사 과정을 밝힐 수 있는 연구부터 선행되어야 한다는 지적도 있다. 이러한 단점을 극복하기 위해 향후 5세대 항암제는 유전자분석 기법을 도입하게 되리라는 예측이 많다. 암세포의 변이를 일으킬 만한 유전자를 찾아내 미리 제거하는 방식이다. 최근에 논란 중인 유전자 가위 기술을 적용해 암 유발 유전자를 교정 및 치유하는 방식을 병용함으로써 인류를 암으로부터 궁극적으로 구할 수 있는 것이다. 그러기 위해서는 유전자 정보를 정확히 판별한 뒤 사전에 위험한 유전인자를 없앨 수 있는 기술적 진보가 이뤄져야 한다.

난치성 암을 잡아라! 도전장 낸 K항암제

국내 제약바이오 기업들의 70% 이상이 항암제를 개발하고 있을 정도로 항암제는 해외뿐만 아니라 국내에서도 가장 뜨거운 분야다. 의료시장조사 업체 아이큐비아에 따르면 면역항암제인 키트루다의 국내 판매액은 2021년 상반기 933억 원으로 병원 처방약 가운데 1위를 기록했다. 전년 동기 대비 29.1% 증가한 것이다. 국내 기업들은 바이오시밀러를 제외하면 아직 완성된 항암제를 내놓지 못하고 있지만 다들 언젠가는 블록버스터급 신약을 출시하기를 꿈꾸고 있다.

에이치엘비는 위암 치료에 쓰이는 표적항암제 리보세라닙Rivoceranib에 대해 2019년 9월 미국 임상3상을 마치고 FDA에 품목허가를 준비 중이다. 위암 3·4차 치료제뿐만 아니라 선양낭성암, 간암과 대장암 등 다양한 암종으로 적응증을 확대하고 있다. 중국에서는 아이탄Aitan이라는 이름으로 위암 3차 치료제를 판매 중인데 2019년 병원 처방 매출액은 약 3500억 원에 달했다. 중국 국가약품감독관리국NMPA은 2020년 12월 말 리보세라닙을 간암 2차 치료제로 판매를 허가했다. 에이치엘비는 중국을 포함해 전세계 리보세라닙의 특허 권리를 갖고 있다.

유한양행의 미국 자회사인 **이뮨온시아**는 2019년 3월 면역 관문 억제제 'IMC-001'의 국내 임상1상을 마치고, 2020년 5월 식약처로부터 2상 승인을 받아 임상을 진행 중이다. IMC-001은 암세포 바깥에 생겨나 면역세포의 활동을 억제하는 'PD-L1'을 표적으로 하는 항체 신약이다. 즉 IMC-001은 T세포의 'PD-1'과 암세포의 PD-L1 간의 상호작용에 의한 항암 T세포의 억제 신호를 차단해 면역 T세포의 활성을 촉진시켜 항암 효과를 높이는 면역 관문 억제제다. 회사에 따르면 NK세포 등 다른 면역세포들도 함께 암세포를 공격하도록 함으로써 항암 효과가 더욱 높아진다. 이뮨온시아는 유한양행이 2016년 미국의 **소렌토 테라퓨틱스**와 합작해 세운 회사로 다양한 면역항암제를 개발해 해외 기술수출을 목표로 하고 있다.

보령제약 관계사인 **바이젠셀**도 면역항암제를 개발하고 있다. 희귀 난치성질환 및 혈액암을 대상으로 면역항암제를 개발 중이다. 암 항원에 반응하는 T세포를 골라내 배양한 뒤 환자 몸에 투여해 암을 치료하는 방식이다. 2021년 임상2상, 2023년 조건부 허가를 마친 뒤 출시하는 것을 목표로 하고 있다. 바이젠셀의 플랫폼 기술인 '바이티어'를 바탕으로 항원 특이 세포독성 T세포CTL를 이용한 맞춤형 T세포 치료제다. 표적이 된 종양세포만을 없애는 '종양 살해 T세포 치료제' 플랫폼 기술로 안전성과 효력이 검증된 차세대 면역세포 치료제라는 평가를 받는다. 환자의 혈액세포 중 항원제시 세포antigen presenting cell에 항원 RNA를 탑재해 인체 내 자가 T세포가 암세포를 잘 공격할 수 있도록 배양한 뒤 이를 인체에 다시 주입해 암세포만을 특이적으로 제거하는 살해 T세포로 만드는 것이다. 본래 항원제시 세포는 항원 물질을 세포 표면에 발현시켜 T세포에게 제시함으로써 면역반응을 유도한다.

JW신약의 자회사인 **JW크레아젠**은 항원제시 세포 중 하나인 수지상 세포dendritic cells를 이용한 면역세포 치료제를 개발하고 있다. 대표적인 것은 수지상 세포에 항원을 효과적으로 전달하는 약물 전달 기술CTP을 활용한 면역세포 치료제 크레아박스CreaVax다. 개발 속도가 가장 빠른 간암 치료제 크레아박스-HCC는 간 절제술을 받은 간암 환자를 대상으로 국내 임상3상 중이다. 교모세포종 치료제인 크레아박스-BC는 임상1·2상을 진행하고 있다.

한미약품은 다수의 표적항암제를 외국 제약사에 기술수출했다. 2015년 미국 **스펙트럼**에 폐암과 유방암에 쓰이는 신약 후보물질인 포지오티닙Poziotinib을 기술수출한 뒤 임상2상 중이다. 항암 보조 요법으로 쓰이는 호중구 감소증 치료제 롤론티스Rolontis는 FDA 시판 허가를 기다리고 있다. 2016년에도 다국적 제약사인 **로슈**의 자회사 **제넨텍**에 각종 고형암 적응증을 가진 벨바라페닙Belvarafenib을 기술수출했다. 현재 미국에서 임상1상을 예정하고 있다. 경구용 위암 및 유방암 치료제인 오락솔Oraxol은 미국 **아테넥스**에 기술수출되어 임상3상을 마치고 허가 절차를 밟고 있다.

종근당은 대장암에 영양분을 공급하는 혈관을 파괴해 암세포 괴사를 유도하는 대사항암제 'CKD-516'을 개발 중이다. CKD-516은 종근당이 직접 발굴한 물질로 국내에서 임상3상을 준비하고 있다.

최근에는 기존에 출시된 항암제들과 병용 투여하는 방식의 임상 시험이 활발하다. 암세포를 사멸하는데 여러 개의 약을 함께 쓰면 치료 효과를 높일 수 있기 때문이다. 항암제를 개발 중인 국내외 업체들이 병용 투여 대상으로 가장 선호하는 제품은 키트루다로 2015

년 뇌종양 완치를 선언한 지미 카터 미국 전 대통령이 처방받은 약으로 유명하다.

제넥신은 2021년 5월 임상2상 중간 결과 발표에서 개발 중인 자궁경부암 치료 신약 'GX-188E'와 키트루다 간 병용 요법이 키트루다만의 단독 요법보다 효과가 개선됐다고 밝혔다. 키트루다 단독 임상의 객관적 반응률ORR은 12.2%인 반면 병용 투여군에서는 병변이 소실되는 완전 관해를 포함해 객관적 반응률이 31.3%로 더 높게 나타났다. 앞서 제넥신이 면역항암제로 개발 중인 'GX-I7'도 삼중음성유방암 환자 대상으로 키트루다와의 병용 임상에서도 고용량(1200mcg/kg) 투여군 9명 중 7명에서 암이 통제되는 등 용량 증가에 따른 치료 효과가 큰 것으로 나타났다. 제넥신은 GX-I7과 또 다른 면역항암제인 옵디보 간에 전이성 위암, 위·식도 접합부암, 식도선암 환자 대상의 병용 임상도 FDA 승인을 받았다.

크리스탈지노믹스는 난치암으로 꼽히는 췌장암 분야에 주력하고 있다. 자체 개발한 후보물질 CG-745(아이발티노스타트)에 대해 국내 임상2상을 마치고 현재 국내 임상2/3상을 추진 중이다. 특히 국내 임상2상 결과를 토대로 미국에서 임상1상을 면제받아 2021년 12월 FDA에 임상2상을 신청했다. 미국에서는 췌장암 외에 간암을 대상으로 기존 면역항암제와의 병용임상도 추진하고 있다. 조중명 크리스탈지노믹스 회장은 "CG-745는 약물 지속력, 질병 통제율, 낮은 부작용 등 약효가 매우 높아 췌장암 외에 간암, 섬유증, 골수형성이상증후군 등으로 적응증을 확대할 수 있다"고 설명했다. 또한 회사가 개발한 혈액암 치료물질 'CG-806'은 2016년 해외 업체에 기술이전된 뒤 현재 미국에서 혈액암과 급성백혈병 치료제로 임상1상을 진행 중이다.

메드팩토는 암이 생존하기 위해 분비하는 다량의 형질전환증식인자TGF-β 성분을 억제하는 후보물질 백토서팁Vactosertib에 대해 국내에서 임상1·2상을 진행하고 있다. 벡토서팁은 단독 임상보다는 글로벌 업체들이 개발한 항암제와 병용 투여 임상에 더 적극적이다. 백토서팁은 키트루다를 개발한 MSD와 대장암 및 비소세포폐암을 대상으로, 영국의 **아스트라제네카**와는 비소세포폐암, 방광암 등 해외 제약사들과 총 4건의 공동 임상을 진행 중이다. 김성진 메드팩토 대표는 "암 치료는 암세포를 직접 공격하는 것과 동시에 암이 생존하기 위해 암 혈관 및 암 줄기세포 등을 만들어 전이를 일으키는 것을 막아야 한다"며 "그러려면 백토서팁처럼 부작용 없이 다량의 형질전환증식인자 발현을 억제하는 물질이 필요하다"고 말했다.

네오이뮨텍은 개발 중인 T세포 증폭제 'NT-I7'를 여러 면역 관문 억제제와 병용해보는 임상을 하고 있다. NT-I7는 부족한 T세포를 증폭시켜 키트루다, 옵디보, 티센트릭 같은 기출시된 면역항암제의 효과를 높일 수 있다. 키트루다와 NT-I7을 병용 투여한 결과, 환자 12명 모두 혈중 T세포가 증폭됐고, 일부 환자는 암 크기가 크게 줄어드는 부분 관해가 나타났다. 네오이뮨텍은 난치성인 췌장암과 직장암, 악성 뇌암인 교모세포종에 대해서도 NT-I7과 면역항암제 간 병용 임상을 하고 있다.

2

환자 느는데
답은 느린 뇌질환 치료

코로나19가 유행 중이던 2021년 6월 미국에서 반가운 소식이 날아왔다. **바이오젠**의 치매 치료제 신약 아두헬름Aduhelm(성분명 아두카누맙)이 미국 FDA의 허가를 받아낸 것이다. 2003년 덴마크 **룬드벡**의 메만틴Memantine 이후 18년 만에 나온 알츠하이머 신약이다. 아두헬름은 증상 악화를 막는 데 그쳤던 과거 치료제에서 한 걸음 더 나아가 인지 능력 개선 가능성까지 열었다는 평가를 받고 있다.

아두헬름은 알츠하이머병의 원인 물질로 알려진 아밀로이드amyloid 단백질을 제거한다. 정상 노인에게 제공받은 항체를 기반으로 제작된 아두헬름은 문제가 되는 아밀로이드 단백질 덩어리를 제거한다. 제작사 바이오젠 측은 아두헬름이 임상시험에서 플라크 덩어리를 59%~71% 감소시켰다고 설명했다.

국제알츠하이머학회는 전세계 치매 환자 수가 2018년 5000여만 명에서 2030년 7470만 명으로 늘 것으로 예측했다. 하지만 2020년까지 허가된 치매 치료용 약물은 도네페질Donepezil, 리바스티그민Rivastigmine, 갈란타민Galantamine, 메만틴Memantine, 타크린Tacrine 등 5개뿐이었다. 이마저도 복용한 지 두세 달이 지나면 증상이 원래대로 돌아온다. 그래서 일각에서는 이들 약물을 치료제가 아니라 '증상 완화제'로 부르기도 했다. 동시에 아두헬름에 제약바이오업계가 큰 기대를 거는 이유이기도 하다.

뇌는 신경계를 이루는 세포인 뉴런neuron에서 다른 뉴런으로 전기 신호를 보내는 방식으로 신체 활동을 조절한다. 접촉 지점에는 신호 전달을 담당하는 연결 고리 시냅스synapse가 있다. 뇌 속 뉴런과 시냅스는 140억 개가 넘는 만큼 이들의 구조와 기능을 알면 뇌질환 치료제 개발에 실마리를 얻을 수 있다. 뉴런과 시냅스는 다른 세포와 달리 손상되면 복구할 수 없다. 그런 만큼 인체는 혈관-뇌 장벽BBB (Blood-Brain Barrier)을 단단히 해서 뇌세포로 이물질의 침투를 막아 뉴런과 시냅스를 보호하고 있다. 그런데 이 혈관-뇌 장벽의 존재가 치료제 개발을 더 어렵게 만든다. 치료제가 효과를 내려면 혈관을 통해 뇌 조직 안으로 들어가야 하는데 혈관-뇌 장벽이 이를 막기 때문이다. 지금까지 개발한 치료제의 혈관-뇌 장벽 투과율은 0.1%에 불과하다.

이로 인해 뇌질환 치료제 분야는 바이오의약품 대신 크기가 작은 합성의약품 위주로 개발하는 추세다. FDA의 품목허가를 받아 미국 출시 중인 **SK바이오팜**의 뇌전증 신약 엑스코프리Xcopri 역시 합성의약품이다. 흔히 간질이라 부르는 뇌전증은 인구 1000명당 5명~15명

뇌전증 신약 '엑스코프리'

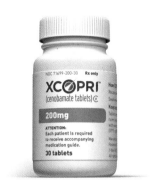

출처: SK바이오팜

에서 나타나는 신경계질환이다. 뇌의 비정상적인 전기적 흥분 현상이 주변으로 퍼져 발작이 일어난다.

엑스코프리는 억제성 신경 전달과 흥분성 신경 전달의 두 가지 기전에 모두 작용해 증상을 줄인다. 기존 치료제를 복용했을 때 발작이 완전히 없어지는 비율은 1%~5%에 불과했지만 엑스코프리를 복용할 경우 20% 이상의 환자에게서 발작이 사라졌다. 상세한 기전이 확인되지는 않았지만 엑스코프리의 주성분이 신호 전달을 담당하는 아미노뷰트릭산GABAA 이온 채널을 조절하고 나트륨 전류를 차단해 신경세포의 반복적인 발화를 감소시킨다고 추정하고 있다.

뇌전증 외에 치매도 뇌세포 이상이 유발하는 대표적인 질환이다. 치매에는 여러 종류가 있는데 50%~80%가 알츠하이머병, 20%~30%가 혈관성 치매, 5%~10%는 전두 측두엽 치매로 분류된다. 치매 환자 대다수를 차지하는 알츠하이머병 환자의 뇌에는 두 가지 특징이 나타난다. 아밀로이드 단백질이 뭉쳐진 노인성 반점과 신경섬유의 엉킴 현상이 그것이다. 혈관성 치매는 경미한 뇌졸중으로 인한 뇌의 혈류 감소로 발생하며 전두 측두엽 치매는 뇌의 앞쪽 및 옆쪽에 손상이 발견된다.

아두헬름 이전의 치매 치료제는 아세틸콜린acetylcholine 분해 효소 억제제와 NMDA(N메틸D아스파라긴산) 수용체 억제제 두 가지로 분류

할 수 있다. 앞서 언급한 5종의 치매 치료제용 약물 가운데 메만틴은 NMDA 수용체 억제제고 나머지 네 물질은 아세틸콜린 분해 효소 억제제다.

아세틸콜린은 기억과 학습을 담당하는 신경 전달 물질이다. 알츠하이머병은 이 아세틸콜린이 크게 줄어들며 발병한다. 아세틸콜린 분해 효소 억제제는 아세틸콜린을 없애는 효소의 기능을 막는다. 이를 통해 뇌 안에 머무르는 아세틸콜린의 농도를 상승시켜 기억력 등 인지 기능을 개선한다. 1996년 FDA의 승인을 받은 도네페질을 포함해 리바스티그민(1997년 승인), 갈란타민(2001년 승인)이 아세틸콜린의 농도를 상승시켜 치매 증상을 완화한다.

최근 건강보험 급여 재평가로 논란의 중심에 오른 콜린 알포세레이트choline alfoscerate 제제 역시 아세틸콜린의 농도를 증가시킨다. 현재까지 임상시험에서 콜린 알포세레이트는 아세틸콜린 분해 효소 억제제인 도네페질과 함께 복용했을 때 치매를 개선하는 효과가 나타났다. 하지만 아직 단독으로 사용했을 때는 치매 개선 효과가 밝혀지지 않았다. 국내에서는 그동안 멀쩡한 중장년층도 쉽게 콜린 알포세레이트 제제를 건강보험 혜택을 받아 구입할 수 있었다. 이 때문에 보건복지부는 2020년 6월 콜린 알포세레이트 제제의 건강보험 적용을 제한하는 정책을 내놓았다.

NMDA 수용체는 우리 뇌에서 기억력을 유지하고 학습에 관여한다. 그런데 이 수용체가 과도하게 자극될 경우 신경에 작용하는 산소가 부족해져 세포가 파괴된다. NMDA 수용체 억제제는 뇌신경세포의 파괴를 줄여 뇌의 기억력을 증진시키고 치매의 진행을 늦춘다. 아세틸콜린 분해 효소 억제제와 NMDA 수용체 억제제를 함께 복용하는 병용 요법도 있다. 남자릭Namzaric이라는 약물은 이 두 약물을 섞어 중증 알츠하이머병 환자의 인지능력을 개선하는 치료제로 2014년 FDA 승인을 받았다.

치매는 여전히 인류의 난제다. 하지만 그렇기 때문에 오히려 국내 바이오 기업이 도전해 볼 만한 분야로 꼽힌다. 성공 확률은 매우 낮지만 글로벌 제약사와 국내 제약사 사이의 기술 격차도 그만큼 작다.

2021년 1월 미국 제약사 **일라이 릴리**는 개발 중인 치매 신약 도나네맙Donanemab이 임상2상에서 치매 진행을 늦추는 사실을 확인했다고 발표했다. 경증과 중등증 치매 환자 272명을 대상으로 한 임상에서 이 약은 치매의 주원인으로 지목되는 뇌 신경세포의 독성 단백질 베타 아밀로이드amyloid-β 플라크를 소멸시킨 것으로 나타났다. 도나네맙을 투여한 환자들은 치매 증상이 악화되는 속도가 위약을 사용한 대조군보다 32% 느렸다. 다만 도나네맙 투여 환자의 약 30%에게서 뇌부종이 발생했다. 일라이 릴리는 2021년 10월 FDA에 신약 승인을 신청했다.

파킨슨병 치료제도 속속 개발되고 있다. 퇴행성 신경질환 가운데 치매에 이어 두 번째로 유병률이 높은 파킨슨병은 아직 근본적인 치료법이 없어 약물 요법으로 증상을 관리하는 게 일반적이다. 치매에 걸리면 인지 기능 장애를 보이다가 병변이 뇌 표면에서 뇌의 깊숙한 곳으로 퍼지면서 운동장애가 동반되는 경향이 나타난다. 반면 뇌의 깊숙한 곳에서 병변이 주로 시작되는 파킨슨병은 운동장애 증상으로 시작해 병변이 뇌의 표면 쪽으로 퍼지면서 인지 기능 장애 등 치매 증상이 나타난다. 파킨슨병 환자의 약 30%에서 치매가 발생한다.

국내 바이오벤처 **카이노스메드**는 파킨슨병 치료제 'KM-819'를 개

세계 알츠하이머 치료제 시장 규모 (단위: 달러)

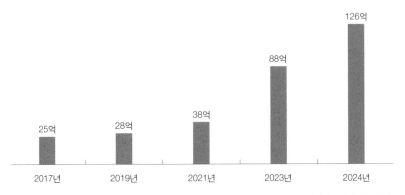

자료: 데이터모니터 헬스케어

발하고 있다. KM-819는 도파민 분비 신경세포를 죽이는 단백질인 'FAF1'을 억제하는 후보물질이다. 이기섭 카이노스메드 대표는 "KM-819는 파킨스병의 진전을 근본적으로 막는 혁신 치료제"라며 "특히 경구용으로 개발이 가능해 움직임에 제약을 받는 파킨스병 환자에게 높은 편의성을 제공한다"고 강조했다.

뇌는 여전히 미지의 영역이다. 각 부위가 어떤 역할을 하는지도 아직 정확히 밝혀지지 않았다. 여러 가설에 따른 치료제를 개발 중이지만 실패를 거듭하고 있다. 최근 들어 임상시험에서 유의미한 효과를 거둔 후보물질들도 정확한 기전을 설명하지는 못하고 있다. 이 때문에 바이러스, 암 이후의 정복 목표로 뇌질환을 꼽는 제약바이오 기업이 많다. 시장조사 기관 데이터모니터 헬스케어는 세계 알츠하이머 치료제 시장 규모가 2019년 28억 달러에서 2024년 126억 달러로 크게 늘어날 것으로 예측했다. 유의미한 치료제가 출시된다면 단숨에 글로벌 빅파마로 거듭날 수 있는 셈이다.

믿을까 말까 '베타 아밀로이드 가설'

아두헬름의 FDA 허가는 국제 학술지 ≪네이처≫가 '2021년 주목되는 10대 과학뉴스' 중 하나로 꼽을 정도로 초미의 관심사였다. 2021년 6월 아두헬름이 FDA의 승인을 받자 전세계가 열광했다. 하지만 승인 6개월이 지난 2021년 12월, 아두헬름도 첫 기대와 달리 논란이 끊이지 않고 있다.

당장 품목허가 한 달 뒤인 2021년 7월부터 ≪영국의학저널BMJ≫, ≪뉴잉글랜드저널오브메디신NEJM≫과 같은 유력 학술지에서 효능과 부작용에 대한 우려가 제기됐다. 연구에 따르면 아두헬름의 효과는 20%대에 머물고 있고 항체에 대한 면역반응으로 인해 뇌부종과 같은 부작용 위험도 크다. FDA 역시 아두헬름을 3상보다 더 많은 환자를 대상으로 한 추가 임상시험을 진행하는 조건부로 승인했다.

그동안 세계 각국의 제약사들은 치매의 원인이 뇌 속에 축적되는 베타 아밀로이드 단백질에 있는 것으로 판단하고 이를 제거할 수 있는 약물을 개발해왔다. 치매 치료의 근거가 된 이른바 '베타 아밀로이드 가설'은 뇌 속에 하얀 플라크 덩어리 형태로 응집된 베타 아밀로이드 단백질과, 인산 여러 개가 붙어(과인산화) 구조가 깨져버린 타우 단백질tau protein(뉴런 내에서 물질의 운반을 담당하는 운동 단백질)이 신경 퇴행성 뇌질환과 인지 기능 저하를 유발한다고 설명한다. 이에 제약사들은 베타 아밀로이드와 타우 단백질을 없애면 치매를 치료할 수 있다고 믿고 이를 제거하는 약물을 개발해왔다.

아두헬름은 이 베타 아밀로이드 가설을 입증한 첫 치료제다. 아두헬름의 성공 여부에 전세계의 이목이 쏠리는 이유이기도 하다. 사실 아두헬름은 승인까지 우여곡절이 많았다. FDA 산하 말초·중추신경계약물 자문위원회 위원 11명 중 10명은 두 번째 환자군 데이터를 근거로 '비승인'을 권고했다. 임상3상을 다시 해야 한다는 목소리도 나왔다. 그럼에도 FDA는 최종 승인을 결정했다. 현재 아두헬름을 대체할 수 있는 치료제가 마땅히 없었기 때문이다.

아두헬름의 개발 과정도 반전의 연속이었다. 개발사 **바이오젠**은 2019년 3월 유효성이 부족하다는 이유로 아두헬름의 임상시험을 중단하면서 베타 아밀로이드 가설은 더 이상 유효하지 않을 수 있다는 회의감이 업계 전반에 퍼졌다.

그런데 2019년 12월 바이오젠이 알츠하이머병 신약 후보물질인 아두헬름의 임상3상 결과를 발표하면서 분위기가 반전됐다. 투여량을 늘렸을 때 인지 기능 저하가 과거 대비 22% 줄어들었고, 일상생활에 미치는 영향도 40%나 억제됐기 때문이다. 여기에 마이클 헤네카 독일 본대학교 신경퇴행성질환 연구팀이 같은 달 국제 학술지 ≪네이처≫에 발표한 타우 단백질과 아밀로이드 베타 단백질 사이의 연결 고리에 관한 연구 역시 베타 아밀로이드 가설을 뒷받침하는 것으로 평가받았다. 당시 ≪네이처≫는 이 논문과 함께 타우 단백질이 가득 찬 신경세포를 표지에 실었다.

헤네카 교수팀 연구의 핵심은 염증 조절 복합체 'NLRP3 인플라마좀'이 타우 단백질 축적 과정에 중요한 역할을 한다는 것이다. 치매로 사망한 환자의 뇌세포를 분석한 이 연구는 NLRP3이 염증을 조절하는 인플라마좀을 활성화시키고, 활성화된 인플라마좀이 타우 단백질의 과인산화를 유도하는 효소에 영향을 미친다는 사실을 밝혀냈다. 헤네카 교수는 "이번 연구는 베타 아밀로이드가 알츠하이머를 일으키는 주요 원인이라는 아밀로이드 가설을 뒷받침하는 결과"라고 설명했다.

헤네카 교수는 과거 연구에서 활성화된 인플라마좀이 베타 아밀로이드 플라크를 유발한다는 점을 입증한 바 있다. 이번 연구로 인플라마좀이 타우 단백질도 축적한다는 점을 밝혀내면서 베타 아밀로이드 단백질과 타우 단백질 둘 사이의 연결 고리를 만들어냈다. 헤네카 교수는 "이번 연구로 타우 단백질의 생성 원인이 밝혀진 만큼 이를 해결할 수 있다면 치매 치료를 위한 중요한 발걸음이 될 것"이라고 말했다.

한편 국내 업체 중에는 FDA로부터 퇴행성 뇌질환 치료제 개발을 위해 FDA로부터 2건의 글로벌 임상2상을 승인받은 **디앤디파마텍**이 베타 아밀로이드 가설에 도전하고 있다. 미국 존스홉킨스대학교 의과대학 교수인 이슬기 대표가 창업한 이 회사는 자체 개발한 신약후보물질 'NLY01'에 대해 2020년 2월과 11월에 각각 파킨슨병과 알츠하이머병 치료제로 임상2상을 승인받았다. NLY01은 디앤디파마텍이 100% 지분을 가진 미국 자회사 **뉴랄리**를 통해 글로벌 임상을 하고 있다. 파킨슨병 임상2상 대상자는 총 240명으로 2022년 하반기 마무리될 예정으로 임상 결과가 좋게 나오면 즉시 FDA에 조건부 허가를 신청한다는 방침이다. 알츠하이머병 임상2상은 미국과 캐나다, 유럽에서 518명의 치매 환자를 대상으로 추진하고 있다.

관심을 끄는 것은 디앤디파마텍이 보유한 NLY01의 작용 기전이다. 이는 주요 퇴행성 뇌질환 요인으로 꼽혀온 베타 아밀로이드 단백질을 직접 공략하는 대신에 뇌세포의 신경염증 반응을 억제하는 방식이다. 왜냐하면 기존에 베타 아밀로이드를 타깃하는 치료제들은 증상 완화 효과만 있을 뿐 완치에는 실패했기 때문이다. 반면 NLY01은 뇌에서 면역 기능을 담당하는 신경원 세포 중 하나인 미세아교세포microglia 활성화를 억제해 신경 독성 물질의 분비를 막고, 이로써 신경 염증을 줄여 뇌 신경세포를 보호한다. 베타 아밀로이드를 비롯한 다양한 독성 단백질이 신경 염증을 일으켜 뇌질환으로 가기 때문에 베타 아밀로이드만을 목표로 해서는 완벽한 치료가 될 수 없다는 논리다. 따라서 신경 염증을 일으키는 다양한 원인들을 제거하는 데 초점을 맞춘 것이 NLY01이라는 설명이다. 2019년 과학 전문지 《네이처》에 신경 염증 억제를 통한 뇌질환 연구 논문이 실리면서 디앤디파마텍의 베타 아밀로이드 역할을 보완하는 임상에 관심이 커지고 있다고 회사 측은 강조한다. 디앤디파마텍은 이 대표가 속한 존스홉킨스대학교 의과대학 내에 있는 브레인뱅크(뇌 은행)가 보유한 2500개가 넘는 퇴행성 뇌질환 환자의 뇌 조직 세포를 연구개발에 활용할 수 있다. 회사는 이와 별도로 뇌질환 환자들의 유전자 정보 빅데이터를 구축해 신약을 효과적으로 개발하는 자회사도 두고 있다.

3

줄기세포 치료제,
낙심한 환자들에 희망 될까

도마뱀은 꼬리가 잘려도 몇 분 안에 꼬리가 재생되어 활동하는 데 지장이 없다. 인체에서 이러한 재생 기능을 활용할 수 있는 것이 줄기세포stem cell다. 줄기세포는 개념적으로 자가 재생산self-renewal과 분화능differentiation이라는 두 가지 특성을 갖는다. 즉 줄기세포는 태반이나 골수, 신경, 근육 등 다양한 인체 부위에 존재하면서 다양한 장기로 변화할 수 있는 다중분화 능력을 갖고 있다. 이로 인해 줄기세포 치료제는 병의 증상을 완화하거나 억제하는 약물 치료와는 달리 손상된 기능을 복구하는 '재생'에 중점을 두는 것이다. 줄기세포라는 용어는 나무의 줄기에서 수많은 가지들이 뻗어가듯이 여러 인체 기관과 조직으로 바뀔 수 있는 가능성을 염두에 둔 표현이다.

줄기세포는 어느 단계에서 추출하느냐에 따라서 배아줄기세포

embryonic stem cell와 성체줄기세포adult stem cell로 나눌 수 있다. 전자는 세포에서 정자와 난자가 수정된 뒤 수차례 세포분열을 거쳐 뱃속에 착상되기 직전의 초기 배아(배반포)로부터 분리해낸 것이다. 특정 장기나 조직으로 분화가 정해지지 않은 터라 향후 모든 종류의 조직으로 분화 및 증식을 할 수 있는 전분화능pluripotency의 잠재력을 갖고 있다. 다만 종교나 법률상에서는 배반포를 생명체로 판단하고 있는 만큼 배반포를 해체한 뒤 세포를 꺼내는 것은 생명윤리법상 특정 사안에서만 행해지도록 엄격히 다뤄진다.

반면 성체줄기세포는 탯줄 혈액인 제대혈이나 다 자란 성인의 골수와 혈액 등에서 추출해낸 것이다. 이는 구체적인 장기가 되기 위해 세포로 분화되기 직전의 원시세포 혹은 조직 특이적 줄기세포라고도 불린다. 일부 특정한 조직으로만 분화되기 때문에 배아줄기세포의 전분화능과 구별해 다기능multipotent 줄기세포라고 한다. 예컨대 성체줄기세포 중에서 조혈모세포는 주로 골수에 존재하면서 증식과 분화 등을 통해 백혈구와 적혈구, 혈소판, NK세포 등 분화할 수 있는 분야가 한정되어 있다. 백혈병 치료에 쓰이는 골수이식이 바로 성체줄기세포를 투여하는 것이다. 구체적으로는 방사선 조사irradiation를 통해 암이 번진 세포들을 제거하고 난 다음, 그곳에 조혈모세포(골수줄기세포)를 이식하면 골수가 정상적인 혈구를 형성해 백혈병을 치료하게 된다. 이 성체줄기세포는 인체 내 조직 손상 부위에 잘 도달하는 특성을 갖고 있어 재생을 위한 치료 효과가 뛰어나다. 특히 초기 배아에서 추출한 배아줄기세포와 달리 골수나 뇌세포 등 이미 자란 신체 조직에서 추출하기 때문에 윤리적인 논쟁이 덜하다.

줄기세포 치료의 또 다른 강점은 상호보완성이다. 김현수 **파미셀**

세계 줄기세포 치료제 시장 규모 (단위: 달러)

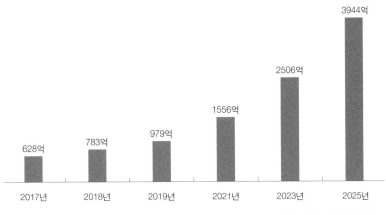

자료: 생명공학정책연구센터

대표는 "장기이식은 공여자(장기·체액·골수 따위를 제공하는 사람)의 부족, 감염 위험성, 다양한 합병증, 고비용 문제로 인해 치료에 한계가 있는데 줄기세포 치료와 보완적인 역할이 가능하다"며 "장기이식이 이루어질 때까지 생명을 유지할 수 있는 다리 역할을 줄기세포가 할 수 있다"고 말했다.

줄기세포 치료제는 재생뿐만 아니라 일반 약으로 고치기 힘든 중증·희귀난치성질환 치료를 위한 마지막 보루로 여겨지고 있어 세계적으로 관심이 높다. 그동안 임상시험으로 치료 효과를 확인한 급성 심근경색, 간경변, 뇌졸중, 척수 손상, 류머티스 관절염 등이 대상이 될 수 있다. 생명공학정책연구센터에 따르면 전세계 줄기세포 치료제 시장은 2017년 628억 달러에서 2025년까지 연평균 25.8% 성장해 3944억 달러로 급증할 전망이다. 우리나라도 같은 기간 14억 5000만 달러에서 95억 8000만 달러로 매년 60% 이상의 성장이 예상된다.

줄기세포 치료는 인체에서 뽑아낸 줄기세포를 배양해 그 양을 늘린 뒤 치료가 필요한 곳에 주사 등으로 투입하는 것이다. 혈관 내에 투여하는 방식과 기타 방식으로 나눌 수 있는데 대부분은 피하지방이나 손상된 연골 같은 국소 부

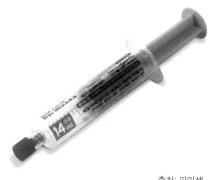

급성심근경색 줄기세포 치료제 '하티셀그램-AMI'

출처: 파미셀

위에 직접 주사한다. 반면 혈관 내 투여하는 줄기세포 치료제로는 **파미셀**의 급성심근경색 치료제인 하티셀그램-AMI Hearticellgram-AMI가 사실상 유일하다. 이 제품은 2011년 7월 줄기세포 치료제로는 국내는 물론 세계 최초로 품목허가를 받았다.

메디포스트의 무릎 관절염 치료제인 카티스템 Cartistem 같은 동종 제대혈에서 분리한 성체 줄기세포 치료제는 범용성으로 인해 대다수 환자에게 즉시 투여할 수 있다. 하지만 본인만의 줄기세포를 쓰는 자가유래 줄기세포 치료의 경우에는 국소 마취 후 환자의 골수를 채취한 뒤 세포 배양 시설로 옮겨 필요한 줄기세포만을 분리 및 배양하는 과정을 거치게 된다.

줄기세포 치료는 나이가 들어 수술이 힘들고 약이 잘 듣지 않는 고령자에게 유용할 수 있다. 최근에는 세포 배양 기술이 발달해 성체에서 줄기세포를 다량으로 뽑아낼 수 있게 되면서 제품화 가능성이 커졌다. 또 환자의 유전자 정보를 사전 파악해 줄기세포 투여 시 조직 내 거부반응을 줄이는 등 약물 안전성도 개선할 수 있게 됐다.

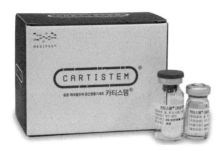

메디포스트 줄기세포 치료제 '카티스템'

출처: 메디포스트

줄기세포 치료의 단점 중 하나는 환자가 내는 비용 부담이 크다는 점이다. 보험 급여가 적용되지 않기 때문에 1회 투여 시 500만 원~2000만 원가량이 든다. 줄기세포 치료제는 대량생산이 힘든 데다 세포 채취와 배양 등 제조 과정이 복잡해 큰 비용이 들 수밖에 없다. 또한 줄기세포 치료제 개발을 위한 임상 환자 모집이 어렵고, 연구 비용 역시 합성의약품에 비해 상당히 높다. 줄기세포 치료제의 시장 진입을 빠르게 하기 위한 정부의 적절한 지원이 없다면 업체마다 연구만 하다가 끝날 수 있다는 얘기다.

이에 따라 국내에서는 바이오의약품의 시장 진입을 앞당기기 위해 2016년 조건부 허가 제도를 도입했다. '생명을 위협하는 질환'이나 '중증의 비가역 질환'에 쓰는 줄기세포 치료제는 임상2상 결과만으로 조건부 허가를 받을 수 있도록 했다. 판매를 해가면서 임상3상을 할 수 있도록 한 것이 조건부 허가의 골자다. 특히 2020년 8월 28일, 바이오산업 활성화를 위한 '첨단재생의료 및 첨단바이오의약품 안전 및 지원에 관한 법률(첨단바이오재생법)'이 발효되면서 줄기세포 치료제는 가장 수혜를 받는 분야로 꼽히고 있다. 해당 법률이 희귀 및 중증질환자 치료 확대를 위한 바이오의약품의 우선 심사, 맞춤형 단계별 사전심사, 충분한 유효성이 입증된 경우 조건부 허가 등을

줄기세포 치료제의 기회 요인 및 도전 요인

기회 요인
고령화: 나이 들어 힘들어진 수술 치료 대안, 재생 효과 탁월
기술 혁신 : 세포 배양 기술 발달로 성체줄기세포 대량생산
적용 확대 : 희귀질환 등에 신약 개발, 인간 장기 대체재로 활용

도전 요인
높은 비용 : 보험 적용이 되지 않아 약 1000만 원이 넘는 치료비 부담
엄격한 규제 : 합성의약품 대비 개발 장기화, 윤리적 문제 발생
안전성 : 치료 효능에 대한 자료 부족해 다른 질환 유발 가능성

규정하고 있기 때문이다.

유럽에서는 치료 방법이 없는 말기 암이나 희귀질환 환자를 대상으로 허가 전이라도 줄기세포 신약을 무상 공급할 수 있도록 하고 있다. 일본 역시 기존 약사법을 개정해 허가받지 않은 줄기세포 치료를 의사 책임하에 시술할 수 있도록 했다. 일본 정부가 조건부 허가를 통해 줄기세포 치료제 개발을 독려하면서 일본 업체들은 유도만능 줄기세포iPS Cell 기술을 활용해 치료 분야를 넓히고 있다. 유도만능 줄기세포는 역분화 줄기세포로도 불리는데 이는 시간을 거꾸로 돌리는 듯한 역분화 기능 때문이다. 이미 다 자란 세포를 배아 단계로 되돌려 무한한 조직으로 변신이 가능한 배아줄기세포로 다시 만드는 것이다. 즉 유도만능 줄기세포의 제조는 다 자란 체세포에 특정 유전자를 주입하는 등 인위적인 자극을 가함으로써 배아줄기세포와 같은 만능성을 가진 세포로 만들 수 있는 기술이다.

2020년 4월 글로벌 제약사인 **얀센** 자회사인 **얀센 바이오텍**은 iPSC

로 신약 개발 역량을 확대하기 위해 미국 나스닥에 상장된 iPS 세포 치료제 업체인 **페이트 테라퓨틱스**와 30억 달러가 넘는 기술제휴 계약을 맺었다. 얀센 측은 페이트 테라퓨틱스가 보유한 iPSC 플랫폼을 적용해 키메라 항원 수용체CAR 자연살해세포NK 및 키메라 항원 수용체CAR T세포 치료제 개발에 나선다.

특히 유도만능 줄기세포 기술은 황우석 박사가 시도한 체세포 핵치환 기술과 비교해 배아줄기세포를 얻기가 상대적으로 수월하기 때문에 전세계적으로 활용될 여지가 높은 편이다. 체세포 핵 치환은 난자의 핵을 제거하고서 특정 환자의 핵을 넣어주면 환자의 면역 특성을 갖는 배아줄기세포를 얻을 수 있다는 원리지만 핵 치환 기술 자체가 어렵고 난자 채취가 불법인 관계로 활용에 한계가 있다.

사실 국내의 줄기세포 연구는 논문을 조작한 것으로 확인된 황우석 사태 이후 크게 악화됐다. 황우석 사태를 계기로 배아 관련 연구가 위축되고 생명윤리 규제가 엄격해지면서 배아줄기세포 연구가 거의 실종됐다. 게다가 분야는 다르지만 2019년 **코오롱티슈진**의 골관절염 유전자 치료제 인보사Invossa의 성분 논란으로 같은 바이오의약품인 줄기세포 치료제 허가 역시 더욱 까다로워졌다. 이 때문에 국내 환자들이 줄기세포 관련 규제가 느슨한 일본으로 원정 치료를 받으러 떠나는 경우도 적지 않았다. 2020년 8월 말 첨단재생바이오법 시행 전까지 당국은 암 발생 등 안전성이 확인되지 않았다는 이유로 의료기관에서 줄기세포를 대량 증식 및 배양해 환자에게 투여하는 행위를 금지했다. 첨단재생바이오법 시행 이후에도 대체 치료제가 없거나 생명을 위협하는 중대 질환, 희귀난치성질환 등을 가진 환자에 대해서만 임상 연구가 가능하도록 제한했다.

우리나라의 줄기세포 치료제 기술력은 여러 바이오 분야 가운데 초일류에 가장 근접한 것으로 평가받고 있다. 전세계에 출시된 줄기세포 치료제 10개 가운데 4개를 갖고 있을 뿐만 아니라 줄기세포 관련 임상시험 건수도 미국 다음으로 많다. 식약처에 따르면 1999년~2016년 전세계 줄기세포 치료제 임상시험은 미국이 155건(49%)으로 가장 많고, 한국 46건(15%), 중국 29건, 스페인 15건 순이었다. 한국과학기술기획평가원이 2019년 작성한 「2018 기술수준평가 보고서」를 보면 우리나라의 생명·보건의료 기술력은 미국의 75.2% 수준으로 3.5년의 기술 격차가 존재한다. 하지만 줄기세포 활용 기술(치료제)은 미국 대비 85%로 기술 격차는 2년에 불과해 가장 앞서 있다. 원천 기술은 부족하지만 응용 개발 역량은 우수하다는 평가다.

국내 줄기세포 치료제 개발은 주식시장에 상장된 줄기세포 업체가 10여 개에 이를 정도로 활발하다. 태아의 제대혈 유래 줄기세포 기술력이 강점인 **메디포스트**는 2012년 1월 세계 최초 제대혈 유래 중간엽 줄기세포로 만든 골관절염 줄기세포 치료제 카티스템을 국내 출시했다. 카티스템은 미국과 일본 진출을 위해 현지 임상을 진행 중이다. 메디포스트는 2021년 10월 식약처로부터 차세대 주사형 무릎 골관절염 치료제(SMUP-IA-01)에 대해 임상2상 계획을 승인받고 같은 해 12월 임상에 돌입했다. 이 치료제는 수술요법이 가미된 카티스템과 달리 무릎 관절강에 약물을 1회 주사제 방식으로 시술이 비교적 간편하다. 카티스템이 중등증 이상의 환자에게 적용되는 반면 SMUP-IA-01은 경증이나 중등증 환자에게 주로 적용해 미충족 의료 수요 창출을 목표로 하고 있다. 이는 회사가 독자 개발한 차세대 줄기세포 플랫폼 기술인 스멉셀SMUP Cell을 적용해 생산되는데 대량생산 및 원가 절감 측면에서 유리하다는 평가다.

메디포스트는 또한 2014년 미숙아의 기관지폐 이형성증 치료제로서 희귀의약품 지정을 받은 뉴모스템Pneumostem의 국내 임상2상을 진행하고 있다. 알츠하이머병 치료를 위한 뉴로스템Neurostem도 국내와 미국에서 임상을 진행 중이다.

파미셀은 세계 최초의 줄기세포 치료제인 하티셀그램-AMI 외에 알코올성 간경변, 발기부전, 만성신장질환, 난소암, 전립선암 등을 대상으로 치료제를 개발 중이다. 알코올성 간경변 치료제 셀그램-엘씨Cellgram-LC는 조건부 품목허가와 관련해 식약처와의 법정 공방과 별도로 국내에서 임상3상을 진행 중이다. 미국에서도 임상 개시를 위한 FDA 승인을 받아 2019년 6월 임상에 착수했다. 발기부전 치료제 셀그램-이디Cellgram-ED는 국내 임상2상을 진행 중이다. 동종 줄기세포를 이용한 만성신장질환 치료제인 셀그램-씨케이디Cellgram-CKD도 국내 임상1상을 하고 있다.

코아스템은 루게릭병(근위축성 측삭경화증)에 대한 줄기세포 치료제 뉴로나타-알Neuronata-R에 대한 임상3상을 진행 중이다. 루게릭병은 운동신경이 파괴돼 몸을 움직이지 못하고, 마지막에는 호흡 곤란 등을 일으켜 사망에 이르는 병으로 전세계적으로 마땅한 치료제가 없는 희귀질환이다.

뉴로나타-알은 2015년 임상2상을 마치고 국내 식약처로부터 조건부 허가를 받아 시판 중인데 판매를 하면서 임상3상 결과를 제출해야 한다. 코아스템은 특히 2020년 7월 FDA로부터도 임상3상을 승인받아 국내 임상 결과를 그대로 제출해 FDA 판매허가를 신청할 수 있게 됐다. 회사 측은 "루게릭병은 인종 간 편차가 크지 않고 치료제가 없는 희귀질환이라 FDA도 국내 임상 결과를 인정해준 드문 사례"라며 "미국에서는 매년 3500명~4000명의 신규 루게릭병 환자가 발생할 정도로 심각한 상황"이라고 말했다.

뉴로나타-알은 척수에서 골수액을 뽑아 자가줄기세포를 추출한 뒤 이를 배양 및 가공해서 제품을 만들어 이를 다시 척수에 주사하는 방식이다. 본인의 골수액을 사용하기 때문에 안전하고 부작용이 없을 뿐만 아니라 시술이 아닌 주사 방식이라 간편하다. 다만 주사를 맞더라도 위축된 근육을 재생시키지는 못하고, 신경세포 보호막을 생성해 증상 악화를 지연해주는 효과가 있을 뿐이다. 회사 측은 "치료제 투여 후 6개월간 병 진행률을 60%가량 떨어뜨려 불편한 생활을 개선하는 데 도움이 된다"며 "루게릭병 발생 기전이 명확히 밝혀지지 않은 상황에서 뉴로나타-알은 어디까지나 완치제가 아니라 지연제"라고 밝혔다. 이밖에 건강보험 적용이 안 돼 1회당 4000만 원 상당의 높은 비용이 드는 점도 단점으로 꼽힌다. 코아스템은 임상3상을 서울대병원 등 국내 5개 의료기관에서 115명을 대상으로 진행해 오는 2023년 마칠 계획이다.

차병원그룹 계열사인 **차바이오텍**에서는 뇌졸중 치료제인 코드스템-ST CordSTEM-ST를 개발하고 있다. 이는 뇌경색 발생 시점부터 7일(168시간) 이내 급성 뇌경색 환자를 대상으로 해서 치료제 안전성과 초기 잠재적 치료 효과를 인정받아 국내 임상2상을 하고 있다. 또한 면역세포와 줄기세포를 활용해 고형암, 퇴행성디스크, 난소기능부전, 파킨슨병 치료제를 개발하고 있다.

강스템바이오텍은 만성 아토피피부염 치료제인 퓨어스템-AD Furestem-AD와 류머티스 관절염 치료제 퓨어스템-RA Furestem-RA, 크론병 치료제 퓨어스템-CDFurestem-CD 등의 파이프라인을 갖고 있다. 국내 임상3상중인 퓨어스템-AD는 2023년 임상을 마치고 2024년 출시를 계획하고 있다. 퓨어스템-RA는 임상 2a상을 마치고, 2022년부터 임상 2b상에 들어간다.

국내 3호 줄기세포 치료제인 큐피스템Cupistem을 개발한 **안트로젠**은 희귀난치성질환인 크론병의 누공 치료에 줄기세포를 적용했다. 다른 줄기세포 치료제와 달리 보험 약가가 적용되어 치료 비용이 상대적으로 저렴하다. 안트로젠은 당뇨병성 족부궤양 관련 줄기세포 치료제를 미국에서 임상2상을 진행 중이다. 2020년 5월 FDA로부터 첨단 재생의학치료제로 지정받아 신속심사 등을 통해 개발 기간을 줄일 수 있게 됐다. 당뇨병성 족부궤양은 당뇨병 환자 발의 피부 또는 점막 조직이 헐어 생기는 합병중이다.

어른 세포를 젊게 돌려 활용하는 'iPSC'

황우석 전 서울대 수의대 교수의 논문 조작 사건으로 대한민국이 시끌벅적하던 2006년, 일본 교토대학교의 야마나카 신야 교수는 국제 학술지 ≪셀≫에 논문 하나를 발표했다. 그로부터 불과 6년 뒤인 2012년 야마나카 교수는 노벨 생리의학상을 받았다.

그의 노벨 생리의학상 수상은 매우 짧은 기간에 이뤄져 이례적이라는 평가를 받았다. 노벨상은 보통 연구 결과를 발표한 뒤 10년~20년쯤 지나 그 연구가 실생활에 응용되기 시작할 때에야 받을 수 있기 때문이다. 예컨대 앞서 설명한 면역 관문 억제제 PD-1을 연구했던 일본 교토대학교의 혼조 다스쿠 교수가 PD-1의 존재를 처음 발표한 뒤 노벨상을 수상하기까지는 26년이 걸렸다. 면역 관문 억제제라는 개념을 확인하고 이를 활용한 면역항암제가 개발되어 지미 카터 전 대통령의 흑색종이 완치되는 등 여러 사례가 등장하고 나서야 노벨상을 받았던 것이다.

야마나카 교수의 핵심 연구 분야는 '역분화 줄기세포'다. 피부세포, 뇌세포 등으로 분화되어 만들어질 용도가 이미 정해져 있는 기존 세포에 4가지 유전자(Oct4·Sox2·Klf4·c-Myc)를 도입하면 마치 배아줄기세포처럼 만능성을 갖게 된다는 것이 요지다. 일명 '유도만능 줄기세포iPSC'로 불리는 이유다.

줄기세포 연구의 시대 구분 자체가 야마나카 교수가 역분화 줄기세포 논문을 ≪셀≫에 싣기 전과 후로 나뉜다고 해도 과언이 아닐 정도로 줄기세포 업계는 이 새로운 기술에 열광했다. 역분화 줄기세포는 배아를 쓰지 않아도 되기 때문에 윤리 문제를 피해갈 수 있는 데다 체세포 복제 배아줄기세포를 만들 때 필요한 핵 치환 같은 까다로운 기술을 쓰지 않아도 되어 각광받았다. 기존 배아줄기세포는 어떤 세포로도 바뀔 수 있는 만능성을 가졌지만 윤리상의 지적과 함께 세포 내 면역 적합성 항원HLA 유전자가 환자와 일치하지 않으면 면역 거부반응이 나타날 수도 있다. 골수나 지방 등에서 얻는 성체 줄기세포의 경우 윤리적 속박에서 비교적 자유롭지만 이미 세포의 역할과 기능이 정해져 있어 그대로 사용할 수밖에 없다.

반면 역분화 줄기세포는 성체줄기세포와 배아줄기세포의 장점을 섞어놓은 것이다. 즉 어떤 세포로든 분화할 수 있는 데다 윤리적 이슈가 대두할 여지도 없다. 업계 관계자는 "대다수 생물학 연구는 논문을 읽고 재현해보려 해도 관련 경험이 부족하면 쉽게 수행할 수 없는데 야마나카 교수의 논문은 비교적 단순한 방법으로 역분화라는 정말 상상하지도 못한 일을 해냈다"며 "노벨위원회에서도 수상자를 결정할 때 실제 약으로 나와 효능을 확인할 때까지 기다릴 필요가 없었을 것"이라고 말했다.

이 같은 성과에 힘입어 일본 정부는 임상1상과 2상에서 안전성이 확인된 치료제에 대해 사용승인 허가를 먼저 내주고 치료 과정에서 부작용 여부를 감시 관리하는 내용의 재생의학법을 2014년 제정했다. 일본 정부는 2013년 교토대학교 유도만능줄기세포연구소를 중심으로 10년간 총 1100억 엔을 투입하기로 하는 등 적극적으로 재정을 지원하고 있다. 이어 2018년에는 유도만능 줄기세포를 활용해 심장질환 및 파킨슨병 치료제 개발을 위한 임상시험을 세계 최초로 승인했다. 혈관이 막혀 혈액이 심장 근육에 공급되지 않는 허혈성 심근증 환자에게 유도만능 줄기세포 심근 시트를 붙여 심장 근육을 재생시키는 방식이다. 또 유도만능 줄기세포로 신경세포를 만들어 파킨슨병을 앓고 있는 50대 남성 환자 뇌에 이식하는 임상시험도 실시했다. 게이오 대학교 연구팀은 2021년부터 교통사고, 낙상, 운동 중 부상 등으로 등뼈 안의 신경다발(척수)이 손상된 환자에게 타인의 iPSC를 이식해 치료하는 임상시험을 진행 중이다.

전문가들에 따르면 유전병을 가진 성인의 유도만능 줄기세포에서 유전적 결함을 가진 세포 속 DNA를 찾아내 유전자 가위 기술을 통해 치료하는 것도 이론상 가능하다고 한다. 이에 따라 파킨슨병이나 유전병 등 각종 중증 및 희귀질환에서 완벽한 치료제가 없는 가운데 역분화, 유도만능 줄기세포가 향후 근본적인 치료 대안을 내놓을 수 있을지 관심이 집중되고 있다.

물론 역분화 줄기세포의 단점도 있다. 앞서 언급한 4가지 유전자 중 c-Myc가 암을 유발할 수 있다. 즉 치아나 체모 등 주변 세포와 전혀 상관없는 조직으로 형성되는 암의 일종인 테라토마teratoma(기형종)가 발생할 수 있는 것으로 알려져 있다. 이에 최근 역분화 줄기세포 연구는 c-Myc 없이도 역분화를 일으킬 수 있는 방향으로 진행되고 있다.

4

스마트폰 보느라
급증하는 안과질환

어느새 인공눈물은 현대인의 필수품이 됐다. 눈은 인체 기관 중 외부 자극에 약하고 가장 빨리 늙는다. 인류의 평균 수명이 80세에 육박할 정도로 늘어났지만 눈은 40대부터 급속도로 노화가 진행돼 노안과 같은 증상이 나타난다. 특히 최근에는 유튜브, 넷플릭스와 같은 OTT 서비스가 확대되며 눈의 피로도가 가중되고 있다. 코로나 19로 퍼진 집콕 문화도 한 몫 거들었다. 대표적인 질환이 안구건조증이다. 건강보험심사평가원에 따르면 안구건조증 환자 수는 지난 2010년 186만 명에서 2020년에는 245만 명으로 증가했다.

유전자 치료제 개발과 함께 주목받는 분야가 안과질환이다. 눈은 유전질환이 있을 때 이상이 쉽게 생긴다. 어린이 실명의 60%가 유전성 질환이 원인이며 성인 실명의 원인인 녹내장과 황반변성도 유전

요인을 갖고 있다. 유전자 결함에 따른 진행성 망막 변성은 실명에 이를 정도로 증세가 심각하지만 그동안 별다른 치료법이 없었다.

2017년 FDA가 **스파크 테라퓨틱스**에서 개발한 럭스터나Luxturna를 승인한 것을 계기로 안질환 치료에 유전자 치료가 본격적으로 도입됐다. 유전성 망막질환은 유전자 치료제를 적용할 수 있는 분야 중 하나다. 원인 유전자를 명확하게 알고 있는 데다 눈은 면역반응이 일어나지 않아 유전자를 전달하기 위해 사용하는 바이러스 등의 외부 물질을 투여해도 과다 면역반응 등의 부작용이 없기 때문이다. 각막이 장기이식의 대표 사례로 꼽히는 이유다.

럭스터나는 시력에 필요한 단백질을 만드는 RPE65 유전자에 결함을 갖고 있는 환자의 치료를 돕는다. 구체적으로 환자의 안구에 럭스터나를 주사하면 약물에 있는 아데노 바이러스Adenovirus 벡터(운반체)가 망막 세포에 들어간다. 아데노 바이러스 벡터에는 회사가 주입한 건강한 RPE65 유전자가 포함되어 있는데 환자는 이 유전자를 통해 제대로 된 RPE65 단백질을 만들어낼 수 있게 된다. 임상시험에서 환자들은 시력을 완전히 되찾지 못했지만 대부분의 환자가 약한 빛에서도 장애물 코스를 통과하는 등 긍정적인 성과를 보였다. 다만 실명된 한쪽 눈을 치료하는 데 대략 42만 5000달러가 든다는 게 문제다.

황반변성 치료제와 황반부종 치료제도 주목받는 분야다. 황반은 안구에서 초점을 맺는 부위로 사물의 명암이나 색, 형태 등을 감지한다. 65세 이상에서 많이 생기는 황반변성은 발병시 사물이 찌그러져 보이는 증상이 나타나며 심해질 경우 실명으로 이어진다. 황반부종은 당뇨병 합병증으로 망막혈관이 약해져 혈액 속 혈장 단백질 등이 망막에 흘러 들어가서 생기는데 망막이 두꺼워지고 신경에 손상을 입으며 시력이 떨어진다.

대표적인 황반변성 치료제로는 아일리아Eylea와 루센티스Lusentis가 있다. 두 제품이 시장의 88%를 차지하고 있다. **제넨텍**과 **노바티스**가 공동 개발한 루센티스의 연 매출은 2019년 기준으로 4조 7000억 원, **리제네론**과 **바이엘**이 공동 개발한 아일리아는 8조 7000억 원이다.

국내 바이오벤처 **올릭스**는 2020년 10월 유전자 치료를 활용한 황반변성 치료제 후보물질 'OLX301A'와 'OX301D'을 프랑스 안과 전문 기업 **테아 오픈이노베이션**에 4500억 원 규모로 기술이전했다. 테아 오픈이노베이션은 유럽 내 안과 의약품 시장점유율 1위 업체로 올릭스는 이 회사에 2년 내 새 안질환 치료 후보물질 2개를 추가로 기술이전할 수 있는 권리도 확보했다. 이 후보물질은 RNA 간섭RNAi 기술을 활용했다. RNA 간섭 기술은 조그마한 RNA 조각을 활용해 질병을 유발하는 특정 단백질이 만들어지지 않도록 차단하는 방법이다. 기존 RNA 간섭 기술은 질병을 일으키는 유전자 외에 엉뚱한 유전자를 공격하는 부작용이 생길 수 있는데 올릭스는 특정 유전자에만 치료물질이 달라붙도록 만들었다.

안질환 치료제의 성장 가능성에 글로벌 제약사들은 유망한 바이오벤처 인수에 적극 나서고 있다. **로슈**는 2019년 럭스터나를 개발한 **스파크 테라퓨틱스**를 48억 달러에 사들였고, **바이오젠**은 **나이트스타 테라퓨틱스**를 8억 달러에 인수했다. 나이트스타 테라퓨틱스 역시 럭스터나처럼 유전성 망막질환에 대한 아데노 바이러스 치료제 개발에 주력하는 회사다. 남성에게 주로 발병하는 맥락막결손CHM 치료용 유전자 치료제 'NSR-REP1' 등을 개발 중이다. 바이오젠 관계자는 인수 당시 "잠재력을 보유한 2개 유전자 치료 자산을 확보해 안과 분야로의 진입을 가속화할 것"이라고 설명했다.

제넨텍은 2021년 12월 미국 **리니지셀 테라퓨틱스**로부터 새로운 황반변성 치료제 후보물질을 최대 6억 2000만 달러에 도입하기도 했다. 제넨텍이 도입 예정인 후보 '오프리젠OpRegen'은 지도모양위축GA 증상이 있는 건성 노인성황반변성AMD 치료제 후보물질이다. 만능세포 유래 단일 주사요법으로 망막 아래 이식하는 색소상피세포 치료제다.

노바티스도 2020년 10월 유전자 치료를 통한 안질환 치료에 나서는 바이오벤처 **베데레바이오**를 2억 8000만 달러에 사들였다. 이를 통해 광범위한 유전성 망막 이영양증IRDs 장애를 포함해 광 수용체 장애로 인한 시력 상실 치료제를 개발할 것이라고 밝혔다.

한편 안구건조증도 안질환 치료 시장에서 새롭게 커지고 있다. 안구건조증에 걸리면 눈이 자주 시리고 건조감 등의 증상이 나타난다. 원인은 공해나 스트레스 등 다양한데 스마트폰을 자주 사용하고 미세먼지가 극성을 부리는 최근 들어 발병률이 크게 높아졌다. 글로벌 데이터 분석업체 PIc는 2028년까지 9개 주요 국가(미국·유럽 5개국·일본·중국·인도)의 안구건조증 치료제 시장 규모가 13조 원이 넘을 것으로 예상했다. 하지만 현재 글로벌 제약 시장에서 FDA 허가를 받은 안구건조증 치료제는 **엘러간**의 레시타시스Restasis와 **샤이어**의 자이드라Xiidra, **산텍제약**의 디쿠아스Diquas 3개에 불과하다.

안과 전문 유전자치료제 개발에 뛰어든 기업도 있다. **아벨리노랩**은 크리스퍼-캐스9 유전자 가위와 '짧은 간섭 RNAsiRNA'를 활용해 각막이상증 치료제를 개발할 계획이다. 점안액 방식으로 DNA를 건드리지 않고 망가진 유전자에 대한 상보적인 RNA를 넣어 유전자를 제어한다.

건강기능식품 중 루테인Lutein이 포함된 제품에 대한 관심도 높다. 눈의 황반부를 이루는 주요 시각 색소인 루테인은 노화가 진행되며 점차 감소한다. 루테인이 부족할 경우 백내장 등이 발생할 수 있다. ≪미국 임상영양학회지≫에 실린 논문에 따르면 루테인을 꾸준히 섭취한 그룹은 섭취하지 않은 군에 비해 백내장 위험이 22% 낮은 것으로 나타났다.

하지만 과다 복용은 독이 될 수 있다. ≪미국 의학협회저널≫에 실린 모런 안과병원의 연구에 따르면 장기간 과도하게 루테인을 복용한 60대 여성의 눈에 노란색 결정체가 생성되어 황반변성 증상이 나타났다. 아울러 미국 노스캐롤라이나대학교 연구팀은 루테인 속 카르티노이드carotinoid 성분을 일일 섭취량 이상으로 장기간 복용할 시 폐암 발병 위험이 2배 이상 증가한다는 연구 결과를 내놓기도 했다. 식약처는 루테인의 하루 권장량으로 10mg~20mg을 제시했다.

눈가 주름 없애는 보툴리눔 톡신

생물학 테러에 쓰이는 치명적인 독성 물질 중 하나인 보툴리눔 톡신Botulinum Toxin은 보툴리눔 균에서 추출한 바이오 단백질이다. 현재까지 인류가 개발한 독소 가운데 독성이 가장 강한 물질 중 하나다. 청산가리의 치사량이 0.15g, 복어 독인 테트로도 톡신이 400mg, 방사성물질인 폴로늄이 10mg인데 반해서 보툴리눔 톡신의 치사량은 0.00014mg에 불과하다.

하지만 사람은 이 독을 얼굴에 맞는다. 보톡스Botox라는 이름으로 성형외과, 피부과 등에서 널리 시술하는 물질이 보툴리눔 톡신이다. 이를 근육에 투여하면 근육이 마비되며 수축되는데 이 과정에서 주름살이 펴지는 원리를 미용 성형에 이용했다.

보툴리눔 톡신은 초기에 눈꺼풀 치료에 쓰이는 의약품으로 출시됐지만 사각 턱, 주름 개선 등에서 큰 효과를 보여 '회춘의 명약'이라고도 불린다. 치료 영역에서도 다한증, 사시, 뇌성마비 등 10개 질환에 사용된다. 최근에는 암세포와 연결된 신경을 차단해 초기 암을 치료하는 항암제로도 개발되고 있다. 업계에서는 현재 30여 개 정도 질환을 치료할 수 있는 보톡스가 정제 기술의 발달로 향후 100개 이상의 질환을 치료할 수 있을 것으로 보고 있다. 국내에서 시판 중인 보툴리눔 톡신 중 가장 많은 적응증을 보유한 제품은 미국 **엘러간**의 보톡스다. 오리지널 격인 보톡스는 사시 및 눈꺼풀 경련, 첨족 기형, 목근육 긴장 이상, 겨드랑이 다한증, 뇌졸중 관련 근육 경직, 미간 주름, 만성 편두통, 방광 기능 장애, 눈가 주름과 미간 주름 동시 치료 등 10개의 치료 분야를 갖고 있다.

전세계 보툴리눔 톡신 제제 시장 규모는 약 80억 달러다. 이 중 80%를 엘러간의 보톡스가 차지하고 있다. 보툴리눔 톡신 제제를 그냥 '보톡스'라고 부르는 것은 엘러간 제품의 시장 지배력 때문이다.

보툴리눔 톡신 제제는 높은 영업이익률을 보장해 알짜 캐시카우 Cash Cow(수익 창출원)로도 꼽힌다. 원가와 관리비, 판매비 등을 빼고도 매출의 절반이 남는다. 일반 가전 업체의 영업이익률이 4%에 불과한 것과 대비된다. 원재료인 보툴리눔 균은 미생물이라 온도와 습도 등 조건만 맞으면 자체 증식을 하는데 이는 추가 투자 없이도 원재료가 계속 늘어난다는 의미다.

과거 국내에서는 **메디톡스**와 **휴젤** 제품이 보툴리눔 톡신 시장의 70%가량을 차지했다. 벤처기업으로 출발한 메디톡스는 2006년 국내 기업 최초로 보툴리눔 톡신 제제인 메디톡신Meditoxin을 내놓으며 국산 보톡스 시대를 열었다. 당시만 해도 국내 보톡스 시장은 원조인 미국 엘러간의 보톡스가 주도했으나 메디톡스는 합리적인 가격과 우수한 품질로 단숨에 1위 자리를 거머쥐었다. 엘러간과 기술수출 계약을 맺어 미국 진출도 시도했다. 하지만 2020년 허가 내용과 다른 원액으로 생산한 제품을 팔았다는 이유로 메디톡신의 품목허가가 취소됐다.

휴젤은 2010년 보툴리눔 독신 제제인 보툴렉스Botulax 개발에 성공했다. 2016년 국내 시장 1위에 올랐으며 주력 제품인 보툴렉스는 대만, 일본 등 아시아 시장에서 성과를 내고 있다. 2020년 중국 품목허가를 획득했으며 이를 바탕으로 GS컨소시엄에 1조 7200억 원 규모에 인수되기로 하고, 현재 후속 마무리 작업을 진행 중이다. 하지만 휴젤 역시 메디톡스처럼 2021년 11월 국가출하승인을 받지 않고 보툴리눔 제제 4개 품목을 국내에 판매한 사실이 적발돼 품목허가가 취소 처분을 받게 됐다.

2014년 나보타Nabota의 품목허가를 획득한 **대웅제약**은 휴젤과 메디톡스에 비해 국내 시장 진입이 늦었다. 그럼에도 2019년 2월 국내 최초로 FDA의 품목허가를 획득하며 미국 시장에 진출했다. 하지만 대웅제약은 이후 메디톡스와 보툴리눔 독신 균주의 출처를 놓고 미국 ITC(국제무역위원회)에서 소송전까지 벌였다.

이 밖에 다른 국내 제약바이오 업체들도 속속 보툴리눔 독신 제제 시장에 뛰어들고 있다. **종근당, 휴온스, 제테마, 파마리서치바이오** 등은 자사 브랜드의 보툴리눔 독신 제품을 잇따라 출시했다.

사용 및 시술 편의성도 높아지고 있다. 기존에는 정제된 보툴리눔 독신 가루를 희석해 써야 했지만 액상형과 무통, 바르는 제품도 개발되고 있다. 메디톡스가 내놓은 세계 최초의 액상형 보툴리눔 독신인 이노톡스Innotox는 액상형으로 되어서 기존 제품과 달리 물을 섞어 별도의 희석 과정 없이 바로 사용이 가능하다. 의사들의 시술 편의성을 개선하고 환자에게 정확한 투약 용량을 산정하는 데 유리하지만 현재는 식약처 행정처분을 받아 제조·판매 중지 위기에 놓여 있다. **칸젠**은 세포투과성 펩타이드를 이용해 피부에 바르는 보툴리눔 톡신을 개발하고 있다. 휴젤은 피부에 붙이는 패치형과 함께 시술 후 통증 발생을 없앤 무통 액상형 제품을 준비 중이다.

국내 보툴리눔 톡신 사용량의 90%는 미용 목적이다. 하지만 미국 등에서는 보툴리눔 톡신 시장의 60%가 치료 목적이다. 글로벌 시장 분석업체 대달 리서치는 2021년 세계 보툴리눔 톡신 시장 규모가 59억 달러에 달할 것이며 이 중 약 55%인 32억 달러를 치료용 시장이 차지할 것으로 예측하기도 했다.

2019년 글로벌 제약사 **애브비**가 보툴리눔 톡신 제제 시장 1위 업체인 엘러간을 인수한 것 역시 이 때문이다. 애브비는 자그마치 630억 달러에 엘러간을 인수했는데 이는 2019년 일어난 제약바이오업계 인수합병 중 **BMS**의 **셀진** 인수에 이은 두 번째 규모다.

애브비는 엘러간을 인수하며 보톡스를 차세대 바이오의약품의 대표 주자로 육성하겠다는 청사진을 제시했다. 글로벌 매출액 1위 의약품 휴미라의 미국 특허는 2023년 만료된다. 2018년 매출액 328억 달러 중 휴미라의 비중이 60%에 달했던 애브비는 휴미라를 대체할 새로운 성장 동력을 찾아야 하는 처지다. 이미 휴미라의 아성을 위협하는 바이오시밀러가 등장하기 시작한 유럽 시장에서는 매출액 감소가 현실화하고 있다. 합병한 회사는 면역학, 의학 미학, 신경학, 여성 건강 등 여러 가지 분야를 연구할 예정이다.

애브비가 엘러간을 인수하기 전에 **화이자**도 엘러간 인수에 뛰어든 적이 있다. 2015년 1600억 달러를 제시했다. 하지만 화이자가 세금을 줄이기 위해 아일랜드로 본사 이전을 시도하자 미국 재무부가 세금 회피용 인수합병을 금지하는 규정을 신설하며 거래가 무산됐다.

5

비싼 약 대안으로 떠오른
바이오시밀러

바이오의약품의 복제약은 바이오시밀러, 합성의약품의 복제약은 제네릭이다. 바이오시밀러와 제네릭은 둘 다 복제약이지만 바이오 의약품과 합성의약품이 서로 다른 것만큼이나 차이가 있다. 바이오 시밀러는 제네릭에 비해 임상시험 등 신약에 준하는 개발 절차로 인 해 시간과 비용이 더 많이 들 뿐만 아니라 높은 제조 기술력도 필요 하다.

제약바이오업계 내부에서조차 바이오시밀러가 신약이 아니라는 이유로 '짝퉁 약'으로 낮춰 얘기하는 사람들이 있는데 이는 사실과 다르다. 바이오시밀러를 만드는 데 드는 노력은 신약 개발 수준까지 는 아니라고 해도 제네릭 제조 과정에 비해 수십 배는 더 든다. 복제 약들은 특정 제약사가 만든 오리지널 약에 걸려 있는 각종 특허가 끝나는 시점에서 출시되는데 제네릭은 임상시험 대신에 오리지널 의약품과 동등한 약효와 안전성을 입증하기 위한 절차를 거친다. 일명 '생동성 시험'으로 불리는 생물학적 동등성 시험을 통해 특정 의약품이 몸속에서 흡수되는 속도와 물량 등을 비교해 오리지널 약과 동등한지 여부를 살펴보는 것이다. 복잡한 임상시험 절차를 거쳐야 하는 신약이나 바이오시밀러 개발에 비하면 매우 수월한 편이다. 그렇기 때문에 하나의 오리지널 합성약에는 특허가 끝나기 무섭게 다수의 카피 약이 생겨나는 것이다.

반면 바이오시밀러는 임상1상과 3상, 두 단계의 임상시험을 거치도록 되어 있다. 신약과 달리 한 차례의 임상이 면제되지만 오리지널 약과의 비교 실험 차원이 아니라 독립된 임상을 해야 한다는 점에서 신약에 준하는 난이도를 갖는다.

대규모 임상을 해야 하는 만큼 투자 금액도 많이 든다. 바이오시밀러는 세포 배양을 위해 대용량의 첨단 세포 배양기는 물론 반도체 생산공정 이상의 무균 설비도 갖춰야 한다. 제네릭의 경우 오리지널 합성의약품과 화학적 분자구조가 똑같은 제품을 만들어낼 수 있어 생동성 시험만 거치면 되지만 바이오시밀러는 살아 있는 세포를 배양해 만들기 때문에 인체 임상을 통해 오리지널 약과의 안전성 및 효능 측면에서 동등성을 증명해야 한다. 바이오시밀러는 염기서열이 동일한 의약품을 개발하려고 해도 구조적인 복잡성으로 인해 특성 분석이 어렵고, 세포 배양을 위한 배지(세포 배양에 필요한 영양소가 들어 있는 액체나 고체)와 온도, 정제 방법 등 생산 환경에 매우 민감해 오리지널 의약품과 똑같은 복제약을 제조하는 것은 사실상 불가능하다. 그래서 비슷하다는 의미의 접미사 '시밀러'를 붙이는 것이다.

바이오시밀러의 최대 강점은 고가의 오리지널 바이오의약품 가격의 50%~70% 정도로 처방받을 수 있어서 환자뿐만 아니라 정부의 건강보험 재정에도 도움이 된다는 점이다. 치료 효과는 높지만 가격이 비싸서 그림의 떡이던 바이오의약품이 바이오시밀러 방식으로 재탄생해 더 많은 환자들이 찾을 수 있게 된 것이다. 연 매출 1조 원이 넘는 글로벌 블록버스터급 바이오의약품들의 특허가 만료되는 시점을 잘 포착해 바이오시밀러로 신속히 출시하는 업체는 신약이 독점했던 시장의 일부를 차지할 수 있는 기회를 가질 수 있다.

셀트리온이 개발한 바이오시밀러 램시마는 2013년 9월 유럽에 출시된 지 5년여 만에 글로벌 제약사인 **얀센**의 오리지널 약 레미케이드Remicade의 처방액을 넘어섰다. 유럽에서 오리지널 약을 포함한 해당 약품 시장에서 램시마의 판매 비중은 2020년 2분기 기준 55%에 달한다. 램시마는 류머티즘 관절염, 염증성 장질환 등 자가면역질환을 대상으로 하는 약인데 미국에도 2016년 11월 '인플렉트라'라는 이름으로 출시됐다. 의약품 시장조사 기관인 아이큐비아에 따르면 램시마는 1년간(2017년 3분기~2018년 2분기) 전세계에서 1조 3000억 원이상의 처방을 처음 기록했다. 신약과 바이오시밀러를 합쳐 국산 단일 의약품이 해외 시장에서 연간 처방액 1조 원을 넘긴 것은 램시마가 최초다.

램시마의 성공 사례는 오리지널 바이오의약품의 특허가 만료된 뒤 바이오시밀러 가운데 가장 먼저 나오는 제품이 퍼스트 무버First mover(시장 개척자)가 되어 시장을 장악한다는 통설을 뒷받침한다. 오리지널 약이 비싸서 처방 및 구입을 실행하지 못한 대기 수요가 가장 먼저 나온 바이오시밀러에 몰릴 수밖에 없다. 병원에서는 맨 처

셀트리온의 바이오시밀러

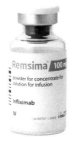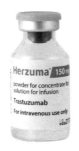

출처: 셀트리온

음에 써본 바이오시밀러를 차후에 나오는 제품과 잘 바꾸려 하지 않기 때문에 제약업체로서는 서둘러 바이오시밀러를 출시해서 보험 적용을 받고 병원에 납품하는 것이 중요하다.

하지만 바이오시밀러 시장도 다수 업체가 진출하면서 경쟁이 치열해지고 있다. 자금 사정에 여유가 있는 글로벌 제약사들은 퍼스트 무버가 되지 못하더라도 장시간 버티면서 기존 네트워크를 활용해 대형 병원의 납품을 따내는 방식으로 앞서 진입한 바이오시밀러 기업들을 밀어내고 있다. 특히 오리지널 약을 생산해온 업체들은 특허 만료와 함께 판매 단가를 낮추면서 시장에 갓 출시된 바이오시밀러를 고사시키는 작전에 들어가기도 한다. 2018년 미국 **애브비**가 연간 판매액 약 20조 원에 달하는 세계 최대 바이오의약품 휴미라의 약가를 일부 지역에서 최대 80% 할인 공급하겠다고 밝힌 것도 유럽에서 그해 동종 바이오시밀러 4종이 출시되자 위기감을 느낀 탓이다.

오리지널 의약품 제약사들은 바이오시밀러 업체들이 시장 진입을 못 하도록 다양한 특허 장벽을 쳐놓고, 문제가 되면 법적 소송도 불

삼성바이오에피스의 바이오시밀러

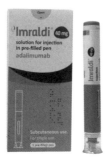

출처: 삼성바이오에피스

사하고 있다. **삼성바이오에피스**가 2019년 1월 미국 FDA로부터 유방암·전이성 위암 치료 바이오시밀러인 온트루잔트Ontruzant 판매허가를 받고도 출시하는데 이후 1년 3개월이나 걸린 것은 원개발사인 **제넨텍**과 10여 건의 특허 소송이 남아 있었기 때문이다. 오리지널 유방암 치료제로 유명한 허셉틴의 물질 특허는 끝났지만 제넨텍이 온트루잔트의 론칭을 막기 위해 치료 및 제조 방법 등에 관한 특허를 이유로 소송을 제기하면서 진출이 지연된 것이다. 양사는 2019년 7월 소송을 취하하고 합의를 통해 법적 갈등을 해결할 수 있었다.

문제는 허셉틴의 바이오시밀러가 온트루잔트 외에도 **화이자**의 트라지메라Trazimera, **암젠**과 **엘러간**의 칸진티Kanjinti를 포함해 개발 중인 것까지 포함하면 10개가 넘는다는 사실이다. 바이오시밀러가 대박은커녕 이제는 시장 포화 상태로 레드오션화 되고 있다는 지적이 나오는 것은 이 때문이다.

이처럼 바이오시밀러 시장이 레드오션화하면서 셀트리온과 삼성바이오에피스 등 국내 바이오시밀러 업체들은 신약 개발에도 관심을 두기 시작했다. 셀트리온이 코로나19 퇴치를 위한 항체치료제 개발에 나선 것도 그 일환이다. 이러한 행보는 글로벌 제약사들이 신약 개발을 먼저한 뒤 최근 바이오시밀러로 영역을 넓히는 것과 순서가 반대인 셈이다. 국내 업체들은 시간과 비용이 많이 드는 신약 개발 대신에 먼저 바이오시밀러부터 성공시켜 밑천을 마련한 뒤 그것으로 신약 사업에 뛰어드는 전략을 세우고 있다.

한편 바이오시밀러의 잠재력이 무궁무진하다는 주장도 계속된다. 바이오시밀러가 모방하는 오리지널 신약은 대부분 연간 매출액 1조 원을 넘는 초대형 제품으로서 바이오시밀러가 일부 시장만 확보해도 큰 수익을 보장받을 수 있다는 논리다. 또한 각국이 재정 건전성을 위해 의료비 부담을 줄이려 하기 때문에 국가 정책적으로도 바이오시밀러를 선호하는 분위기다. 의료정보 분석조사기관인 프로스트앤드설리반에 따르면 전세계 바이오시밀러 시장 규모는 2017년부터 2023년까지 연평균 30.6%씩 크게 성장해 2023년에는 481억 달러 규모에 이를 전망이다. 같은 기간 전체 바이오의약품에서 바이오시밀러가 차지하는 비중은 4.2%에서 12.9%로 높아질 것으로 예상된다.

2019년 스페인 마드리드에서 열린 유럽류머티스학회에 참석한 **바이오젠**의 블레이크 리치 바이오시밀러 글로벌 마케팅본부장은 "바이오시밀러는 환자에게 오리지널 약에 맞먹는 고품질 제품을 낮은 가격에 제공해 의료비 절감에 기여할 수 있는 유용한 치료 옵션으로 입지가 확고하다"고 강조했다. 그는 "자가면역질환만 해도 바이오시밀러의 등장으로 2019년 유럽에서만 38억 유로의 의료비가 절감되는 등 정부와 환자에게 큰 도움이 된다"고 덧붙였다. 바이오젠은 **삼**

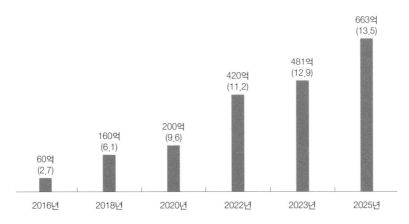

자료: 프로스트앤드설리반. 괄호 안은 바이오의약품 대비 바이오시밀러 비중

성바이오로직스와 공동으로 바이오시밀러를 개발하는 삼성바이오에피스를 2012년 설립했고, 삼성바이오에피스가 생산한 제품을 유럽 전역에 판매하고 있다. 고한승 삼성바이오에피스 사장은 "일각에서 바이오시밀러를 복제약으로 폄하하는 분위기가 있지만 기술력 측면에서 신약과 바이오시밀러는 사실상 동일한 수준"이라며 "중국만 해도 100개가 넘는 바이오시밀러 업체들이 있지만 한국을 따라오기 힘든 것은 바이오시밀러만의 기술 노하우와 진입 장벽이 높기 때문"이라고 말했다. 그는 바이오시밀러는 바이오 신약과 함께 지속적으로 성장할 것으로 예상했다.

셀트리온의 램시마 임상시험을 주도했던 유대현 한양대 류머티스병원 교수는 바이오시밀러가 복제약이라는 인식을 넘어 신뢰를 높여야 확장성을 가질 수 있다고 지적한다. 유 교수는 "개인 경험상 환자에게 오리지널 치료제를 바이오시밀러로 전환하려고 할 때 환자

100명 중 2명가량이 반대를 한다"며 "이는 일부 사람들은 여전히 바이오시밀러를 신뢰하지 않는다는 말인데 의사가 확신을 준다면 바이오시밀러로 전환해 확대 사용이 용이해질 것"이라고 설명했다.

유럽에 비해 그동안 바이오시밀러 처방에 인색했던 미국 병원과 보험사들도 최근 들어 바이오시밀러를 적극적으로 밀고 있다. 미국 의약품 가격이 최근 5년간 연평균 10% 넘게 오르면서 정부는 약가 인하와 함께 가격이 저렴한 바이오시밀러 처방을 늘리는 데 주력하고 있다. 예컨대 대장암 등에 쓰이는 오리지널 항암제 아바스틴Avastin의 바이오시밀러로 암젠과 엘러간이 2019년 7월 미국에서 출시한 엠바시Mvasi는 시판 1년 만에 2020년 6월 기준 미국 시장점유율 40.6%를 기록했다. 화이자도 2020년 5월 아바스틴을 복제한 자이라베브Zirabev를 출시하면서 지금까지 FDA로부터 7종의 바이오시밀러 품목허가를 획득했다. 아바스틴은 매년 글로벌 매출액이 8조 원이 넘는 블록버스터 항암제로 미국 내 판매 규모만 3조 5000억 원에 달한다. 하지만 암젠과 화이자가 개발한 바이오시밀러의 공세에 2021년 상반기 원개발사인 **로슈**의 아바스틴 글로벌 매출은 약 2조 원으로 전년 동기 대비 1조 5000억 원, 42%나 줄었다. 반면 엠바시와 자이라베브의 2021년 상반기 매출은 각각 약 6740억 원, 2460억 원으로 전년 동기 대비 105%, 1333%의 기록적인 성장세를 보였다.

업체들은 치열해진 바이오시밀러의 시장 경쟁에 대비해 환자 편의성이나 약효 개선 등 차별화에 주력하고 있다. 환자 편의성을 높인 대표적 사례가 병원 처방을 받아 집에서 스스로 간편히 투여할 수 있도록 피하주사SC 제형으로 바꾼 램시마SCRemsimaSC다. 셀트리온은 기존의 정맥주사 형태를 간편한 피하주사로 바꾼 램시마SC를 개발해 2020년 초부터 유럽 각국에 판매하기 시작했다. 기존 램시마는 병원을 찾아가 2시간~4시간 투여해야 하는 반면 램시마SC는 병원 처방 후 집에서 혼자 투여할 수 있어 거동이 불편한 고령자나 바쁜 직장인 등 병원 방문이 힘든 환자들에게 적합하다. 셀트리온에게 램시마SC는 램시마보다 개선된 약효 및 투약 방식 등을 갖춘 바이오베터biobetter(바이오의약품 개량 신약)다. 오리지널 바이오의약품에 기반해 효능이나 안전성·편의성 등을 개량한 제품이다.

미국 바이오시밀러 전문 업체인 **산도즈**는 엔브렐Enbrel의 바이오시밀러인 에렐지Erelzi와 휴미라의 바이오시밀러인 하이리모즈Hyrimoz를 펜형으로 출시해 대다수 환자와 의사, 간호사들로부터 호평을 받고 있다. 펜형은 손에 류머티스 질환이 있어 자가 주사가 힘든 환자들이 버튼을 한 번 클릭하는 것만으로 약을 투여할 수 있는 방식이다. 이 밖에 화이자나 **일라이 릴리** 등은 입으로 쉽게 복용할 수 있는 경구용 바이오시밀러를 개발 중인데 주사제 형태와 동일한 효능과 안전성을 어떻게 확보하느냐가 관건이다. 화이자가 개발한 바이오 신약 젤잔즈Xeljanz는 류머티스 관절염에 듣는 경구용 치료제로 2012년 FDA 승인을 받아 판매되고 있다. 최근엔 궤양성 대장염 등 장질환으로 적응증을 확대해 시장점유율을 높이고 있다. 젤잔즈는 2023년 물질 특허 만료를 앞두면서 일부 제약사들이 이를 동일한 경구용 바이오시밀러로 내놓기 위해 뛰어들고 있다.

승승장구 중인 K바이오시밀러

바이오시밀러는 우리나라가 바이오의약품 분야에서 최상위권을 다투는 흔치 않은 분야 중 하나다. 국내 시가총액 최상위에 속한 **셀트리온**은 글로벌 차원에서도 바이오시밀러 분야의 선구자다. 바이오시밀러 초기 1세대 제품은 생물의 분자구조가 비교적 작고 간단한 당뇨병 치료제 등이 주를 이뤄 2006년 유럽에서 맨 처음 승인됐다. 하지만 셀트리온이 관심을 기울인 것은 연 매출 1조 원 이상의 블록버스터급 항체치료제를 대상으로 한 2세대 바이오시밀러였다. 환자가 많아 돈이 될 수 있는 시장성이 컸기 때문이다. 셀트리온은 자가면역질환 오리지널 치료제인 레미케이드를 복제하는 데 성공했다. 이것이 세계 최초의 항체 의약품을 대상으로 한 바이오시밀러 램시마다. 셀트리온은 램시마로 2013년 EMA(유럽의약품청), 2016년 미국 FDA의 승인을 받아 글로벌 상업화에 나섰다. 이후 유럽에 진출한 램시마는 오리지널 의약품인 레미케이드의 판매액을 앞지르며 우리나라 바이오시밀러의 성장성을 입증했다.

국내에서는 2010년대 초반만 해도 바이오시밀러에 대한 우려와 불신이 매우 컸다. 이런 상황 속에서 셀트리온은 램시마의 유럽 시장 출시를 시작으로 혈액암 치료제 리툭산Rituxan 바이오시밀러인 트룩시마Truxima, 유방암 치료제 허셉틴의 바이오시밀러 허쥬마를 유럽과 미국 시장에 잇따라 내놓았다.

현재 셀트리온이 임상3상 중인 바이오시밀러는 자가면역질환 치료제(CT-P43, 오리지널 의약품 스텔라라)과 알러지성 천식 및 만성 두드러기(CT-P39, 졸레어), 황반변성 및 당뇨병성 황반부종 등 안과질환 치료제(CT-P42, 아일리아), 골다공증 치료제(CT-P41, 프롤리아) 4종에 달한다. 전이성 직결장암, 비소세포폐암 등 항암제 아바스틴의 바이오시밀러인 베그젤마(CT-P16)는 임상을 완료하고, 미국과 유럽, 국내 당국에 품목허가를 신청한 상태다.

특히 셀트리온은 자가면역질환 치료에 쓰이는 휴미라의 바이오시밀러 유플라이마YUFLYMA(프로젝트명 CT-P17)에 대해 2021년 유럽에서 판매허가를, 국내에서 품목허가를 받았다. 유플라이마는 류마티스 관절염, 염증성 장질환, 건선 등 휴미라가 가진 모든 적응증에 대해 허가를 획득했다. 미국 시장 출시는 휴미라의 물질특허가 풀리는 2023년에 맞춰 이뤄질 전망이다. 품목허가는 FDA에 2020년 11월 신청했다. 현재 휴미라를 모방한 바이오시밀러는 전세계적으로 6종~7종이 나와 있는 상태라 셀트리온은 유플라이마를 세계 최초로 고농도 제형으로 만들어 차별화했다. 오리지널 약인 휴미라 바이오시밀러의 최초 고농도 제형으로 개발해 기존 저농도 바이오시밀러들에 비해 주사액을 절반으로 줄여 환자 편의성을 개선했다. 이밖에 셀트리온은 2020년 1월 JP모건 헬스케어 콘퍼런스에서 약 400억 달러에 이르는 전세계 당뇨병 치료를 위한 인슐린 바이오시밀러 개발에 착수하겠다는 의사도 밝혔다. 오리지널 당뇨병 신약인 란투스

Lantus는 미국에서 30조 원 규모의 시장을 형성하고 있다.

삼성바이오에피스를 대표하는 제품은 자가면역질환 오리지널 약인 엔브렐의 바이오시밀러 베네팔리Benepali다. 2016년 1분기에 유럽시장에서 출시된 뒤 4년 만에 유럽 내 시장 규모가 큰 5개국(독일·영국·프랑스·스페인·이탈리아)에서 엔브렐을 뛰어넘었다. 베네팔리 외에 램시마와 같은 제품군에 속한 플릭사비Flixabi와 휴미라 바이오시밀러 임랄디Imraldi, 허셉틴 바이오시밀러 온트루잔트, 아바스틴 바이오시밀러 에이빈시오Aybintio 등 5개 제품이 유럽에 출시돼 순항 중이다.

삼성바이오에피스의 바이오시밀러 5종은 2021년 들어 3분기까지 한국을 제외한 해외 시장에서 제품 매출은 9억 1620만 달러로 전년 동기 대비 11% 증가했다. 이중 유럽 시장에 일찍 진출한 자가면역질환 바이오시밀러 3총사(베네팔리·플릭사비·임랄디)의 유럽 매출은 같은 기간 6억 1020만 달러로 전체의 67%에 달했다.

미국에서는 렌플렉시스Renflexis(플릭사비의 미국 제품명)와 온트루잔트 등 2개 제품이 판매되고 있다. 삼성바이오에피스의 하드리마Hadlima(임랄디의 미국 제품명)와 에티코보Eticovo(베네팔리의 미국 제품명), 바이우비즈Byooviz(루센티스 바이오시밀러)는 미국 판매허가를 받았다. 이 가운데 하드리마는 2023년 미국 시장에 선보일 계획이다. 이밖에 삼성바이오에피스는 발작성 야간 혈색소뇨증 환자 대상의 희귀 혈액질환 치료제 솔리리스 바이오시밀러(SB12)의 글로벌 임상3상을 완료했고, 2023년까지 남은 3종인 SB15(아일리아 바이오시밀러), SB16(프롤리아), SB17(스텔라라) 임상을 완료한다는 계획이다.

LG화학의 바이오시밀러 사업은 일본 시장에 집중되어 있다. 출시 제품은 엔브렐의 바이오시밀러인 유셉트Eucept다. 2012년부터 일본 제약사 **모치다**와 공동 임상1상에 나서 3상까지 마무리한 후 2018년 5월과 6월에 각각 일본과 한국에 출시했다. 일본의 엔브렐 판매 시장은 연간 4000억 원 규모로 미국에 이어 두 번째로 크다. LG화학은 또한 휴미라 바이오시밀러도 확보하고 있다. 2016년부터 모치다와 공동 임상3상을 진행해 2021년 3월 일본 품목허가를 획득했다. 오리지널 제형과 동일하게 고농도 제형으로 개발된 점이 특징이다. LG화학 측은 "미국이나 유럽이 아니라 성장 잠재력이 큰 일본의 바이오시밀러 시장을 공략하는 틈새 전략을 택했다"며 "일본 최초의 엔브렐 바이오시밀러인 유셉트는 현지 당국의 복제약 확대 정책 덕분에 시장점유율이 높아지고 있다"고 밝혔다.

이밖에 국내 중소형 업체들도 바이오시밀러 시장에 뛰어들고 있다. 2021년 2월 국내 증시에 상장된 **프레스티지바이오파마**는 허셉틴의 바이오시밀러(HD201)와 아바스틴의 바이오시밀러(HD204)를 개발 중이다. HD201은 EMA 품목허가 절차를 밟고 있고, HD204는 임상3상 중이다. 프레스티지바이오파마가 임상 개발을 마치면 관계사인 **프레스티지바이오로직스**가 생산하는 구조다. **에이프로젠**도 오리지널 약인 허셉틴, 휴미라, 아바스틴, 리툭산, 레미케이드의 바이오시밀러 개발을 진행 중이다.

한편 **GC녹십자**는 직접 생산 대신 외국 업체가 개발한 바이오시밀러를 수입해 판매하고 있다. GC녹십자는 인도 제약사 **바이오콘**이 만든 당뇨병 치료제 바이오시밀러 글라지아Glarzia를 2018년 11월 한국에 출시했다. 글라지아는 하루 1회 투여하는 장기 지속형 인슐린으로 프랑스 **사노피**가 개발한 오리지널 약 란투스의 바이오시밀러다.

6

장기 복용이 답인
만성질환 치료제

글로벌 의약품 시장의 주류가 생명과 직결된 항암제 개발뿐만 아니라 보다 나은 삶의 질을 보장하기 위한 만성질환 치료제 쪽으로도 퍼져가고 있다. 이는 치료에 앞서 질병 여부를 정확히 판정하는 진단의학과 함께 평소 건강을 유지하기 위한 예방의학으로 기술의 방향이 변하는 흐름을 반영한다. 획기적인 치료제가 없고 완치가 어렵다는 점도 만성질환에 글로벌 제약사들이 주목하는 이유다. 평생 치료제를 복용해야 하는 탓에 제약사 입장에서 꾸준하게 수익을 창출할 수 있기 때문이다.

만성질환은 당장 생명에 직접적인 영향을 주지 않지만 방치하거나 제때 치료하지 않을 경우 삶의 질이 급격히 저하되거나 다른 합병증을 유발하는 질병을 일컫는다. 꾸준하게 치료제를 복용하면 관리가 가능한 우울증, 당뇨병, 고혈압 등이 대표적이다. 하지만 여전히 만성질환을 일으키는 요인으로 고령화, 스트레스, 생활습관이 거론될 뿐 뚜렷한 원인을 파악하지 못하고 있다.

선진국을 위주로 한 급격한 고령화로 만성질환 치료제에 대한 수요도 폭발적인 성장세를 이어가고 있다. OECD 회원국의 65세 이상 노인 중 만성질환을 앓고 있는 비중은 80%에 육박한다. 시장조사 기관 시온마켓리서치는 2018년 39억 2000만 달러 규모였던 글로벌 만성질환 치료제 시장이 연평균 17.5% 성장해 2024년 103억 달러에 이를 것으로 전망한다.

글로벌 제약사가 관심을 가지는 대표적인 만성질환이 비알코올성 지방간염NASH이다. 비알코올성 지방간염은 음주 이외의 요인으로 생긴 지방간인데 아직 뚜렷한 원인이 규명되지 않았다. 간 내 지방 축적으로 시작되어 간섬유증이나 간세포가 괴사하는 염증성 징후까지 나타나며 비만, 당뇨 등 대사성 질환과 연관 있다고 추정하고 있다. 당연히 특별한 치료제도 없다. 비알코올성 지방간염이 악화하면 간경화, 간암까지 발전할 수 있다. 미국 국립보건원은 이 질병의 미국 내 환자 수를 3000만 명으로 보고 있다. 컨설팅 기업 글로벌데이터는 비알코올성 지방간염 치료제 시장이 2016년 6억 1800만 달러에서 10년간 연평균 45%씩 성장해 2026년 253억 달러에 이를 것으로 전망했다. 신약으로 허가받으면 그 즉시 블록버스터 의약품 등극이 확실시된다.

이 때문에 국내 제약사의 비알코올성 지방간염 치료제 개발 열기도 뜨겁다. **유한양행**은 현재 2건의 치료제 후보물질을 미국 **길리어드 사이언스**와 독일 **베링거인겔하임**에 기술수출했다. 특히 길리어드 사이언스에 수출한 물질은 이름조차 붙여지지 않은 전임상 초기 단계였다. 글로벌 제약사들이 이 시장에 얼마나 많은 관심을 가지고 있는지 알 수 있는 하나의 사례다.

한미약품도 미국의 제약사 **얀센**에 기술수출했다가 반환됐던 비만 치료제의 적응증을 비알코올성 지방간염으로 바꿔 2020년 8월 또 다른 해외 제약사 MSD에 1조 원 규모로 재수출했다. 듀얼 아고니스트 HM12525A가 그 주인공이다. 이 물질은 인슐린 분비와 식욕 억제를 돕는 GLP-1과 에너지 대사량을 증가하는 글루카곤을 동시에 활성화한다. 한미약품이 보유한 약효 지속 기반 기술 '랩스커버리'가 적용됐다. 한미약품은 MSD로부터 계약금 1000만 달러를 포함해 개발 성공 시 최대 8억 6000만 달러를 수령하게 된다. MSD에 기술수출한 신약 후보물질 외에 자체 개발 중인 물질도 있다. 신약 후보물질 랩스트리플 아고니스트LAPSTriple Agonist는 현재까지 진행된 임상에서 비알코올성 지방간염을 동반한 비만 환자에게 이 약물을 투여했을 때 안전성과 내약성, 그리고 지방간 감소 효능이 확인됐다. 이에 2020년 7월 미국 FDA로부터 패스트트랙으로 지정받아 임상2상 중이다.

사실 임상3상까지 순항했던 비알코올성 지방간염 치료제 후보물질은 많았다. 길리어드 사이언스의 세론세르팁Selonsertib, **인터셉트 파마슈티컬**의 오칼리바Ocaliva, **엘러간**의 세니크리비록Cenicriviroc, **장피트**의 엘라피브라노Elafibranor 등이 품목허가 목전까지 갔다. 이에 글로벌 투자은행 골드만삭스는 2019년을 '비알코올성 지방간염의 해'로 선언할 정도였다.

하지만 2020년 5월과 6월 장피트와 인터셉트 파마슈티컬 모두 비알코올성 지방간염 치료제 개발을 중단했다. 길리어드 사이언스 역시 2019년 4월 세론세르팁의 임상3상에 실패했다고 발표했다. 길리어드 사이언스는 이미 비알코올성 지방간염 치료제 개발에 두 차례 실패했다. 'GS-9450'는 2010년 임상2상에서 안전성 문제로 중단됐고, 심투주맙Simtuzumab은 2016년 효과 부족으로 임상2상을 넘지 못했다. 세론세르팁Selonsertib마저 임상에 실패하면서 길리어드 사이언스는 전세계 비알코올성 지방간염 치료제 후보물질을 사모으기 시작했다. 이름조차 없던 유한양행의 신약 후보물질을 거액에 사들인 이유다.

비알코올성 지방간염 치료제 개발이 지지부진하자 FDA는 비알코올성 지방간염 치료제 개발 촉진을 위한 가이드라인도 발표했다. 간질환은 병의 진행 속도가 느려 환자의 생존율이나 진행률 평가가 어려운데 이 가이드라인은 간의 조직검사를 통해 증상이 완화되었다는 사실만 증명하더라도 신속 승인이 가능하다고 명시했다.

국내 제약사들도 비알코올성 지방간염 치료제 개발에 뛰어들고 있다. LG화학은 2020년 8월 중국의 트랜스테라 바이오사이언스와 신약 후보물질 도입 계약을 체결했다. 트랜스테라 바이오사이언스가 연구개발 중인 후보물질 'TT-01025'는 간 염증과 관련이 높다고 알려진 VAP-1 단백질의 발현을 억제하는 역할을 한다. LG화학은 2020년 10월 미국 FDA에 임상1상 계획을 제출했고, 같은 해 12월 FDA는 이를 승인했다.

동아에스티와 HK이노엔(옛 CJ헬스케어)은 각각 에보글립틴Evogliptin과 'CJ-14199'의 임상1상을 진행하고 있으며 에스티팜도 한국화학연구원과 비알코올성 지방간염 치료제 후보물질 공동 연구 협약을 체결해 개발 중이다. 삼일제약은 비알코올성 지방간염 치료제 아람콜

Aramchol에 대해 3상을 앞두고 있다. 임상 후기2상(2b상)에서 환자의 간 섬유화 악화 없이 통계적으로 유의미한 효과가 있음을 입증했다.

비알코올성 지방간염 외에도 만성질환은 글로벌 제약사들의 관심이 쏠려 있는 분야다. 염증성 장질환IBD은 몇 년 전까지만 해도 생소한 질환으로 여겨졌다. 소장과 대장 등 소화관에 지속적으로 염증이 생기는 난치성질환은 단순 장염과 달리 면역계 이상으로 발생한다. 호전과 재발을 반복하며 궤양성 대장염과 크론병 등으로 발전한다.

최근 염증성 장질환 치료제로 떠오르는 약물이 휴미라와 같은 TNF-알파 차단제다. 우리 몸에서 면역세포 간 정보 전달을 촉진하는 TNF-알파를 차단해 과도한 면역반응을 줄인다. 휴미라는 이 밖에 류머티즘 관절염, 건선 등 15개 질환을 치료하며 연간 매출액이 20조 원이 넘는 글로벌 1위 의약품이다.

셀트리온 역시 TNF-알파 차단제인 램시마를 개발했다. 레미케이드의 바이오시밀러인 램시마는 현재 정맥주사 외에 피하주사 제형을 개발했으며 알약형 개발에도 돌입했다. 셀트리온은 2020년 6월 일본 **다케다제약**의 만성질환 치료제 사업부인 **프라이머리케어**를 인수해 만성질환 치료제 시장 공략에 나섰다. 셀트리온은 국내 당뇨 및 고혈압 환자가 1700만 명에 달하고 만성질환을 3개 이상 보유한 환자도 전체 고령 인구의 60%를 넘어서는 등 만성질환 치료제 시장의 중요성이 날로 커지고 있다며 인수 배경을 밝혔다. 이를 통해 셀트리온은 아시아태평양 지역 내 9개 국가에서 판매 중인 당뇨, 고혈압 의약품 18종의 권리를 매입했다. 셀트리온은 국내 의료기기 업체 **풍림파마텍**과 함께 펜형 주사제도 개발 중이며 2025년 출시 예정이다. 인슐린 펜형 주사제는 세계 약 4억 6300여 명의 당뇨병 환자 중 절반이 사용하고 있으며 관련 시장이 매년 9%씩 커져 2023년 최소 37조 원에 달할 것으로 분석된다.

만성질환에서는 혁신 신약의 개발로 매출 규모가 줄어들기도 한다. C형 간염이 대표적인 사례다. 원래 C형 간염은 완치가 어려워 장기간 꾸준히 약을 복용해야 하는 만성질환이었다. 한 번 감염되면 80% 이상 만성 간염으로 진행되고 이 중 30%~40%는 간경변과 간암으로까지 악화되는 위험한 질병이었다.

하지만 길리어드 사이언스가 2013년 12월 미국 FDA의 품목허가를 받은 소발디Sovaldi는 C형 간염을 완치 가능한 질환으로 바꿨다. 97% 완치가 가능해 '기적의 신약'이라는 평을 받으며 2014년 매출 100억 달러를 기록하는 블록버스터 의약품으로 자리 잡았다. 그런데 오히려 완치된 C형 간염 환자가 폭발적으로 늘며 간염 의약품 매출 자체가 감소했다. 2019년 기준 소발디의 매출은 10억 달러에 미치지 못한 것으로 알려졌다.

애브비가 2017년 개발한 마비렛Maviret은 여기에 결정타를 때렸다. 마비렛은 C형 간염이라면 유전자형 구분 없이 단독 처방만으로도 환자를 치료할 수 있는 데다가 간경변증을 동반한 환자나 C형 간염 치료 경험이 없는 환자에게도 사용할 수 있다. 마비렛은 치료 기간도 8주로 단축하는 데 성공했다.

C형 간염 의약품 시장 매출은 줄어들었지만 신약 개발로 인해 인류는 C형 간염 바이러스의 공포에서 해방될 수 있었다. 아울러 C형 간염 바이러스를 찾아낸 마이클 호튼, 하비 알터, 찰스 라이스는 2020년 노벨 생리의학상 수상자로 선정됐다.

탈모 예방·성욕 증진 '해피 드러그'

1998년 글로벌 제약사 **화이자**가 출시한 비아그라Viagra는 20세기 최고의 발명품으로 꼽힌다. 본래 동맥을 확장해 혈류를 증가시키며 심장질환을 치료하겠다는 목적으로 개발한 약이었지만 임상시험 과정에서 발기가 일어나는 부작용이 발견되어 치료 질환을 바꿨다. 이약은 음지에 머물렀던 노년층의 성생활을 양지로 끌어낸 주역이다.

100세 시대가 성큼 다가오면서 단순히 질병을 치료하는 데만 집중해왔던 의약품 시장에도 변화의 바람이 불고 있다. 면역항암제, 유전자 치료제 등 첨단 치료제만큼이나 행복한 삶을 유지하도록 도와주는 '해피 드러그' 시장이 글로벌 제약사들의 차세대 격전지로 떠오르고 있다. 약을 먹는 것만으로 기분이 좋아지고 우울 증상을 완화한다는 의미의 해피 드러그는 다양한 질환을 상대로 삶의 질 전반을 개선하는 의약품을 뜻하는 용어로 자리잡았다.

소득이 늘어나며 국내에서도 해피 드러그에 대한 관심이 높아졌다. 2022년 대선을 앞두고 이재명 더불어민주당 대선 후보가 탈모치료제의 건강보험 적용 공약을 내놨을 정도다. 이 후보는 "탈모인이 겪는 불안·대인기피·관계 단절 등은 삶의 질과 직결되고 일상에서 차별적 시선과도 마주해야 하기에 결코 개인적 문제로 치부될 수 없다"며 탈모 치료 약과 중증 치료용 모발이식의 건강보험 적용 확대를 약속했다. 현재 원형탈모증과 M자 탈모로 불리는 안드로젠탈모증 등 일부만 건강보험이 적용되는데 이를 확대하겠다는 것이다.

탈모를 비롯해 비만, 성 기능 장애 치료제 등이 대표적인 해피 드러그로 꼽힌다. 이런 증상들은 당장 생명에 영향을 주는 질환은 아니지만 자신감을 위축시키고 삶의 질을 떨어뜨리기 때문이다. 소득 수준이 높은 국가에서는 해피 드러그를 통해 일상에서의 자신감을 키우려는 사람들이 빠른 속도로 늘고 있다. 업계에서는 해피 드러그 시장이 이미 1000억 달러를 넘어섰다고 분석한다.

2015년 FDA 승인을 받은 애디Addyi는 여성의 성욕을 증가시키는 의약품이다. 비아그라와 유사한 점이 많은데 당초 우울증 치료제로 개발하고 있던 약물의 적응증을 변경해 만든 것까지 닮았다. 색깔이 분홍색이라서 핑크 비아그라라는 별명이 붙었는데 뇌에 직접 작용하는 기전이라 효과를 보기까지 시간이 오래 걸리고, 술과 함께 복용할 수 없다는 단점이 있었다.

2019년에는 여성용 성욕 감퇴증 치료제로 **팰러틴 테크놀로지**의 바이리시Vyleesi가 미국에서 출시됐다. 이 약은 성관계 45분 전 복부와 허벅지에 펜 타입 주사기로 자가 주사하는 형태다. 브레멜라노타이드Bremelanotide라는 성분의 호르몬을 통해 성욕과 관련된 뇌 경로를 활성화한다. 억제력을 줄이고 신경계를 흥분시키는 등 성적 반응에 관여하는 수용체의 반응을 활발하게 만든다. FDA는 이 약을 폐경 전 여성의 후천적 성욕 감퇴 장애에 쓸 수 있도록 승인했다.

비만 치료제 삭센다Saxenda와 탈모 치료제 프로페시아Propecia는 이미

국내 출시된 해피 드러그

비만 치료제 '큐시미아'	불안장애 치료제 '부스파'	발기부전 치료제 '팔팔'	탈모 치료제 '로게인폼'

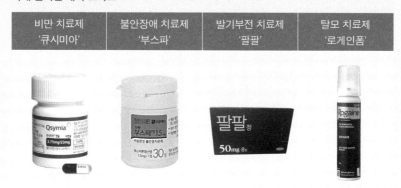

출처: 각 판매업체

국내에도 널리 유통되고 있다. 2018년 3월 국내에 출시된 삭센다는 2018년 4분기부터 국내 매출 1위를 놓치지 않고 있다. 2020년 상반기 국내 매출은 183억 원으로 국내 비만 치료제 시장의 26%를 차지했다. 2위인 **알보젠**의 큐시미아Qsymia가 102억 원의 매출을 올려 14.5%의 점유율을 기록한 것보다 크게 높다. 2015년 미국에서 개발된 삭센다는 출시한 지 5년 만인 2019년 글로벌 시장에서 1조 원의 매출을 올렸다. 북미와 유럽 등에서 70% 이상의 점유율을 차지했다.

출산 직후 많은 여성에게 고통을 주는 산후우울증 치료제도 대표적인 해피 드러그다. 2019년 FDA의 품목허가를 얻은 줄레소Zulresso는 임상에 참여한 여성 75%의 우울 증상이 50% 이상 호전됐다는 결과를 얻었다. 병원에 입원해 60시간 동안 정맥주사를 맞아야 하는 불편함이 있지만 업계는 줄레소가 그동안 특별한 치료법이 없었던 산후우울증 환자들에게 단비가 될 것이라고 예측하고 있다.

줄레소는 기존 항우울제에 비해 효과가 빠르다는 장점이 있다. 2

일~3일 내 작용하기 시작해 산후우울증에 동반되는 슬픔, 불안 등에서 산모를 빠져나오게 한다. 이 약품의 개발사 **세이지**의 CEO 제프 조나스는 "줄레소의 주성분인 브렉사놀론brexanolone은 산후 급격히 감소하는 호르몬과 유사한 기능을 한다"며 "이를 투입하면 정상적인 감정 상태를 회복할 수 있다"고 밝혔다. 보건복지부의 「2018년 산후 조리 실태조사」 보고서에 따르면 우리나라 산모 중 50.3%가 산후우울증을 경험한 것으로 나타났다.

'마음의 감기'라고도 불리는 우울증 치료제 개발도 활발하다. 우울증 치료제는 뇌에 직접 작용하는 중추신경계 약물이라 뜻하지 않은 부작용이 빈발해 그동안 개발이 쉽지 않았다. 이러한 가운데 이른바 강간용 약물에 포함된 물질이 새로운 우울증 치료제의 원료가 됐다. FDA는 2019년 비강용 스프레이 형태의 항우울제 스프라바토Sprabato를 허가했다. 1987년 출시한 프로작Prozac 이후 최초로 등장한 항우울제다. 이 약의 주성분은 케타민ketamine과 분자구조가 거의 비슷한 에스케타민esketamine이다. 케타민은 '스페셜 K'라는 이름으로 더 잘 알려진 향정신성 의약품이다. 1990년대 클럽 약물로 나이트클럽 등에서 악명을 떨쳤다. 클럽 '버닝썬'에서 물뽕이라는 이름으로 유통되어 유명세를 탄 마약이다. 개발사 **얀센**은 이 케타민의 용량을 줄이고 정맥주사 대신 흡입하는 비강용 스프레이 형식으로 바꿔 부작용을 줄였다. 기존에 유통되던 항우울제 프로작은 기분을 좋게 만드는 신경전달 물질 세로토닌serotonin을 많이 분비하도록 만드는 방식이라 길게는 몇 달이 지나야 효과가 나타났다. 반면 스프라바토는 뇌세포를 즉각적으로 회복시켜 빠르면 투여 후 수 시간 뒤 우울증이 개선되는 효과를 보였다.

7

약 하나에 5억 원,
희귀난치질환 치료제

마땅한 치료제가 없거나 수술 방법이 통하지 않아 완치가 어려운 병을 통틀어 희귀난치성질환이라고 부른다. 물론 엄밀히 얘기하면 희귀질환과 난치성질환은 그 의미가 분명히 다르다. 암이나 알츠하이머병은 여러 사람에게서 나타날 수 있는 보편적인 병으로 희귀질환은 아니지만 아직까지 완전한 치료제가 나오지 않은 만큼 난치성질환에서 속한다. 물론 최근에는 좋은 면역항암제의 출시와 수술요법 개선 등으로 일부 암의 경우는 상당히 높은 수준의 완치율을 기록하며 점차 난치성질환의 영역에서 벗어나고 있다. 반대로 극소수 환자에게서 나타나는 희귀질환임에도 손쉽게 치료제를 구할 수 있어 난치성질환이 아닌 경우도 있다.

대체로 희귀질환하면 '그런 병도 있었나' 싶을 정도로 종류가 매우 많은 데다 일반인들은 이름이 너무 어려워 한 번 듣고 나서 선뜻 기억해내기도 어렵다. 전세계적으로 7000종이 넘는 희귀질환이 있지만 이 가운데 제대로 된 치료제가 나와 있는 사례는 1%도 안 된다. 특히 국가마다 희귀질환을 정의하는 기준도 달라 이를 다루는 정책도 차이가 있을 수밖에 없다. EU에서는 희귀질환을 2000명 중 1명 미만의 환자에게서 발생하는 병으로 정의한다. 나라별로는 병을 갖고 있는 유병 환자 인구를 기준으로 삼는다. 미국은 20만 명 이하, 프랑스는 2000명~3000명 미만의 환자가 발생한 병으로 정의하고 있다. 우리나라에서는 2만 명 이하의 환자가 앓고 있는 질병 및 증상을 뜻한다.

중요한 점은 전세계 극소수 환자가 앓고 있는 희귀질환은 발생 기전이 복잡해 치료제 개발이 어렵기 때문에 대부분 난치성질환으로 남아 있는 경우가 흔하다는 것이다. 여기에서 희귀질환과 난치성질환 간에 공통분모가 생긴다. 특히 희귀질환 치료제 개발은 다량의 약을 생산해 수익 마진을 높이려는 제약사들의 기존 전략과 상충하기 때문에 약을 개발할 유인이 상대적으로 적어 난치성질환으로 남아 있는 경우도 있다. 희귀질환 의약품을 일명 '고아 약orphan drug'으로 부르는 것도 이 때문이다. 환자 수가 적어 수익이 나지 않아 기업이 신약 개발에 관심을 두지 않고 버려둔 약이라는 의미다. 비싼 돈을 들여 약을 만들어봐야 대상이 한정되어 있어 판로가 좁다면 신생 희귀질환 치료제를 개발할 유인은 그만큼 줄어들 수밖에 없다.

하지만 최근에는 희귀난치성질환을 겪는 환자들에 대한 의료 복지와 정부의 정책적 지원이 강조되면서 희귀난치성질환 치료제 분야는 의약품 시장에서 새로운 블루오션으로 떠오르고 있다. 막강한

세계 희귀질환 치료제 시장 규모 (단위: 달러)

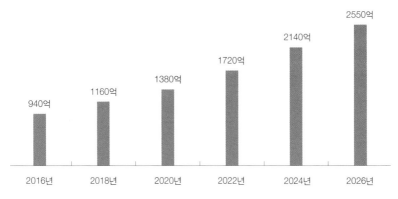

자료: 이밸류에이트파마

자금력과 기술을 갖춘 소수 기업만 도전할 수 있어 진입 장벽이 상대적으로 높은 데다 개발에 성공하면 그 시장에서는 독과점적 지위를 통해 수익 창출을 극대화할 수 있기 때문이다. 또한 개발해놓은 희귀질환 치료제가 이후 적응증을 추가로 넓히게 된다면 부가가치를 계속해서 높여갈 수 있다. 어려운 희귀난치성질환 치료제 개발을 통해 전세계에 실력 있는 회사로 이름을 알리게 되는 것은 덤이다.

글로벌 의약품 분석업체인 이밸류에이트파마는 세계 희귀난치성질환 시장 규모가 2019년 1270억 달러에서 2026년 2550억 달러로 2배 이상 커질 것으로 내다본다. 한국보건산업진흥원에 따르면 세계 희귀의약품 시장은 매년 11%씩 커지는데 이는 일반 의약품 성장률(5.3%)의 2배에 달한다. 실제 2020년 식약처가 허가한 해외 신약 23개 가운데 희귀질환 제품은 8개로 34.8%에 달했다. 3개 중 1개가 희귀질환 치료제인 셈이다.

미국에서도 최근 들어 희귀질환 의약품 개발에 속도가 붙고 있다.

희귀질환 분야는 의료기술이 비교적 덜 발전했고 경쟁이 심하지 않은 데다 고부가가치를 창출할 수 있어 바이오벤처부터 기존 대형 제약사들까지 뛰어들고 있다. FDA 의약품평가연구센터에 따르면 2018년 미국에서 허가된 59개 신약 가운데 34개(44%)가 희귀질환 치료제다.

2018년 미국 바이오 기업 **셀진**이 혈액암 치료제를 개발 중인 신생 바이오벤처 **임팩트**를 11억 달러에 인수한 것은 희귀질환 사업 포트폴리오를 강화하기 위해서였다. 미국 제약사인 **알렉시온**이 개발한 PNH(발작성 야간 혈색소뇨증) 치료제 솔리리스Soliris의 경우 1인당 연간 치료비가 50만 달러에 달해 '세계에서 가장 비싼 약'으로 불린다. 솔리리스의 2020년 글로벌 매출액은 40억 6420만 달러로 한화로 4조 원을 훌쩍 넘는다. 이처럼 희귀난치성질환 치료제도 블록버스터 신약이 될 가능성이 열려 있는 것이다. PNH는 면역체계 이상으로 적혈구 세포막을 구성하는 염색체의 돌연변이로 인해 혈관 내 적혈구가 파괴돼 혈전이 생기는 병이다. 주로 밤에 소변에서 피가 섞여 나오는 희귀질환으로 얼굴이 창백해지고 황달 등의 증상을 보인다.

다국적 제약사 **아스트라제네카**는 2020년 12월 알렉시온을 390억 달러에 인수해 희귀질환 치료제 분야를 강화하기로 했다. 알렉시온은 솔리리스 외에도 후속 약물인 울토미리스Ultomiris에 대해 2021년 6월 미국 FDA로부터 생후 1개월 이상의 아동 및 청소년 PNH 환자를 위한 최초이자 유일한 치료제로 승인받았다. 울토미리스는 미국에서 2022년 특허 만료를 앞두고 있는 솔리리스를 대체하기 위한 것으로 투약 빈도가 2주 1회에서 8주 1회로 늘어나 약효의 장기 지속성이 개선됐다.

알렉시온은 또 윌슨병 치료제(ALXN1840)에 대한 임상3상을 마쳤는데 아스트라제네카는 윌슨병 치료제가 솔리리스와 함께 희귀질환 블록버스터 신약이 될 것으로 기대하고 있다. 윌슨병은 체내에 구리가 배출되지 못하고 쌓이면서 간 기능 악화와 함께 떨림, 보행장애 등 신경성 장애를 일으키는 희귀질환이다. 한편 아스트라제네카와 알렉시온은 2021년 들어 주주 승인과 유럽위원회 등 규제 당국의 승인을 받아 합병 절차를 마무리했다.

　이 같은 배경에서 국내 업체들도 희귀난치성질환 치료제 개발에 뛰어들고 있다. **메지온**은 선천적으로 심실이 하나뿐인 단심실증 환자를 대상으로 한 경구용 합성의약품인 줄비고Jurvigo(성분명 유데나필) 개발을 마치고 FDA에 신약 품목허가를 신청한 상태다. 정상인보다 심실이 하나 부족하게 태어난 환자들은 정맥혈과 동맥혈이 분리되지 않고 섞여서 저산소증과 운동 능력 저하를 일으키는데 대개 문제가 나타나기 시작하는 10대 때 대정맥과 폐동맥을 연결하는 '폰탄 수술'을 받게 된다. 하지만 30세가량이 되면 폐동맥에 혈류 찌꺼기가 쌓여 심장 능력이 다시 떨어지는 재발 문제를 일으키는데 이때 혈관을 확장시켜 운동 능력을 개선해주는 약이 줄비고다.

　폰탄 수술 후 환자들은 대부분 간 합병증의 일종인 간 섬유화가 발생하는데 메지온이 폰탄 환자 대상으로 간질환 개선 임상시험을 진행한 결과, 줄비고가 간 섬유화 악화를 막는 효과도 있는 것으로 나타났다. 박동현 메지온 회장은 "FDA에서 희귀질환 치료제로 지정을 받았기 때문에 품목허가 심사가 10개월에서 6개월로 단축됐다"며 "FDA도 단심실증 환자를 위한 최초 희귀질환 치료제로 높게 평가하고 있어 신약 허가를 기대하고 있다"고 밝혔다.

줄비고는 당초 **동아에스티**가 자이데나Zydena라는 상품으로 개발한 발기부전 신약으로 메지온이 심장질환으로 적응중을 바꾼 것이다. 메지온은 2002년 **동아제약** 연구 조직이 분사해 **동아팜텍**으로 설립된 뒤 자이데나의 글로벌 특허를 인수해 단심실 치료제를 개발해왔다. 2013년 메지온으로 사명을 바꿨다.

이수그룹 계열사인 **이수앱지스**는 항암 및 희귀질환 의약품을 주로 개발하는 회사로서 보유 중인 제품은 모두 6종이다. 시판 중인 희귀 의약품으로는 심근경색 예방 등에 쓰이는 항혈전제 클로티냅Clotinab, 고서병 치료제 애브서틴Abcertin, 파브리병 치료제 파바갈Fabagal 등 3종이다. 고서병은 필수 효소인 베타-글루코세레브로시다아제의 결핍으로 복합지방질이 장기나 세포에 축적되어 생기는 질환으로 이수앱지스는 2012년 고서병 치료제인 애브서틴을 개발해 식약처 품목허가를 받았다. 이후 이란, 멕시코 등에 출시했고, 유럽 판매를 위해 호주에서 비교임상을 진행 중이다. 파브리병은 X염색체의 유전적 변이로 인해 손발 통증, 신부전, 좌심실 비대증, 뇌졸중 등 전신에 걸쳐 발생하는 비특이적 질환이다. 이수앱지스는 최근 호주 및 뉴질랜드에서 개발 중인 솔리리스 바이오시밀러 'ISU305'의 비교임상1상을 마쳤다. 현지 병원에서 148명의 건강한 성인을 대상으로 ISU305와 솔리리스 간 안전성과 내약성 등을 비교 평가해 약동학 및

고셔병 치료제 '애브서틴'

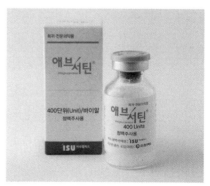

출처: 이수앱지스

약력학적 동등성을 입증했다.

솔리리스의 경우 오리지널 의약품 처방 비용이 워낙 크기 때문에 이수앱지스뿐만 아니라 **삼성바이오에피스**와 미국의 **암젠** 등도 수익성 높은 솔리리스의 바이오시밀러 개발에 나서고 있다. 이수앱지스가 개발 중인 B형 혈우병 치료 신약인 달씨노나코그 알파DalcA(프로젝트명 ISU304)에 대한 임상2상을 마치고 3상을 준비 중이다. 2021년 4월 논문 발표를 통해 달씨노나코그 알파는 기존에 B형 혈우병 치료제로 혈액응고인자 효율이 높고, 혈중 내 약효 유지가 33.8 시간에 달하는 등 기존에 B형 혈우병 치료제로 쓰이는 베네픽스BeneFIX보다 효능이 크게 높은 것으로 나타났다.

한미약품은 2021년 말까지 희귀의약품 분야에서 6개 파이프라인에, 10개 질환 적응증을 가진 신약을 개발 중이다. 국내 식약처 3건과 미국 FDA 9건, 유럽 EMA에서 5건을 합쳐 총 17건의 희귀의약품 지정을 받았다. 한미약품은 급성골수성백혈병AML에서 내성을 유발하는 'FLT3' 돌연변이 및 '비티로신키나제SYK'를 이중으로 억제하는 HM43239를 캐나다의 **앱토즈 바이오사이언스**에 4억 2000만 달러 규모로 기술수출 하기도 했다. 특히 복합적인 증상을 보이는 비알코올성지방간염NASH 치료제로 개발 중인 랩스트리플 아고니스트는 원발경화성 담관염PSC, 원발담즙성 담관염PBC, 특발성 폐섬유증IPF까지 총 3개 질환에서 희귀의약품 지정을 받아 적응증을 확대하고 있다. 또한 랩스글루카곤 아날로그LAPSGlucagon Analog(프로젝트명 HM15136)는 2021년 11월 국가신약개발사업 과제로 선정돼 글로벌 임상 및 제품화를 위해 2년간 연구비를 지원받게 됐다. 선천성 고인슐린혈증은 2만 5000명~5만 명당 1명꼴로 발병하는 희귀질환으로 지금까지 마땅한 치료제가 없다. 반면 HM15136은 세계 최초로 주 1회 투여를 목표로, 체내 포도당 합성을 촉진하는 글루카곤의 짧은 반감기를 획기적으로 개선하는 효능을 갖고 있다. FDA와 EMA로부터 각각 선천성 고인슐린혈증과 인슐린 자가면역증후군 희귀의약품으로 지정받았다.

희귀난치성질환 치료제 개발은 정부의 지원 없이는 사실상 불가능하다. 일반 신약과 달리 치료제 개발을 신속하게 할 수 있도록 절차를 달리해 간소화해주고, 임상 비용을 보전해주는 등 다양한 지원이 필요하다. 또한 어렵게 개발한 약을 비싸다는 이유로 환자가 처방받지 못한다면 국가 전체의 후생 손실이 될 수 있기 때문에 정부는 건강보험이나 민간 실손보험 등을 통해 보험 급여 제공이 가능하도록 정책적 대안을 마련할 필요가 있다. 이에 각국 정부는 국민 의료복지 차원에서 희귀질환 치료제 개발을 독려하고 원활히 하기 위한 제도를 두고 있다.

미국에서는 1983년 관련 법을 제정해 희귀의약품으로 지정되면 임상 허가 및 심사 절차 간소화, 세금 감면, 임상시험 비용 지원, 심사 신청 비용 면제 등의 다양한 인센티브를 제공하도록 했다. 또한 FDA 품목허가를 취득한 희귀질환 치료제는 일반 신약보다 5배가 높은 판매 가격을 책정할 수 있고, 허가 승인 후 7년간 시장 독점권도 부여받는다. FDA는 시판되지 않았지만 잠재적 치료 효과가 큰 임상 후보물질 위주로 희귀의약품을 지정하고 있다.

국내에서도 미국처럼 희귀의약품 지정 제도를 운영하고 있다. 식약처의 '희귀의약품 지정에 관한 규정'에 따르면 국내 희귀의약품 기준은 환자 수 2만 명 이하인 질환을 대상으로 한다. 또한 희귀의약품은 '희귀질환을 진단하거나 치료하기 위한 목적으로 사용되는 의약품으로 대체 가능한 의약품이 없거나 대체 가능한 의약품보다 현저히 안전성 또는 유효성이 개선된 의약품으로 식약처장의 지정을 받은 의약품'으로 정의된다. 국내 임상 중인 물질을 대상으로 '개발 단계 희귀의약품'으로 지정되면 희귀질환관리법 제 19조에 의해 약사법 규정보다 특례를 받을 수 있다. 품목허가 신청 시 안전성 및 유효성 관련 자료 일부를 면제받을 수 있고, 임상2상 완료 후 조건부로 품목허가를 신청할 수 있다. 재심사 제도를 활용하면 10년간 시장 독점권도 누릴 수 있다.

삼성이 미는 소아 희귀병 신약

2021년 4월 28일, 이건희 전 삼성전자 회장이 타계하면서 유족들이 소아암 및 어린이 희귀질환 환자를 위해 3000억 원을 기부해 화제를 모았다. 일각에서는 고인의 뜻을 받들어 상당액을 기부한 데 대해 감사를 표하면서도 왜 하필 어린이를 대상으로 했는지 궁금해했다. 수많은 질병에 대한 치료가 개발 중인데 유독 소아 환자들을 위한 통 큰 지원을 했기 때문이다. 이에 유족들은 고인의 '인간과 생명 존중'의 경영 철학을 받들어 가정 형편이 어려운 어린이 환자들의 치료비 지원과 소아 희귀난치질환 극복을 위한 연구를 후원한다는 입장을 밝혔다.

'이건희 소아암 희귀질환 극복사업'이라는 이름 하에 기부금은 13종류 소아암 진단·치료(1500억 원), 소아 희귀질환 진단·치료(600억 원), 소아암·희귀질환 연구·인프라스트럭처 구축(900억 원)에 사용된다.

국내 소아암 및 소아 희귀질환 환자는 10만 명이 넘는 것으로 알려져 있다. 어릴 적에 치료 시기를 놓치면 추후 심각한 후유증이나 사망에 이를 수 있는데 대부분은 정확한 진단과 선제적인 치료 방법

찾기가 요원하다. 건강보험심사평가원에 따르면 14세 이하 소아 백혈병 환자가 2020년 총 5011명으로 집계됐다. 백혈병을 포함해 각종 소아암으로 투병 중인 환자는 1만 5000여 명에 달하는 것으로 추산된다. 전문가들은 국내 소아암 환자가 매년 1300명~1500명이 발생하는데 이 중 400명은 치료 시기를 놓쳐 사망하고 있다.

국내 업체들도 희귀질환 치료제 가운데 어린 소아들을 대상으로 한 제품 개발에 나서고 있다. 국내에서 가장 많은 희귀질환 신약 파이프라인을 가진 **한미약품**은 소아 희귀질환에서도 두각을 나타내고 있다. 한미약품이 단장증후군Short bowel syndrome 치료제로 개발 중인 '랩스GLP-2 아날로그(프로젝트명 HM15912)'는 2021년 4월 미국 FDA로부터 희귀질환 치료제 분야 패스트트랙 대상으로 지정됐다. 해당 물질은 앞서 2019년 미국과 유럽에서 희귀의약품으로 지정됐고, 2020년에는 FDA가 소아 희귀의약품RPD으로 지정했는데 이번에 패스트트랙에 올라 신약 허가심사 기간을 단축할 수 있게 됐다. 단장증후군은 선천적이거나 생후 외과적 절제 시술을 통해 전체 소장의 60% 이상이 소실돼 흡수 장애와 급격한 영양실조를 일으키는 희귀질환이다. 전세계적으로 신생아 10만 명 중 약 24.5명에서 발병해 소아 청소년기 성장에 심각한 영향을 미친다. 치료 방법이 대정맥이나 말초혈관을 통해 영양 공급을 인위적으로 확대하는 방법밖에 없는데 이를 하려면 하루 10시간 이상 소요된다. 그렇기 때문에 일상생활이 힘들고, 간부전이나 혈전증 같은 심각한 부작용을 초래할 수 있어 장기생존율은 50% 이하로 매우 낮다. 반면 HM15912는 소장의 융모세포 성장을 촉진해 환자의 영양분 흡수율을 높이는 방식으로 해서 안정적으로 영양분을 공급할 수 있도록 한다.

GC녹십자가 독자적으로 개발한 헌터증후군 치료제는 2021년 11월 유럽 희귀의약품으로 지정을 받았다. 헌터증후군은 'IDS'라는 효소 결핍으로 인해 골격 이상, 지능 저하 등을 일으키는 선천성 희귀질환이다. 남자 어린이 10만~15만 명당 1명꼴로 발생하는데 70%가량의 환자가 중추신경 손상을 동반한다. 헌터라제는 혈관에 투여하는 정맥주사IV 제형으로 2012년 국내 판매허가를 받았다. 하지만 환자의 혈관-뇌장벽BBB을 통과하지 못해 생기는 낮은 효율 문제를 극복하기 위해 회사는 개선된 제품을 내놨다. 중증 환자 대상으로 뇌실내에 직접 투여하는 '헌터라제ICV'로 EMA 희귀의약품 대상이 됐다.

GC녹십자는 또 FDA가 승인한 소아 희귀 간질환 치료제에 대한 국내 독점 판권도 갖고 있다. 미국 바이오텍 **미럼 파마슈티컬스**가 만든 소아 희귀 간질환 '알라질증후군ALGS' 치료제인 리브말리 Livmarli가 2021년 9월 FDA 품목허가를 받았다. 알라질증후군은 간 담도가 감소하고 담즙이 정체되는 소아 희귀 유전질환이다. 지속적이고 심각한 가려움증 때문에 환자는 수면을 방해받게 돼 생활에 불편을 겪고, 신체 성장도 저해된다. 지금까지는 간 이식 외에는 마땅한 치료방법이 없는 상태였다.

SK바이오팜은 2019년 FDA로부터 기면증 치료제 수노시Sunosi(성분명 솔리암페톨)와 뇌전증 치료제인 엑스코프리의 신약 허가를 받았다. 다른 중추신경계 질환 치료제로 6개 제품을 개발 중인데 이 중속도가 가장 **빠른** 것은 소아기에 많이 나타나는 희귀성 뇌전증의 일종인 레녹스- 가스토 증후군Lennox-Gastaut syndrome 치료제다. 카리스바메이트Carisbamate는 2017년 FDA 희귀의약품으로 지정됐으며, 현재 미국에서 임상1상과 2상을 동시 진행 중이다. 카리스바메이트는 2008년

SK가 임상1상 완료 후 **존슨앤드존슨**에 전신발작 등 일반 뇌전증을 적응증으로 해서 기술수출 됐다가 존슨앤드존슨이 3상을 마친 뒤 FDA 신약 허가에 실패한 물질이다. 이에 SK바이오팜은 반환된 물질을 소아 희귀 뇌전증으로 적응증을 변경해 임상을 계속하고 있다. SK바이오팜이 개발에 성공할 경우 또 하나의 희귀질환 치료제가 세 번째 FDA 승인을 받게 되는 것이다.

소바젠은 소아 뇌전증의 주요 원인인 국소 피질 이형성증FCD 치료제를 개발 중이다. 국내 임상1상 중인 SVG101는 절제해야 할 뇌 부위가 넓어 수술이 불가능하거나 수술을 원하지 않는 환자에게 치료 대안이 될 경구용 약물이다. 특히 FCD는 소아들에게 나타나는 뇌전증 가운데 가장 흔한 형태로 뇌 피질층이 발달하는 과정에서 생기는 질병이다. 발작이 지속되면서 점차 뇌 손상으로 이어져 정신지체 장애를 평생 달고 살아야 하는데 현재로서는 뇌 절제술 외에 대안이 없다. 한 번 제거된 뇌의 일부가 영원히 사라진다고 생각하면 소아 뇌전증 환자에게는 상당히 가혹한 일이다. 수술 후 뇌 기능 손상, 출혈이나 발달 장애 등 후유증을 초래하는 만큼 보다 간편한 경구용 약물 개발에 나서고 있다. 소바젠은 환자 26명을 대상으로 임상1상을 마친 뒤 2022년 하반기부터 임상2상에 들어간다는 계획이다.

치료제 외에도 희귀질환 발병 가능성을 체크할 수 있는 진단 제품도 있다. 대표적인 곳은 **메디사피엔스**로 신생아의 희귀질환 발병 여부를 찾아낼 수 있는 진단 시스템을 개발하고 있다. 신생아는 희귀 질환의 가능성을 갖고 있어도 너무 어려서 아직 발현되지 않거나 증상이 나타나도 특정 질병으로 판별하기 힘든데 이를 조기에 진단할 수 있는 보조 장치를 개발하는 것이다. 출생 후 16주, 약 4개월까지의 신생아에 나타날 수 있는 7000여 종 질병 가운데 조기 확진하면 생명을 살리거나 증상을 완화할 수 있는 200여 종이다. 메디사피엔스는 한 번의 채혈로 이 희귀질환의 감염 여부를 판별하는 시스템 구축을 계획하고 있다. 신생아를 대상으로 한 이유는 희귀질환 중 80%가 유전적 요인에 기인한 것으로 이 중 절반 이상이 소아에게서 발생하기 때문이다. 유전적 이유로 인한 소아 희귀질환은 인척간 결혼이 많은 중동 지역에서 많이 발생하는데 메디사피언스는 그들 나라로 수출을 타진 중이다. 강상구 메디사피엔스 대표는 "아랍 국가들은 종교나 문화적으로 사촌 간 결혼이 허용되고 있어 유전성 질환이 매우 흔하다"며 "신생아 때부터 희귀질환이 발생할 가능성이 높은 만큼 간단한 진단을 통해 사전에 발병 가능성을 선별해내는 것이 중요하다"고 밝혔다.

검사 방식은 신생아 발뒤꿈치에서 채취한 미량의 혈액에서 얻은 DNA를 메디사피엔스가 개발한 희귀질환 검사 패널과 NGS(차세대 염기서열 분석)를 통해 진행한다. 메디사피엔스의 분석 결과 소프트웨어인 'MedyCVi'는 유전자 변이, 단백질 변화 형태 등 여러 정보를 활용해 검출된 변이를 양성, 병원성, VUS(불확실성 변이형)으로 구분한다. 양성은 희귀질환 발생 가능성이 없는 것이고, 병원성은 가능성이 높은 것, VUS는 확정할 수 없다는 의미다. 강상구 대표는 "기존 검사법으로는 희귀질환 유무를 아직 판정할 수 없다는 뜻의 VUS가 90% 이상 나와 진단의 의미가 축소된다"며 "하지만 MedyCVi를 쓰면 VUS는 낮아지고, 양성과 병원성 판별이 증가한다"고 설명했다.

8

'원소스 멀티유스'
플랫폼 기술 전략

플랫폼platform은 원래 수많은 사람이 다니는 기차역의 정거장을 의미하는데 바이오업계는 이를 유추해 다양한 작업을 반복적으로 해볼 수 있는 기반, 즉 '총괄적인 개발 시스템' 정도로 설명한다.

알테오젠이 2020년부터 수조 원대 기술수출에 성공한 인간 히알루로니다제 'ALT-B4'는 앞으로도 글로벌 제약사들을 상대로 지속적인 판매가 가능한 대표적인 플랫폼 기술이다. 박순재 알테오젠 대표는 "ALT-B4는 신약 후보물질이 아니라 기존에 나와 있거나 개발 중인 정맥주사형 치료제를 피하주사로 변환시킬 수 있는 플랫폼"이라며 "앞으로도 추가 기술수출 계약을 계속해서 체결할 것"이라고 밝혔다. 정맥주사는 링거 주사처럼 병원에 가서 의사가 정맥을 찾아 2시간~3시간 주사해야 하지만 이를 피하주사로 바꾸면 당뇨병 환자가 스스로 인슐린을 피부에 주사하는 것처럼 집에서 간편하게 투여할 수 있다. 병원 방문이 힘든 바쁜 직장인이나 거동이 불편한 고령자 등에게 적합하다.

ALT-B4가 플랫폼 기술이기 때문에 정맥주사형 치료제를 피하주사로 바꿔 신제품을 출시하려는 제약사들로부터 러브콜이 이어질 수밖에 없다. ALT-B4를 도입하려는 업체들을 상대로 기술수출이 지속적으로 발생할 수 있는 것이다. 물론 특정한 약은 정맥주사형을 피하주사로 바꾸면 치료 효과가 떨어지거나 피하주사 전환이 아예 불가능한 경우도 있어 알테오젠 플랫폼 기술을 적용하지 못할 수도 있다. 병원에 누워 수 시간 동안 링거로 천천히 맞는 정맥주사 형태를 짧은 시간 내에 투여해서 동일한 효과를 내려면 피하주사를 고농도로 만들어야 하는데 이 과정에서 약물 흡수가 잘 안 되어 효능과 안전성 등에서 문제가 생길 수 있기 때문이다. 하지만 전환이 가능한 약들이 매우 많기 때문에 알테오젠은 플랫폼 기술 하나로 무궁한 수익을 창출해낼 수 있는 것이다.

히알루로니다제hyaluronidase는 원래 돼지나 소, 양의 고환에서 추출한 효소로 정자가 난자와 착상하기 위해 난자를 둘러싼 보호막을 분해시키는 물질이다. 동물에서 나오는 히알루로니다제는 필러 시술 후 울퉁불퉁해진 피부를 펴주거나 안과 수술 시 병용 투여에 주로 쓰인다. 반면 히알루로니다제를 남성 정자 끝에서 찾아내기도 하는데 이것을 동물과 구분해 '인간 히알루로니다제'라고 부른다. 이는 동물 추출물처럼 성형에 쓰일 수도 있지만 바이오의약품 시장에서 정맥주사를 피하주사로 바꿀 수 있는 효능을 갖고 있다. 몸에 맞은 주사가 효과를 내려면 약물이 피부 아래에 있는 피하층에 투과되어야 하는데 피부 속 방어기제 때문에 높은 활성을 나타내기 힘들다. 약물이 이 같은 방어막을 뚫고 혈액 속으로 잘 스며들도록 일종의 길을 내주는 것이 인간 히알루로니다제, 즉 ALT-B4 같은 플랫폼이다. 알데오젠이 만든 피하주사형 변환 플랫폼 기술은 미국 **할로자임**에 이어 전세계 두 번째다. 할로자임 역시 'PH20'이라는 유사한 플랫폼 기술을 **로슈**, **얀센**, BMS 등 다국적 제약사에 수출해 큰 수익을 내고 있다.

잘 만든 플랫폼 기술 하나면 지속적인 수익 창출이 가능하기 때문에 제약바이오 업체들은 다양한 분야에서 플랫폼 개발을 서두르고 있다. 신약을 만드는 회사들도 플랫폼 기술 확보에 나서는 추세다. 자체 신약 개발 플랫폼 기술을 갖고 있으면 후보물질 발굴을 좀 더 빠르고 쉽게 할 수 있고, 도중에 약 개발이 중단되더라도 같은 플랫폼에서 다른 후보물질을 찾아내 지속적으로 개발할 수 있기 때문이다. 플랫폼 없이 후보물질 하나만을 외부에서 들여와 개발하다가 중간에 실패할 경우 그것으로 끝이지만 제대로 된 플랫폼이 있으면 하나가 망가져도 다른 것으로 대체 작업이 가능해진다. 업계 관계자는 "자체 플랫폼 기술이 없으면 지속적으로 신약을 출시하기 힘들고, 단편적인 개발에 그칠 위험이 크다"며 "임상이 실패하더라도 플랫폼을 따라 다른 약을 개발할 수 있기 때문에 기업의 능력을 판단할 때 플랫폼 기술의 보유 여부가 중요하다"고 말했다.

최근에는 AI를 도입한 플랫폼으로 신약 개발의 효율성을 높이고 있다. 기존에는 후보물질을 찾고, 약효와 안전성을 검사하는 데 일일이 조사가 필요했지만 지금은 AI 빅데이터를 통해 소수의 후보물질을 추려낼 수 있다. AI 기술까지 가미해 후보물질 발굴부터 임상

데이터 확보, 약효 검증 등을 각자 플랫폼에 저장된 방식과 경로를 따라 진행함으로써 신약 출시를 앞당길 수 있는 것이다.

JW중외제약 자회사인 **C&C신약연구소**가 보유한 AI 기반 빅데이터 플랫폼 '클로버'는 300종이 넘는 암세포주, 유전자 정보 등을 갖고 있다. 신약을 개발하려면 수만 가지 단백질 결합 형태를 따져봐야 하는데 클로버는 암 유전체 정보는 물론 화합물, 약효 예측 등을 데이터베이스화해서 질환 특성에 맞는 후보물질을 골라낼 수 있다. 클로버를 통해 유효 물질을 찾아내고, 신약 개발 시 약효 등을 예측해 상용화 여부를 신속히 판단할 수 있다. JW중외제약이 클로버를 활용해 찾아낸 9종의 후보물질 가운데 3개는 현재 임상 단계다. 클로버 플랫폼으로 발굴한 아토피 피부염 치료제 'JW1601'와 통풍 치료제 'URC102'를 글로벌 제약사에 기술수출하기도 했다.

와이바이오로직스의 이중항체 플랫폼 '앨리스'는 면역 T세포를 암 종양에 근접시켜 항암 효과를 높일 수 있는 기술이다. 회사 측은 이 플랫폼에 다양한 항체를 싣게 되면 항암제 외에도 다른 분야의 치료제를 만들 수 있다고 강조한다. 2020년 12월 회사는 앨리스 플랫폼을 활용한 이중항체 신약 후보물질(YBL-013)을 중국 3D메디슨에 약 952억 원 규모로 기술수출을 하기도 했다.

제약 플랫폼 기술 우위를 강조해온 **한미약품**은 랩스커버리, 펜탐바디, 오라스커버리 등 3개 플랫폼을 갖고 있다. 이 가운데 '랩스커버리'는 단백질 의약품의 반감기를 늘려 약효의 지속성을 연장시키고 투약 횟수를 크게 줄임으로써 환자의 삶의 질을 개선할 수 있다. 한미약품이 기술수출했거나 보유한 신약 파이프라인 30여 개 중 13개에 이 플랫폼 기술이 적용됐다. '오라스커버리'는 주사용 항암제를 경구용 제제로 바꿀 수 있는 플랫폼 기술로 기존 정맥주사 대비 효능과 편의성이 우수하고 부작용 발생을 줄이는 장점이 있다. 미국 제약업체인 **아테넥스**에 기술수출되어 오락솔, 오라테칸, 오라독셀 등의 약으로 개발되고 있다. 이 중 '오락솔'은 FDA와 EMA에서 혈관 육종 희귀의약품으로 지정되기도 했다.

이밖에 최근 미국에서 신약을 출시한 **SK바이오팜도** 'SKBP 디스커버리 포털', '약물 설계 시스템'과 같은 AI 기반 신약 개발 플랫폼을 갖고 있다. 이 플랫폼은 단순히 약물의 특성 예측을 넘어 물질 특허가 가능한 새로운 화합물까지 설계할 수 있기 때문에 신약 후보물질 발굴에 소요되는 시간과 비용을 크게 줄일 수 있다. 특히 중추신경계에 특화된 방대한 화합물 라이브러리를 구축해서 다양한 신경 관련 치료제 개발로 연결시킬 수 있다.

국산 신약 34호까지 나왔지만….

말 그대로 기존에 없던 새로운 약으로 식품의약품안전처의 품목 허가를 받은 국산 신약 숫자는 1999년 **SK케미칼**의 위암 치료제 선플라Sunpla를 시작으로 2022년 1월 말 기준 34개다. 제네릭과 바이오시밀러가 제약바이오업계 수익의 대부분을 차지하고 있지만 이 약들은 복제약인 만큼 국산 신약에 포함되지 않는다.

2021년에는 1분기에만 **유한양행**의 폐암 치료제 렉라자Leclaza, **셀트리온** 코로나19 항체치료제 렉키로나, **한미약품** 호중구감소증 치료제 롤론티스까지 국산 신약은 3개를 추가했다. **대웅제약**의 위식도역류질환 치료제 펙수프라잔Fexuprazan이 2021년 12월 품목허가를 받아 국산 신약은 2022년 2월 말 기준 34개로 늘어났다. 펙수프라잔은 앞서 30호 국산 신약 허가를 받은 **HK이노엔**의 케이캡K-CAB과 같은 칼륨 경쟁적 위산분비차단제(P-CAB) 계열의 위식도 역류질환 치료제다. 2021년 중국 **상하이하이니**와 3800억 원, 미국의 **뉴로가스트릭스**와 4800억 원 등 4건의 펙수프라잔 기술수출 규모는 1조 원이 넘는다. 국내에서는 2022년 상반기 출시를 예정하고 있다.

하지만 수많은 제약바이오 업체들이 생겨나 신약 개발에 매진하

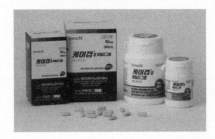

HK이노엔의 국산 신약 30호 '케이캡'

출처: HK이노엔

고 있는 점을 감안하면 국산 신약 숫자가 이제껏 34호에 그치고 있는 점은 다소 아쉽다. 물론 업체들도 나름의 이유는 있다. 당장에 수익을 내서 먹고살기 바쁜 기업들로서는 신약 개발이 예전만큼 핵심 과제가 아니다. 신약 개발은 장기 프로젝트로서 회사의 위상과 미래 가치를 높일 수 있긴 하지만 기존에 없는 새로운 약을 개발하는 데 들어가는 투자 비용 대비 수익성은 매우 낮다. 업계 인사는 "큰 비용과 시간을 투자해 국산 신약을 완성해도 국내외에서 수익을 장담하기 힘들다"며 "국내에서 임상하는 와중에 해외에서 유사한 약이라도 출시되면 비용을 날려버릴 위험도 있다"고 말했다.

식약처에 따르면 연 매출액 100억 원이 넘는 제품은 케이캡(**HK이노엔**), 카나브(**보령제약**), 제미글로(**LG화학**), 놀텍(**일양약품**), 듀비에(**종근당**), 펠루비(**대원제약**) 등 6개에 불과하다. 이 중 당뇨 신약인 제미글로Zemiglo는 2019년~2021년 3년 연속 1000억 원이 넘는 매출을 기록한 국내 최대 국산 신약이다. 특히 2019년 3월 출시된 케이캡정은 그해 말까지 매출액이 약 309억 원으로 국산 신약 가운데 최단 기간(9개월)에 300억 원을 넘어섰다. 코로나19 팬데믹에도 불구하고 2020년은 약 761억 원, 2021년에는 1096억 원의 원외 처방액을 기록했다. 위식도 역류질환 치료에 쓰이는 케이캡은 칼륨 경쟁적 위산분비 차단제로 불리는데 기존의 약 대비 효과가 빠르고, 야간에 위산분비를 억제하는 등 지속력이 높다. 국내에서 미란성 위식도역류질환, 비미란성 위식도역류질환, 위궤양, 헬리코박터 파일로리균 제균 요법 등 4개의 적응증으로 허가받았다. 미국 시장 진출을 위해 2020년 6월 FDA로부터 케이캡의 임상1상 승인을 받았다. 2021년 12월에는 미국 소화기의약품 전문 제약기업 **세벨라**의 자회사 **브레인트리**에 6400억 원 규모로 기술수출했다. 케이캡은 현재 국내를 포함해 27개 국에 진출해 있다.

반면 국산 신약이라는 타이틀을 얻고도 말로가 좋지 않은 제품들도 많다. 지금까지 국산 신약 가운데 판매가 중단된 품목은 13개나 된다. **코오롱생명과학**의 골관절염 치료제인 인보사Inbossa는 2017년에 29호 국산 신약 허가를 받았지만 2년 만에 허가 취소로 판매가 금지됐다. 인보사는 사람의 연골세포가 담긴 1액과 통증 완화 및 면역 조절 등을 하는 연골세포 성장인자를 가진 형질전환세포TC로 구성된 2액을 골관절에 주사하는 치료제다. 하지만 출시된 인보사의 2액에 있는 형질전환세포가 허가 당시에 기재된 연골세포가 아니라 신장세포, 일명 293유래세포에서 나온 것으로 드러나면서 문제가 불거졌다. 293유래세포는 원래 숨진 태아의 신장에서 유래한 세포로 증식력이 왕성해 실험실에서는 사용됐지만 약에 적용한 사례는 없어 인체에 들어갔을 때 안전성이 입증되지 않은 상태였다. 이에 식약처는 인보사 주성분에 허가 당시 제출한 자료와 다른 성분이 포함된 것을 확인하고 2019년 7월 9일자로 품목허가를 취소했다. 하지만 인보사 사태로 중단됐던 미국 임상3상은 FDA 허가를 받아 2021년 12월 말 재개됐다. 임상3상은 미국 내 80여 개 의료기관에서 총 1020여 명을 대상으로 진행해 2023년 투약 완료를 예정하고 있다.

27호 국산 신약인 **한미약품**의 올리타정Olita 의 경우 허가 후 2년여

만인 2018년 4월부터 판매가 중단됐다. 폐암 치료제로 개발된 올리타정이 복용 후 부작용 발생과 경쟁 약 출시 등으로 시장성이 없다고 판단한 데 따른 것이다. 국산 1호 신약인 선플라와 **동화약품**의 간암 치료제 밀리칸Milican 등도 비슷한 이유로 시장에서 사라졌다.

동아에스티는 슈퍼항생제 시벡스트로Sivextro를 개발해서 2015년~2016년 주사제와 알약 형태의 제품까지 총 2종을 국산 신약 24호~25호로 출시했지만 2020년 6월 품목허가를 자진 취하했다. 허가 후 6년 이내에 3000건 상당의 시판 후 안전성 조사PMS 자료를 제출할 수 없어 허가를 스스로 반납하기로 한 것이다. 시벡스트로는 기존 항생제에 내성을 갖는 슈퍼박테리아를 없애는 항생제로 황색포도상구균을 포함한 급성 세균성 피부질환 치료 등에 쓰는 약이다. 2014년 FDA 허가를 받아 **머크**가 미국 시장에서는 판매하고 있다. FDA 허가 직후 보험 급여를 통해 국내 출시를 노렸지만 낮은 보험 약가를 제시한 정부 측과 약가 협상이 난항을 겪으면서 시장에 나오지 못했다.

2020년 8월에는 **삼성제약**의 췌장암 치료제 리아백스Riavax의 신약 조건부 허가가 취소되기도 했다. 리아백스는 임상3상을 조건으로 21호 국산 신약 허가를 받았다. 하지만 삼성제약이 췌장암 환자 148명에 대한 임상3상 결과 보고서를 시한 내에 제출하지 못하자 식약처는 직권으로 허가 취소를 결정했다. **젬백스엔카엘**은 2008년 노르웨이의 바이오 기업을 인수한 뒤 'GV1001' 물질을 확보해 국내에서 췌장암 면역치료제로 리아백스 임상3상을 진행해 국산 신약 21호로 조건부 허가를 받았다. 삼성제약이 리아백스의 국내 실시권을 이전받아 개발을 속개해왔다. 삼성제약은 2020년 12월 말 리아백스에 대한 임상 3상을 완료하고, 결과 보고서를 토대로 정식 허가 신청을 다시 준비 중이다.

한국제약바이오협회에 따르면 2021년 5월 기준 국내 주요 제약바이오 업체 193개사는 1477개 신약 파이프라인을 보유하고 있다. 임상3상에 있는 것은 116개(7.9%)인 반면 임상2상은 169개, 1상은 266개이고, 대다수는 동물 대상의 전임상 단계이거나 그 앞단의 후보물질 확보에 그치고 있다. 개발 비중은 합성신약(40.6%)이 바이오신약(36.6%)보다 조금 더 높다.

4부

___

미래 신기술 선점 경쟁은 어디서

1

요구르트가 연상되는
마이크로바이옴

마이크로바이옴microbiome 치료제는 장내 미생물을 통해 자연적인 치유 효과를 낼 수 있어 최근 바이오업계가 큰 관심을 가지는 분야 중 하나다. '장내 미생물=유산균' 등식에 익숙한 우리나라에서는 유산균 하면 요구르트를 떠올리는 사람들이 많다. 마이크로바이옴은 요구르트에 있는 유익한 균의 작용을 통해 질병의 치료 효과를 높이는 것으로 생각하면 이해하기 쉽다.

마이크로바이옴은 미생물 군집을 의미하는 'microbiota'와 유전체를 뜻하는 'genome'의 합성어로 우리 몸속에 사는 장내 미생물인 장내 균과 그 유전적 정보를 뜻한다. 쉽게 말하면 인체에 서식하는 세균, 바이러스, 곰팡이 등 미생물과 그와 관련된 유전체 전체를 일컫는다. 인간의 몸속에는 100조 개가량의 장내 미생물이 있는데 이는

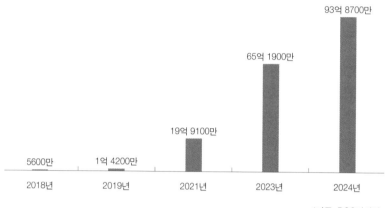

세계 마이크로바이옴 신약 시장 규모 (단위: 달러)

93억 8700만

65억 1900만

19억 9100만

5600만   1억 4200만

2018년   2019년   2021년   2023년   2024년

*자료: BCC리서치

인체의 세포 수보다 2배 이상 많은 것이다. 장내 미생물에는 면역세포의 70%~85%가 존재하고 사람 유전자의 99%가 장내 미생물에서 결정된다고 하니 질병 예측과 신약 개발을 위해 마이크로바이옴을 분석하는 일이 중요해지고 있다. 마이크로바이옴과 같은 장내 미생물을 '제2의 게놈'이라고 부르는 이유다.

최근 연구를 통해 알레르기, 영양소 대사, 신경계·면역계 질환 등과 마이크로바이옴의 연관성이 속속 밝혀지면서 앞으로 신약 개발에 마이크로바이옴을 활용할 수 있다는 기대감이 날로 커지고 있다. 다양한 신체 부위에서 미생물들은 건강한 생태계를 이루는데 장내 미생물이 불균형한 상태dysbiosis가 되면 다양한 질병이 발생한다. 즉 장내 세균의 양이 감소하고, 유익균 대신 염증을 일으키는 유해균이 증가하는 등 장내 미생물 불균형이 되면 암을 비롯해 천식과 아토피, 건선, 고혈압, 비만이나 당뇨 등 대사질환, 염증성 장질환 등 각종 질병을 일으키게 되는 것이다. 일부 연구에서는 면역항암제가 잘 듣는 환자일수록 장내 마이크로바이옴의 다양성이 높다거나 제 1형 당뇨를 제외하면 인간 유전체에 비해 바이크로바이옴의 질병 예측력이 디 뛰어나다는 설명도 있다. 이런 상황에서 다양한 유익균과 유해균이 생성되는 원리 및 질병과의 연관성 등을 분석하면 식품이나 화장품은 물론 신개념의 치료제 개발 등에도 활용할 수 있다. 또한 주사제가 아닌 경구용으로 만들어 복약의 편의성을 높일 수 있는 것도 강점이다. 무엇보다 몸속의 유산균을 이용하다 보니 합성의약품에 비해 부작용은 훨씬 덜 하고 안전하기 때문에 치료 효과만 입증된다면 수요는 무궁무진하게 된다. BCC리서치에 따르면 마이크로바이옴 기반 치료제의 시장 규모는 2019년 1억 4210만 달러에서 2024년 93억 8750만 달러에 달할 전망이다.

하지만 다른 약 대비 치료 효과가 어떤지에 대한 검증이 어렵기 때문에 전세계적으로 마이크로바이옴에 기반한 치료제는 아직 임상 단계에 그치고 있다. 글로벌 초대형 제약사로는 **화이자**나 **머크, 존슨앤존슨** 등이 마이크로바이옴을 활용한 신약 개발에 나서고 있다. 화이자는 비만과 대사 장애 관련, 존슨앤드존슨은 미국 바이오텍이 개발하던 염증성 장질환 마이크로바이옴 치료제를 2억 4100만 달러에 기술이전 받아 임상을 하고 있다. 일본 내 1위 제약사인 **다케다제약**도 염증성 장질환과 크론병 분야에서 마이크로바이옴 치료제 개발에 나서고 있다.

현재 전세계적으로 마이크로바이옴 치료제 개발 속도가 가장 **빠른** 곳은 미국 바이오텍인 **세레스 테라퓨틱스**다. 세레스는 '클로스트리디오이데스 디피실C. difficile' 감염증에 대해 경구용 마이크로바이옴 신약 임상 3상을 마쳤고, 2022년 미국 FDA 품목허가를 받아 전세계 최초로 마이크로바이옴 치료제 상용화를 앞두고 있다. C. 디피실은 잦은 항생제 투여로 장내 미생물 균형이 파괴되어 설사를 일으키는 병으로, 매년 미국에서만 2만여 명이 목숨을 잃고 있다. 세레스가 임상을 마친 후보물질 'SER-109'는 장내 미생물 변화를 통해 질병 발생을 통제하는 기전을 갖고 있다. 세레스는 이밖에 궤양성대장염, 흑색종 등에 대해서도 마이크로바이옴 치료제를 선도적으로 개발하고 있다. 또 다른 미국 업체 **에벨로 바이오사이언스**는 아토피 피부염과 건선 쪽에서 각각 임상1상~2상을 진행 중이다.

하지만 마이크로바이옴 분야는 글로벌 기업들도 아직 초기 단계이기 때문에 국내 제약사들도 해외 시장을 겨냥해 비교적 동등한 위치에서 경쟁해볼 수 있는 분야 중 하나다. 국내 업체들 가운데 마이크로바이옴으로 임상시험 속도가 가장 빠른 곳은 **고바이오랩**이다. 이 회사는 건선 치료 후보물질 'KBLP-001'에 대해 호주에서 임상 1상을 마치고, FDA로부터 임상2상 승인을 받아 개발하고 있다. 마이크로바이옴을 활용한 궤양성대장염 치료제(KBLP-007)는 미국에서, 천식·아토피 치료제(KBLP-002)는 다국가 임상으로 각각 임상 2상을 준비중이다. 이밖에 면역항암, 비알콜성지방간염, 자폐증 관련 마이크로바이옴 신규 후보물질도 추가 확보했다. 고바이오랩은 2021년 10월 중국 **상하이의약그룹** 자회사인 **신이**에 마이크로바이옴 균주 'KBL697'과 'KBL693'를 중국과 홍콩, 마카오, 대만에서 개발 및 상업화할 수 있는 권리를 1억 1000만 달러에 기술이전하는 계약을 체결했다.

지놈앤컴퍼니는 마이크로바이옴에 기반을 두고 항암제 등의 신약을 개발하고 있다. 이 회사는 마이크로바이옴을 이용한 면역 항암 치료물질 'GEN-001'을 미국과 국내에서 동시 임상을 진행 중이다. GEN-001은 비소세포폐암, 두경부암, 요로상피암 등의 고형암을 대상으로 하는데 해외 제약사인 머크, 화이자와 임상시험 협력 및 공급 계약을 체결하기도 했다. 또한 뇌질환 마이크로바이옴 치료제 'SB-121'은 미국에서 2021년 8월 자폐스펙트럼ASD 첫 환자 투약을 개시했고, 2022년에 임상 2상 진입을 목표로 하고 있다. SB-121은 안전한 생균기반의약품을 활용해 이미 전임상에서 자폐증 완화에 영향을 주는 옥시토신Oxytocin 분비를 증가시키는 것으로 확인됐다. 지놈앤컴퍼니는 자체 개발 중인 항암제를 기존에 나온 면역항암제들과 병용 투여하는 임상도 계획하고 있다. 폐암 등의 다양한 암 치료에서 키트루다, 옵디보 등 기존 면역항암제를 쓰고 난 뒤 내성이 생겼거나 효능이 떨어지는 환자들을 상대로 병용할 수 있는 마이크로바이옴 항암제를 개발하는 것이다.

마이크로바이옴 기반 신약을 개발업체 **천랩**은 염증성 장질환과 신경계 질환 등 기존의 방법이 잘 듣지 않는 분야에서 치료제를 개발하고 있다. 천랩은 독자 개발한 '정밀 분류 플랫폼'과 한국인 등 10만 명의 인간 장내 미생물 데이터베이스를 보유하고 있다. 또한 균주은행에 5600주 이상의 균주를 확보하고 있어 마이크로바이옴 신약 후보물질을 찾는데도 수월하다. 천랩은 2021년 7월 **CJ제일제당**에 회사 지분 44%를 약 983억 원에 매각하는 계약을 체결하기도 했다.

제약사인 **HK이노엔**을 손자회사로 두고 있는 **한국콜마홀딩스**는 바이오 분야에서 마이크로바이옴 사업을 키우고 있다. 즉 2020년 11월 고바이오랩의 마이크로바이옴 신약 후보물질을 들여와 아토피피부염, 염증성 장질환 등 자가면역질환 신약을 개발 중이다. 같은해 12월에는 마이크로바이옴 전문벤처인 **MD헬스케어**로부터 염증 및 호흡기질환 신약 후보물질 'MDH-001'에 대한 도입 계약을 체결했다.

　이밖에 1995년 설립된 뒤 2002년 코스닥에 상장한 **쎌바이오텍**은 국내 미생물 연구와 마이크로바이옴 치료제 개발 1세대 기업으로 꼽힌다. 쎌바이오텍은 대장암 치료에 쓰이는 마이크로바이옴 치료 물질 'PP-P8'에 대해 식품의약품안전처에 임상1상 계획을 신청했고, 허가를 받는대로 임상에 진입할 계획이다. 정명준 쎌바이오텍 대표는 "대장암 신약 PP-P8은 경구약으로 복용이 간편하다"며 "알약을 1g 투약하면 7m 길이 장내 곳곳에서 유익균 1000억 마리가 번식하면서 손상 부위를 회복시켜 준다"고 설명했다. 그는 또 "장내 유산균에서 분리한 물질을 300배 증폭시켜 마우스에게 주입했더니 높은 치료 효과가 나왔다"며 "앞으로 다른 의약품과 병용 투여까지 한다면 더 높은 치료 효과를 기대할 수 있다"고 설명했다. 쎌바이오텍은 대장암 외에 위암과 간암, 크론병에 대해서도 PP-P8의 적응증을 확대할 계획이다.

프로바이오틱스? 프리바이오틱스? 헷갈리네

장내 미생물을 활용한 바이오의약품을 다룰 때 마이크로바이옴과 혼동을 일으키는 용어 중 하나는 프로바이오틱스probiotics다. 둘 다 장내 세균을 활용해 몸의 활성화와 건강에 도움을 준다는 차원에서는 비슷하지만 결론적으로 얘기하면 마이크로바이옴이 프로바이오틱스를 포괄하는 좀 더 큰 개념이다. 즉 프로바이오틱스는 장내에 살아 있어 장내 환경에 좋은 영향을 주는 유익균을 뜻한다. 체내에 들어가 건강에 좋은 효과를 유발하는 살아 있는 균으로 락토바실러스균, 비피더스균 등이 대표적이다. 글로벌 협회에서는 프로바이오틱스를 '적당량을 섭취했을 때 장내 숙주 건강에 이로움을 제공하는 살아 있는 미생물'로 정의한다. 이를 학문적으로 처음 연구한 일리야 메치니코프 박사는 불가리아인들의 장수 비결을 그들이 즐겨 먹는 요구르트 유산균과 연결시켰는데 그것이 프로바이오틱스의 일종이다.

반면 마이크로바이옴은 유익한 균인 프로바이오틱스뿐만 아니라 유해균까지 포함하는 등 인체와 관련된 모든 미생물을 대상으로 하는 개념이다. 프로바이오틱스가 우리 몸에 유익한 영향을 주는 균 자체의 기능과 작용을 활용하고자 하는 것이라면 마이크로바이옴은 미생물의 종합적인 정보를 이용해 인체와의 상관관계를 규명함으로써 의약품 개발 등에 도움이 될 수 있는 것이다. 따라서 마이크로바이옴은 미생물과 관련한 유전적 정보와 생태계 등을 총체적으로 아우르는 개념이다. 그렇기에 범위를 따진다면 '마이크로바이옴 〉프로바이오틱스'가 되는 것이다. 업계 관계자는 "마이크로바이옴은 미생물과 그 유전체 전체를 지칭하지만 프로바이오틱스는 몸속에서 유용한 작용을 하는 약 19종의 미생물만을 의미한다"며 "마이크로바이옴은 유익한 균과 그렇지 않은 것들이 다 함께 존재하는 생태계"라고 말했다. 그는 "마이크로바이옴은 몸속의 생태계가 균형을 이루는 것이 중요하기 때문에 나쁜 균을 모조리 없애는 것만이 최선은 아니다"며 "애초에 건강한 장 속에는 유해한 '클로스티리디움'이라는 균이 있는데 당초 이 같은 해로운 균도 생태계가 균형 상태가 되면 질병을 유발하지 않는 항상성을 유지하게 된다"고 설명했다.

프로바이오틱스와 자주 혼동하는 또 다른 용어는 프리바이오틱스prebiotics다. 이는 프로바이오틱스의 먹이가 됨으로써 프로바이오틱스의 장내 정착과 생장을 돕는 역할을 하는 물질이다. 즉 장내에 유익한 미생물(프로바이오틱스)의 생장을 촉진하거나 활성화시키는 물질로서 식이섬유 등이 대표적이다. 최근에는 장내에서 프로바이오틱스가 더욱 잘 번식할 수 있도록 프리바이오틱스를 함께 넣어 배합하는 방식이 생겨나고 있다. 유산균과 이를 키우는 먹이가 한곳에 들어 있으면 균의 생장 환경이 개선되어 건강에 보다 도움을 주는 제품을 만들 수 있다.

2

비싼 값 하는
세포 유전자 치료제

유전자 돌연변이로 발생하는 척수성 근위축증SMA은 숨을 쉬는 등 기본적인 활동이 힘들어지는 질환이다. 미국의사협회에서 발행하는 ≪신경학저널≫에 따르면 이 병을 앓는 환자 중 90% 이상이 만 2세 이전 사망하거나 평생 호흡 장치에 의존한다. 신생아 2만 명당 1명 꼴로 발병하며 한국에서도 연간 20여 명의 영아 환자가 발생한다. 신생아 유전질환 중 사망 원인 1위로 알려져 있다.

비정상 단백질의 응집체인 아밀로이드가 심장에 침투해 심장의 장애를 일으키는 트랜스티레틴 아밀로이드 심근병증ATTR-CM은 전세계 유병률이 10만 명당 1명으로 극히 드물지만 발병 3년 내 환자의 절반이 사망할 정도로 무서운 질환이다.

하지만 이제 주사 한 방으로 이러한 불치병들을 고치는 시대가 온

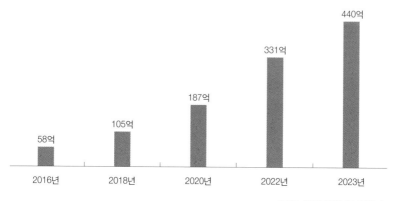

세계 유전자 치료제 시장 규모 (단위: 달러)

440억
2023년

331억
2022년

187억
2020년

105억
2018년

58억
2016년

*자료: 생명공학정책연구센터

다. RNA 치료제 등 유전자를 활용한 치료가 잇따라 개발되며 그동안 불치병으로 불렸던 희귀질환 치료제들이 속속 등장하고 있다. 이들 치료제는 유전공학적인 조작을 통해 유전자의 돌연변이를 한 번에 바로잡을 수 있다는 점 때문에 의학계에서 각광받고 있다.

유전자 치료제는 세계 최대 의약품 시장인 미국을 중심으로 폭발적인 성장세를 이어가고 있다. 미국 재생의료협의회에 따르면 2019년 1분기 글로벌 시장에서 진행된 유전자 치료제 임상시험은 372건으로 전년 같은 기간보다 20% 가까이 늘었다. 상용화 확률이 반반인 임상3상 단계의 유전자 치료제도 32건에 달한다. FDA도 2025년까지 매년 20개 이상의 유전자 치료제가 출시될 것이라는 보고서를 내놓은 바 있다.

노바티스가 2019년 5월 출시한 척수성 근위축증 치료제 졸겐스마 Zolgensma는 환자가 평생 한 번만 주사를 맞으면 되는 혁신적인 치료제다. 태어나자마자 운동신경세포가 죽어가는 척수성 근위축증은 정상적인 SMN1(생존운동 신경원) 유전자가 결핍되어 발생한다. 무언가를 삼키기도 어려워지고, 숨도 쉴 수 없어진다.

졸겐스마는 아데노 바이러스에 SMN1 유전자 조각을 삽입했다. 몸 안에 들어간 바이러스는 인간에게 결핍됐던 SMN1 유전자를 방출하고, 우리 몸은 이를 활용해 신경세포에 필요한 단백질을 만들어낸다. 운동신경세포는 분열하지 않고 오래 생존하는 만큼 1회 투여로 꾸준히 약효를 낼 수 있다. 바이러스가 불치병 환자를 고치는 약이 된 셈이다. 임상 결과 환자들은 투여 후 평균 한 달 내 운동기능이 개선됐다. 앉기와 말하기도 가능해졌고, 걷는 환자도 생겼다. 임상3상에서 생후 4개월된 21명의 환자에게 졸겐스마를 투약했는데 4년 뒤 19명이 생존했다. 2021년 5월 국내에서도 품목허가를 받았다.

하지만 문제는 가격이다. 졸겐스마는 비싸다. 한 번 맞는 비용이 212만 5000달러로 세계에서 가장 비싼 치료제 중 하나다. 하지만 개발사인 노바티스는 경쟁 약물과 비교했을 때 오히려 싼 편이라고 강조한다. 졸겐스마가 개발되기 전 척수성 근위축증 치료제는 바이오젠의 스핀라자Spinraza밖에 없었다. 그런데 스핀라자 투약에는 첫 회에 75만 달러가 들고, 두 번째 해부터는 매년 37만 5000달러가 필요하다. 스핀라자로 10년 치료받는 것보다 졸겐스마를 한 번 맞는 게 나은 셈이다. 이를 증명하듯 졸겐스마는 2021년 유전자 치료제 중 최초로 연매출 10억 달러를 넘어섰다.

물론 졸겐스마 개발 전까지 유일한 척수성 근위축증 치료제였던 스핀라자 역시 유전자 치료제의 한 예다. 스핀라자는 앞서 언급했듯 인위적으로 만든 RNA를 통해 질병을 발현시키는 유전자를 차단하는 RNA 간섭 치료제로 단백질 합성과 유전자 조절 등에 관여하는 유전물질인 RNA를 활용한다. 연구진이 인위적으로 만들고 구조를 바꾼 조그마한 이중나선 구조의 RNA가 인체 내부에서 특정 단백질을 합성하는 RNA와 결합해 단백질 합성을 조절하는 방식이다. 구체적으로 SMN1 유전자 자체를 삽입하는 졸겐스마와 달리 SMN1과 비슷한 유전자 SMN2에 결합해 발현을 촉진하고 이를 단백질로 바꿔준다. SMN2는 척수성 근위축증의 발병에 관여하지 않지만 스핀라자와 결합하면 충분한 길이의 SMN 단백질을 생성해 운동신경세포를 활성화한다.

앨나이램 파마슈티컬이 개발한 온파트로Onpattro도 RNA 간섭 치료제다. 희귀병인 트란스시레틴 아밀로이드증을 앓고 있는 환자에 쓰인다. 트란스시레틴 아밀로이드증은 유전자 변형이 일어난 단백질이 심장이나 신경계 등에 축적되어 감각질환, 안질환, 심장질환, 신장질환 등의 증상을 나타내는 병이다. 온파트로는 RNA가 유전자 변형이 일어난 단백질이 비정상적으로 생성되는 과정을 억제한다.

인간의 세포 내 유전자를 조작해 사람의 몸에 다시 투여, 암세포를 공격하는 치료제도 개발 중이다. 대표적인 사례가 CAR-T(키메라 항원 수용체 T세포) 치료제다. 이는 기존 방법으로 치료할 수 없었던 급성백혈병 환자의 완치율을 80%로 끌어올려 기적의 항암제로 꼽힌다. T세포를 추출해 면역을 강화하도록 유전자 조작 과정을 거친 뒤 환자의 몸에 집어넣는다. 구체적으로 CAR-T 치료제는 환자 본인의 면역세포인 T세포를 체외에서 조작해 암세포 표면의 단백질 항원을 인식하는 CAR을 T세포 표면에서 생성하도록 만든다. 이를 다시 환자의 몸 안에 넣으면 T세포가 암세포만을 공격한다. 정상 세포가 손상되는 것을 최소화하면서 암세포 살상능력은 극대화했다.

암세포는 특유의 물질을 내뿜어 T세포의 공격을 피할 수 있다. 마치 우리 몸의 일부인 양 행동하며 아무런 기능을 하지 않는 세포를 무한정 만들어낸다. 하지만 유전자가 조작된 T세포인 CAR-T는 암세포를 인식하고 제거한다. 현재 킴리아Kymriah, 예스카타Yescarta, 테카르투스Tecartus 등 3종의 CAR-T 치료제가 FDA의 품목허가를 받았다. 시장조사 기관 코히어런트 마켓인사이트는 세계 CAR-T 치료제 시장이 2017년 7200만 달러에서 11년간 연평균 53.9% 성장해 2028년 85억 달러로 커질 것으로 예상했다.

다만 이들 역시 맞춤형이라 가격이 매우 비싸다. 2017년 8월 출시된 세계 최초의 CAR-T 치료제 킴리아는 환자가 치료 의사를 밝히면 노바티스의 과학자 2명이 21일 간 세포를 조작해 치료제를 만든다. 현재 미국에서 출시된 노바티스의 킴리아의 1회 투약 가격은 47만 5000달러, 길리어드 사이언스의 예스카타는 37만 3000달러이다.

이 때문에 글로벌 제약사들은 건강한 기증자에게 받은 T세포를 유전자 조작한 뒤 대량생산하는 방식의 오프 더 셀프(동종이형) CAR-T 치료제 개발에 나서고 있다. 건강한 기증자에게 T세포를 기증받은 뒤 유전자 변형 과정을 거쳐 대량생산하면 자가유래 CAR-T 치료제보다 훨씬 저렴하게 생산할 수 있는 데다 오래 걸리는 제조공정도 개선할 수 있다.

이와 관련해 글로벌 바이오 기업 **셀렉티스**와 **알로젠 테라퓨틱스**가 함께 급성 림프구성 백혈병 치료제 'UCART19'의 임상시험을 진행하고 있다. 셀렉티스는 급성골수성 백혈병 치료제 'UCART123', 소아 급성 백혈병 치료제 'UCART22'도 개발 중이며 알로젠 테라퓨틱스 역시 다발성 골수종 치료제 'ALLO-715'의 임상시험에 나섰다.

다만 면역 거부반응 극복이 숙제다. 다른 사람의 면역세포를 사용하는 만큼 환자의 면역세포가 삽입된 치료제를 공격할 수 있기 때문이다. 아울러 과다 면역반응으로까지 이어질 수 있다. 이 때문에 개발사들은 암세포를 죽이면서도 거부반응을 유도하는 물질을 발현시키지 않는 T세포를 만들어내는 데 집중하고 있다.

국내 바이오 기업들도 앞다퉈 신약 임상에 속속 나서고 있다. 올해 임상에 들어갈 국내 세포치료제 항암 후보물질만 7개가 넘는다. 임상 중인 7개를 포함하면 14개 이상의 토종 세포치료제 후보물질이 글로벌 시장에 도전장을 내는 셈이다.

국내의 유전자 치료제 관련 기업으로는 **툴젠**과 **제넥신**이 있다. 두 기업은 제넥신이 연구 중인 면역항암제 'GX-I7'을 이용해 고형암 대상의 동종유래 CAR-T를 개발하기 위해 손을 잡았다. 애초 툴젠과 제넥신은 유전자 및 세포 치료제 시장을 선점하기 위해 2019년 통합법인 툴제넥신 출범을 계획했지만 증시 침체 등 외부 요인으로 무산됐다. 하지만 두 회사는 합병 여부와 상관없이 유전자 교정 원천 기술이 과다 면역반응을 제어할 수 있는 핵심이라 판단하고 공동 개발을 협의했다.

국내 바이오벤처 **큐로셀** 역시 국산 CAR-T 치료제 개발을 위해 나섰다. 2020년 9월 식약처에 임상시험 계획을 제출했다. CAR-T 치료제는 일일이 손으로 제작하기 때문에 국내에서 생산하는 것이 훨씬 더 용이하다. 미국, 유럽 등 해외에서 임상시험을 진행하는 다른 바이오벤처와 달리 큐로셀이 국내에서 임상시험을 하는 이유다. 김건수 큐로셀 대표는 "일반적인 항체 의약품들의 경우 해외에서 임상시험을 하려면 약만 해외로 운송하면 되지만 CAR-T 치료제는 과학자들이 직접 환자의 유전자를 조작해야 하는 등 인력이 필요해 해외에서 임상시험을 진행하기 쉽지 않다"며 "개발과 생산 여건이 나은 국내에서 약효를 확실히 입증한 뒤 세계 시장에 진출해도 큰 문제는 없다고 판단했다"고 밝혔다.

앞서 언급했듯 CAR-T 치료제는 면역 과다 반응이라는 부작용이 있다. T세포가 강력한 면역세포인 만큼 과도하게 발현될 경우 멀쩡한 장기도 적으로 인식하고 파괴한다. 사이토카인 폭풍cytokine storm, 신경독성, 이식편대 숙주병 등이 과도한 면역으로 일어나는 대표적인 증상들이다. 사이토카인 폭풍은 면역력 증강이 필요한 코로나19 환자들의 치료 과정에서 사망을 일으키는 원인이 되기도 했다.

이 같은 한계를 극복할 치료제로 CAR-NK(키메라 항원 수용체 자연살해 세포) 치료제도 주목받고 있다. 원리는 CAR-T와 같다. 건강한 사람의 혈액에서 추출한 선천성 면역세포인 자연 살해 세포, 즉 NK세포의 수용체를 변형해 면역 효능을 강화하고 암세포에 특이적으로 결합할 수 있도록 만들었다. 차이점은 면역원성이다. T세포는 후천성 면역세포인 만큼 사람마다 그 특성이 다르다. 따라서 다른 사람의 면역세포를 몸 안에 넣었을 경우 격렬한 면역 거부반응이 일어나기 쉽다. 반면 NK세포는 선천 면역세포인 데다 공격성도 적어 이 같은 부작용이 적다.

GC녹십자랩셀은 2021년 1월 미국 관계사인 아티바와 함께 글로벌 제약사 MSD와 CAR-NK 치료제 기술수출에 성공했다. 계약 규모는 2조 900억 원이며, 이번 계약에 따라 GC녹십자랩셀로 직접 유입되는 금액은 총 1조 970억 원에 달한다. 특히 이 중 반환 의무가 없는 계약금은 170억 원, 치료제 개발 단계별 성공 로열티(마일스톤)은 약 1조 800억 원이다. 나머지 약 1조 원은 아티바가 수령한다.

국내 바이오 기업 **엔케이맥스**는 고순도의 NK세포를 대량 배양할 수 있는 원천 기술인 '슈퍼NK'를 바탕으로 CAR-NK 치료제를 위한 후보물질을 최적화하는 단계에 있다.

하지만 여전히 국내 유전자 치료제 개발은 걸음마 수준이라는 평이 많다. 특히 **코오롱생명과학**이 개발한 골관절염 유전자 치료제 인보사가 허가된 세포와 다른 세포를 사용해 식약처의 품목허가 취소 처분이라는 철퇴를 맞고, **헬릭스미스**가 당뇨병성 신경병증 치료제 엔젠시스의 임상3상에서 좋은 결과를 얻어내지 못하며 시장의 의구심은 더욱 깊어지고 있다. 게다가 천문학적인 비용과 긴 시간이 필요한 만큼 비교적 규모가 작은 국내 바이오 기업들이 뛰어들기 쉽지 않은 분야라는 평이 많다.

업계는 그럼에도 국내 바이오 기업들이 유전자 치료제 개발에 더 뛰어들어야 한다는 입장이다. 첨단 바이오의약품인 만큼 글로벌 제약사도 임상시험에 실패하는 경우가 잦은 데다 이제 막 상용화에 접어든 초기 단계라 우리나라 업체들도 시장 진입의 기회가 많기 때문이다. 회사의 수익성을 생각했을 때 높은 약가도 매력적이다. 세포·유전자 치료제는 그동안 치료할 수 없었던 질환을 치료할 수 있는 만큼 비싼 약가에도 불구하고 일정한 판매량이 보장된다.

DNA 유전정보 전달 '센트럴 도그마'

분자생물학의 '중심 원리'라는 뜻을 가진 센트럴 도그마는 DNA의 유전정보가 RNA를 거쳐 단백질로 전달된다는 이론이다. 이 이론은 제임스 왓슨과 함께 DNA 구조를 발견한 프랜시스 크릭이 1958년 발표했으며 일종의 설계도인 유전물질이 어떻게 실제 기능을 수행하는 단백질로 변하는지 설명한다.

인간의 유전물질인 DNA는 세포의 핵 속에 있다. 우리 몸 안에는 무수히 많은 양의 세포가 있는데 각 세포의 핵에는 완전히 똑같은 DNA가 존재한다. DNA는 우리 몸을 구성하는 설계도의 원본과 같다. 편집이 불가능하도록 여러 장치가 존재한다. 기다란 실처럼 생긴 가닥이 똘똘 뭉쳐 있는 데다가 매우 길어 그대로 쓰기도 어렵다. DNA의 상징과도 같은 이중나선 구조 역시 유전물질이 쉽게 변형되지 않도록 안정성을 높인 장치다. 실처럼 생긴 DNA 사슬 두 가닥이 서로 맞물린 채 엉켜 실 내부의 구조인 DNA 염기서열 순서를 함부로 변형하지 못하도록 한 게 특징이다.

코로나 바이러스 등 RNA 바이러스는 DNA 대신 RNA를 유전물질로 갖는다. RNA는 DNA에 비해 안정성이 떨어지는 만큼 변이가 훨씬 잦은데 코로나19의 정복이 힘든 이유는 이 때문이다. 백신을 개발하더라도 순식간에 돌연변이를 일으켜 그 순간까지 남아 있는 항체를 무력화 할 수 있기 때문이다.

따라서 세포는 핵 속의 DNA를 통해 단백질을 만들기 전에 사본을 만든다. 이 사본이 RNA, 좀 더 구체적으로 표현하면 전령(메신저)을 뜻하는 mRNA다. RNA 중합 효소가 DNA의 특정 부위에 붙으면 DNA 두 가닥이 벌어지고 사슬이 풀린다. RNA 중합 효소가 이동하면서 DNA의 염기서열에 상호보완적으로 염기를 붙이며 RNA를 만든다. DNA 정보를 베낀 RNA는 핵 밖으로 빠져나와 단백질을 만들 준비를 한다. 이 과정을 전사transcription라고 한다.

핵 속에서 만들어진 RNA는 핵 밖으로 빠져 나와 세포 내의 소기관인 리보솜ribosome으로 이동한다. 이곳에서 RNA의 정보에 따라 아미노산이 순서대로 결합해 단백질이 만들어진다. DNA와 RNA에는 네 종류의 염기(일종의 유전정보)가 번갈아가며 등장한다. 반면 단백질을 구성하는 아미노산은 20개가 존재한다. 네 종류의 염기만으로 어떻게 20개의 아미노산 정보를 지정할 수 있을까.

비밀은 염기 3개가 하나의 아미노산을 특정하는 데 있다. 전령 RNA에 아데닌 3개가 연달아 붙어 있는 경우 라이신L-lysine이라는 아미노산을 합성하고, 아데닌·구아닌·아데닌이 연달아 붙어 있을 경우 아르기닌이라는 아미노산을 붙이는 식이다. 이렇게 완성된 아미노산의 덩어리를 '폴리펩티드'라고 부르며 이 폴리펩티드가 접히고 가공되며 단백질이 완성된다.

센트럴 도그마의 예외도 있다. 에이즈를 일으키는 인간면역결핍 바이러스와 같은 레트로바이러스retrovirus가 대표적이다. 이들은 RNA

를 유전물질로 해서 DNA를 합성한 뒤 이 DNA를 숙주의 DNA에 끼워 넣는다.

광우병의 원인으로 지목된 프리온prion 단백질도 기존 센트럴 도그마를 반박하는 예다. 프리온은 단백질을 의미하는 'protein'과 바이러스 입자를 뜻하는 'virion'의 합성어다. 바이러스처럼 전염력을 가진 단백질 입자라는 의미에서 붙여진 이름이다. 일반적인 생명체와 달리 세포 증식이 세포 증식이나 유전에 필요한 DNA, RNA와 같은 유전자가 없는 단백질임에도 불구하고 전염성을 가지고 스스로 복제하여 증식한다. 정상 단백질과 결합해 그 결합된 단백질을 다시 변형시키는데 이는 DNA, RNA, 단백질로 정보가 흐른다는 센트럴 도그마의 설명과 달리 단백질에서 단백질로 정보가 흐르는 것이다.

3

1개 항체로 2배 효과 내는
이중항체

이중항체Bispecitic Antibodies는 말 그대로 이중(두 겹)으로 된 항체다. 처음에는 마치 항체가 2개인 것처럼 들리지만 사실은 1개의 항체가 두 개 이상의 세포에 작용하는 것이다. 일반적으로 병원균(항원)에는 하나의 항체가 작용하지만 이중항체는 항체 1개로 2곳 이상에 영향을 줄 수 있으니 그만큼 효율적이다. 질병에 관여하는 복수의 인자에 작용함으로써 치료 효과는 당연히 일반 항체에 비해 높을 수밖에 없다. 이중항체는 주로 치료가 어려운 항암제에서 효력을 발휘한다. 암세포와 면역세포에 동시에 작용해 면역세포의 활성도를 높이는 한편 암세포에는 직접 공격을 가하거나 면역세포가 암에 작용할 수 있도록 한다. 결과적으로 암세포를 좀 더 쉽게 사멸시키는 것이다. 이 같은 특성 때문에 이중항체는 면역력을 높여 병원균을 죽이는 면역항암제와 증상을 공격하는 표적항암제의 역할을 동시에 수행하게 된다. 전문가들은 "항체 의약품은 대부분 암이 대상인데 암은 재발과 전이가 많아 치료가 어렵다"며 "이중항체 기전의 치료제는 한 가지 항체로 두 가지 세포 단백질을 타깃하기 때문에 암세포 변이에 대처하는 데 뛰어나다"고 설명한다.

하지만 두 가지 이상의 세포에 작용하도록 항체를 위치시키는 데 기술적 한계가 있기 때문에 FDA의 품목허가를 받은 이중항체 치료제는 전세계적으로 3개에 불과하다. 2009년 **네오팜 바이오텍**의 악성 복수 치료제 리무밥Removab을 시작으로 그 이후 다국적 제약사 **암젠**의 혈액암 치료제 블린사이토와 **로슈**의 A형 혈우병 치료제 헴리브라Hemlibra가 품목허가를 받았다.

2014년 FDA 품목허가를 받은 '블린사이토'는 혈액암과 그 일종인 급성림프구성 백혈병 치료에 쓰이는데 미국과 유럽뿐만 아니라 국내에도 출시되어 있다. 블린사이토는 바이트BiTE라는 고유한 작용 기전을 통해 백혈병 세포 내의 항원인 CD19와 면역 T세포의 표면에 있는 CD3를 연결한다. 이로 인해 T세포와 백혈병 세포 사이에 일종의 시냅스(연결 다리)가 생성되어 가까이 놓임으로써 T세포가 인근의 암세포를 인지하게 된다. T세포는 그 내부에 있는 면역물질인 퍼포린perforin과 그란자임granzyme을 활성화시켜 시냅스를 통해 문제된 세포 쪽으로 전달함으로써 백혈병 조성 세포의 사멸을 유도한다.

암세포가 공격을 피하기 위해 정상 면역세포에 붙어 한 덩어리의 면역세포처럼 위장하려는 것을 파괴하는 것이 키트루다 같은 면역 관문 억제제(면역항암제)의 방식이라면 이중항체 기전의 블린사이토는 오히려 면역세포와 암세포를 연결시켜 면역세포 물질이 암세포로 쉽게 이동하도록 해서 암을 치료한다. 블린사이토가 암을 치료하는 방식은 암세포를 직접 공격하지는 않지만 암세포와 면역세포 간 연결을 통해 암세포를 공격할 수 있는 기반을 만든다는 점에서 이중항체의 원리를 제시한 것으로 평가받는다. 특히 최근 들어 표적항암제와 면역항암제 간 병용 투여의 치료 효과가 높다는 점이 입증되면서 수많은 병용 투여 임상이 진행되고 있는 점에서 이중항체 기술은 면역 및 표적항암제 역할을 동시에 할 수 있는 차세대 항체치료 기술로 평가받고 있다.

일반적인 이중항체 기술의 작동 방식 중 하나는 암세포가 증식하는 데 필요한 신생 혈관을 억제하는 것이다. 암세포는 정상적인 세포가 사용할 영양분과 산소를 빼앗아가기 위해 새로운 혈관을 만들어 잦은 변이를 일으킨다. 이 과정에서 암세포 증식과 변이를 돕는 것이 VEGF(혈관내피 성장인자)라는 물질이다. 만일 이중항체 기술을 쓰게 되면 한편에서는 VEGF를 공격해 암세포 혈관의 성장을 억제하고, 다른 편에서는 정상 혈관을 미세하게 만들어 암세포로 가는 영양소와 산소의 전달을 줄인다. VEGF를 공격해 암의 변이 가능성을 없애는 한편으로 암이 빼앗아가는 유익한 물질의 이동을 줄이도록 함으로써 암세포가 서서히 고사하도록 만드는 것이다.

이중항체의 또 다른 강점은 우수한 치료 효과뿐만 아니라 완성된 플랫폼만 갖추면 다양한 질병으로 치료 대상을 확대할 수 있어 수익성이 무궁무진하다는 것이다. 그렇기 때문에 국내 업체들도 비교적 새로운 분야인 이중항체 개발에 뛰어들고 있다.

시장정보 분석업체인 루츠 애널리시스에 따르면 세계 이중항체 치료제 시장 규모는 2018년 2억 5000만 달러에서 2030년 79억 1000

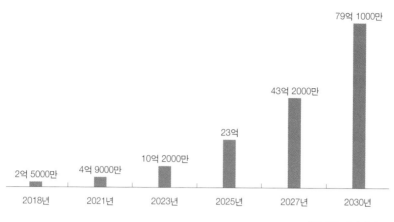

세계 이중항체 치료제 시장 규모 (단위: 달러)

- 2018년: 2억 5000만
- 2021년: 4억 9000만
- 2023년: 10억 2000만
- 2025년: 23억
- 2027년: 43억 2000만
- 2030년: 79억 1000만

자료: 루츠 애널리시스

만 달러까지 40배가량 고속 성장할 전망이다.

한미약품은 중국 현지법인 **북경한미약품**이 자체 개발한 면역 및 표적 항암치료가 동시에 가능한 차세대 이중항체 플랫폼인 '펜탐바디'를 확보해 유방암, 위암, 폐암, 대장암 등 다양한 암종을 대상으로 항암 신약을 개발 중이다. 펜탐바디는 자연적인 면역글로불린 G와 유사한 구조적 특징을 갖추고 있어 면역원성과 안정성 등이 우수하고, 생산 효율이 높다는 장점이 있다.

에이비엘바이오는 국내 업체 가운데 이중항체에 기반을 둔 신약을 가장 많이 개발하고 있다. 에이비엘바이오가 보유한 '그랩바디-T' 이중항체 플랫폼은 종양 항원과 면역세포를 동시에 타깃하도록 설계됐다. 중국 바이오텍 **아이맵**과 공동 개발 중인 이중항체 후보물질 'ABL503'은 암세포 표면의 단백질인 PD-L1 및 면역 T세포 활성화를 돕는 4-1BB를 동시에 타깃한다. 아이맵과 공동 개발 중인 또 다른 후보물질 'ABL111'은 위암과 췌장암을 대상으로 하는 이중항체 기반의 면역항암제다. 에이비엘바이오는 ABL111에 대해 동물임상과 영장류 독성 시험에서 각각 뛰어난 항암 효과와 약물 안전성을 확인했다. 이를 바탕으로 2021년 미국에서 인체 임상을 계획하고 있다. 또한 'ABL001'는 위암, 대장암 등 고형암을 대상으로 하는데 이중항체 물질로는 국내 최초로 임상1상에 진입해 있다. 이 밖에 에이비엘바이오는 이중항체 기술을 응용해 두터운 혈관-뇌 장벽을 통과해 파킨슨병, 알츠하이머병 등 뇌질환을 치료하는 후보물질도 연구하고 있다. 비임상 단계인 후보물질 'ABL103'은 유방암과 난소암을 타깃하는데 국가신약개발사업 과제로 선정돼 연구비를 지원받는다. 에이비엘바이오는 2022년 1월 초 퇴행성뇌질환 치료 이중항체 후보물질 'ABL301'에 대해 프랑스 **사노피**와 계약금 7500만 달러, 단기 기술료 4500만 달러를 포함해 총 10억 6000만 달러 규모의 공동 개발 및 기술수출 계약을 체결했다.

이밖에 **유한양행**과 **동아ST**는 각각 에이비엘바이오로부터 이중항체 기술을 도입해 대장암·두경부암 면역항암제 'ABL104'와 유방암·위암 면역항암제 'ABL105'에 대한 세포주 및 공정 개발을 함께 진행하고 있다.

항체 기반 치료제 개발 업체인 **앱클론**은 2개의 질병 단백질에 동시에 작용해 약효를 높일 수 있는 이중항체 플랫폼 기술인 '어피맵'을 보유하고 있다. 회사는 이를 적용해 자가면역질환인 류머티스 관절염을 대상으로 이중항체 신약을 개발 중이다. 앱클론은 2020년 8월 개발 중인 자가면역질환 치료제 'AM201'이 중증 코로나19 환자들이 겪는 사이토카인 폭풍을 억제할 수 있는 기전을 갖고 있다며 코로나19 항체 신약 개발 추진 의사를 밝히기도 했다.

종근당은 항암 이중항체인 'CKD-702'를 개발하고 있다. 이는 폐암이나 위암 등 고형암의 성장과 증식에 필수적인 간세포 성장인자 수용체c-Met와 상피세포 성장인자 수용체EGFR를 동시에 저해하는 방식이다. 각 수용체에 결합해 암세포의 증식 신호를 차단하고, 수용체 수를 감소시켜 암을 치료하는 새로운 기전의 바이오 신약을 목표로 한다. 기존 항암제의 내성 발생 문제도 해결할 수 있다. 2020년 6월 미국암학회의 'CKD-702' 전임상 연구 결과 발표에서 내성이 생긴 동물 모델에서도 항암 효과가 우수한 것으로 나타났다. 현재 비소세포 폐암을 적응증으로 국내에서 임상1상을 하고 있고, 향후 위암, 대장암, 간암 등으로 적용 범위를 확대해 글로벌 임상에 나설 계획이다.

유도미사일 항암제 'ADC'

ADCAntibody Drug Conjugate(항체약물접합체)는 이중항체처럼 항암제의 치료 효과를 높이는 기술이다. 이중항체나 ADC 모두 암이나 류머티스 관절염 등을 치료하는 데 주로 쓰이는 항체 의약품의 효력을 키우기 위한 것이다. ADC는 암세포 항원을 찾아 정확히 도달하는 항체의 장점과 암세포를 없앨 수 있는 약물 효과를 제대로 결합시키면 어떨까 하는 아이디어에서 나왔다. '항체약물접합체'라는 말 그대로 항체에다 항암제 등의 약물을 붙여 암세포로 날아가게 한 다음 문제된 세포에서 터지게 함으로써 약효가 잘 발현되도록 한다. 항체가 미사일처럼 암세포에 빠른 속도로 정확히 도달하고 나서 항체에 붙어 있는 약물이 탄두처럼 터지면서 암세포를 무차별 공격하는 것이다. 바이오 항체와 합성의약품의 약물이 콤비를 이뤄 암세포를 동시에 공격하는 만큼 기존에 둘 중 하나만 작동하던 것에 비해 치료 효과가 배가될 수 있다.

문제는 항체와 약물을 연결하는 링커linker 부위가 견고하지 못하면 암세포를 향해 날아가는 도중에 약물이 분리되어버려 당초 의도했던 효과를 낼 수 없다는 것이다. 이 경우 항체에 붙어 있던 약물이 중간에서 떨어져 나가 다른 정상 세포를 침투하게 되면서 부작용을 일으킨다. 또한 효과를 높이려고 항체에 붙인 약물의 분량을 늘리게 되면 오남용 문제도 발생한다.

그럼에도 ADC의 유용성에 대해서는 대다수 전문가가 인정하고 있다. 한 약학대학 교수는 "안전성과 유효성 측면에서 기존 항체 의약품의 단점을 보완하려는 많은 연구 가운데 혁신적인 플랫폼 중 하나가 ADC"라며 "ADC 결합 시 세포독성 약물 효력은 단독 사용 때보다 100배~1000배 이상 크다"고 밝혔다. 또한 "정상 조직에는 심각한 부작용을 유발하지 않고, 표적 암세포에 매우 특이적으로 작용하는 약품을 개발하는 것이 ADC의 주요 목표"라고 덧붙였다.

국내에서 대표적인 ADC 기술 업체는 **레고켐바이오사이언스**다. 이 회사가 보유한 플랫폼인 '콘쥬올'은 개선된 링커를 가진 차세대 ADC 기술이다.

2021년 11월 레고켐바이오사이언스는 ADC 플랫폼 기술을 체코의 **소티오 바이오테크**에 기술수출했다. 선급금과 단기 마일스톤, 임상·개발, 상업화 마일스톤을 포함해 총 1조 2127억 원 규모다. 향후 매출액에 따른 로열티도 받는다. 이 회사는 ADC 기술로만 2021년 4건을 포함해 총 10건의 기술이전 계약을 체결해 누적 계약총액이 3조 원을 넘는다. 앞서 2020년 5월에도 레고켐바이오사이언스는 ADC 기술과 이에 기반한 항암제 후보물질 'LCB73'을 영국 **익수다 테라퓨틱스**에, 그해 말에는 미국 바이오업체 **픽시스 온콜로지**와 ADC 항암제 후보물질의 개발 및 한국을 제외한 글로벌 판권에 대한 기술이전 계약을 맺었다. 익수다 테라퓨틱스에 기술이전한 2개의 ADC 후보물질의 글로벌 임상은 2022년 상반기와 3분기에 각각 개시될 예정이다.

알테오젠은 ADC 플랫폼 기술인 '넥스맵'을 적용한 유방암 치료제 'ALT-P7'의 국내 임상을 진행하고 있다. 2021년 8월 알테오젠은 ALT-P7을 표피성장인자2(HER2)가 과발현된, 일명 HER2 양성 유방암 환자들을 대상으로 한 임상 1상 결과를 공개했다. ALT-P7이 구조적 안정성을 갖춰 기존 ADC 기술의 최대 약점인 잦은 부작용 없이 낮은 약물 용량으로도 암세포를 사멸시키는 것을 확인했다고 회사 측은 밝혔다.

당초 알테오젠은 블록버스터급 유방암·위암 치료제 허셉틴의 바이오시밀러 개발에 나섰지만 전세계적으로 출시를 앞둔 허셉틴 바이오시밀러가 많아지면서 ADC를 적용해 바이오베터(바이오의약품 개량 신약)로 출시한다는 방침이다.

4

노벨상 탄
크리스퍼 유전자 가위

2018년 중국에서 전세계를 경악하게 한 소식이 전해졌다. 허젠쿠이 전 중국 남방과학기술대 교수가 세계 최초로 유전자 가위를 통해 유전자를 교정한 인간 아기가 태어났다고 발표한 것이다. 허젠쿠이 교수 연구진은 불임 치료를 받던 일곱 커플의 배아에 대해 에이즈 면역력을 가진 유전자 편집을 시도했는데 이 중 한 커플이 쌍둥이를 출산했다고 밝혔다. 유전자 편집을 시도한 이유는 쌍둥이 여아가 인간면역결핍바이러스 양성인 아버지와 음성인 어머니를 두고 있어 병에 걸릴 위험이 높았기 때문이다.

이 발표는 당시 거센 생명윤리 논란을 불러일으켰다. 안전성이 확인되지 않은 기술을 인체에 적용하는 것은 둘째치더라도 인간이 인간의 유전자를 마음대로 조작할 수 있는지 사회적 합의가 이루어지지 않았기 때문이다. 급기야 2019년 3월 세계 7개국 18명의 생명과학자들이 '향후 5년간 인간 배아의 유전자 편집 및 착상을 전면 중단하고 이 같은 행위를 관리, 감독할 국제기구를 만들어야 한다'는 내용의 공동 성명서를 학술지 ≪네이처≫에 발표했다. 중국 정부 역시 불법의료행위죄로 허젠쿠이 교수에게 징역 3년과 벌금 300만 위안(약 5억 원)을 선고했다.

이에 앞서 1987년 일본 오사카대 연구팀은 대장균의 유전자에서 독특한 서열을 발견했다. 특정 서열이 반복되어 있었는데 이것이 어떤 역할을 하는지는 당시에는 알아내지 못했다. 한참 후에야 연구진은 대장균이 공격을 받았을 때 공격한 바이러스를 기억하기 위한 용도로 사용한다는 사실을 밝혀냈다. 자신의 유전정보에 자신을 공격한 바이러스의 염기서열 일부를 삽입하는 방식이다. 유전자는 후손에게도 그대로 이어지는 만큼 이후에 동일한 바이러스가 침투하더라도 대장균은 바이러스의 서열을 읽어내 바이러스를 잘라낼 수 있다. 이때 바이러스를 잘라내는 단백질이 'Cas 단백질'이다. 20년이 더 지난 2012년, 이 염기서열이 DNA 가닥을 편집하는 데 쓸 수 있다는 사실을 확인했다. 학계는 이 서열에 크리스퍼CRISPR라는 이름을 붙였는데 이는 '규칙적 간격으로 분포하는 짧은 회문 구조의 반복서열'이라는 의미를 갖고 있는 영어 단어(Clustered regularly interspaced short palindromic repeats)의 머리글자다. 여기서 회문 구조란 DNA 염기서열이 역순으로 배치되어 앞뒤 어느 방향으로 읽어도 똑같이 읽히는 구조를 말한다. Rotator, Nurses run 등의 예가 있다.

크리스퍼 유전자 가위CRISPR-Cas9는 DNA를 자르는 가위 역할을 하는 절단 효소인 Cas9 단백질과 크리스퍼 RNA 단백질을 붙인 형태다. 막스 플랑크 연구소의 에마뉘엘 샤르팡티에 교수와 UC 버클리의 제니퍼 다우드나 교수는 기존 유전자 가위의 오류와 부정확성을 개선하기 위해 2012년 'Cas9'이라는 단백질과 가이드 RNA로 구성된 크리스퍼 유전자 가위를 개발해 발표했다. 이들이 발표한 바에 따르면 크리스퍼 유전자 가위는 크리스퍼 RNA, 트레이서 RNA와 Cas9 단백질로 구성됐다. 크리스퍼·트레이서 RNA는 자르고자 하는 표적 DNA와 결합하는 역할을 진행하며 Cas9 단백질은 원하는 부위의 DNA를 자른다.

이 두 교수는 2011년부터 공동 연구를 시작했다. 편도염을 유발하는 화농성 연쇄상구균 연구자인 샤르팡티에 교수는 화농성 연쇄상구균에서 발견한 작은 RNA 조각인 트레이서 RNA를 찾아냈는데 이 조각이 Cas9 단백질을 유도한다는 사실을 알아냈다. 또 다우드나 교수는 크리스퍼와 연결된 Cas9 단백질이 DNA를 자르는 역할을 한다는 사실을 발견했다. 이들은 바이러스가 자신을 보호하는 면역체계로 크리스퍼·Cas9 복합체를 갖췄다는 사실을 확인했고, 이를 이용해 원하는 DNA의 특정 염기서열을 잘라낼 수 있음을 발견했다. 이 두 교수는 크리스퍼 유전자 가위 기술을 개발한 공로로 2020년 노벨화학상을 수상했다.

샤르팡티에 교수와 다우드나 교수가 개발한 크리스퍼는 유전자를 편집할 수 있는 유전자 가위 가운데 3단계 수준이다. 최초의 유전자 가위 기술은 1980년대 중반 발견된 징크 핑거zinc finger다. 징크 핑거는 아프리카 발톱개구리에 붙은 특정 단백질에서 따왔다. 징크 핑거 단백질이 특정 유전자의 염기서열 부위에 붙어 유전자의 작동을 조절하고 질환을 유발하는 변이 유전자를 절단한다. 2세대 유전자 가위

탈렌TALEN은 2011년 등장했는데 3개의 염기서열에 1개씩 결합하는 징크 핑거와 달리 1개의 염기서열에 1개만 결합해 보다 더 정확하다. 하지만 징크 핑거와 탈렌 모두 인식하는 유전자 염기서열이 10개 내외에 불과하고 제작과 활용이 복잡하다는 단점이 있다.

3세대 유전자 가위인 크리스퍼는 원하는 부분을 빠르고 손쉽고 정확하게 잘라낼 수 있다. 앞서 설명했듯 유전정보를 전달해 단백질로 만드는 복사본인 RNA를 길라잡이로 Cas9 단백질이 특정 DNA 염기서열과 결합하도록 만든 뒤 원하는 DNA를 잘라내는 기술이다. 이전 세대의 유전자 가위와 달리 복잡한 단백질 구조가 없고 DNA도 더욱 깊숙이 절단할 수 있다. 가이드 역할을 하는 RNA만 교체하면 다른 DNA도 교정할 수 있다.

발견된 지 10년도 채 되지 않았지만 이 기술의 위력은 막강하다. DNA 유전정보가 단백질로 변환되기 전 RNA로 옮겨지는 전사 과정의 조절뿐 아니라 돌연변이 유전자 교정을 통한 체세포 유전자 치료, 유전병을 막기 위한 배아 세포 돌연변이 유전자 교정, 멸종 동물의 복원 등에 광범위하게 쓰일 수 있다.

생명과학계에서는 크리스퍼 유전자 가위의 강점을 시의성, 대중성, 확장성으로 설명한다. 인류는 인간 게놈 프로젝트를 통해 한 사람 한 사람의 유전정보를 파악할 수 있게 됐다. 이제 그다음 과제로서 이 유전정보를 어떻게 활용할 수 있을지를 모색하는 단계에 왔다. 크리스퍼 유전자 가위는 바로 이 시기에 유전정보를 교정할 수 있는 도구로 떠올랐다. 대중성도 한몫했다. 하루 만에 완성할 수 있을 정도로 기술의 설계가 쉽고 비용도 저렴하다. 활용 범위도 무궁무진하다.

물론 한계도 분명이 있다. 학계 설명에 따르면 현재 유전자 가위로 수리할 수 있는 DNA의 범위는 한 번에 하나 정도이며 효과도 제한적이다. '제거' 방식은 성공률(재현율)이 높지만 '교체'나 정교한 '변형' 등은 아직 어려운 수준이다.

2020년 크리스퍼 유전자 가위를 활용한 임상시험이 시작됐다. 안과 의사인 마크 페네시 미국 오리건보건과학대학교 의대 교수 연구진은 선천성 희귀망막질환인 LCA10(레베르 선천성 흑내장) 환자를 대상으로 눈에 크리스퍼 유전자 가위를 주입하는 임상시험에 착수했다. LCA10은 CEP290라는 유전자의 돌연변이 때문에 빛을 감지하는 망막 광수용체가 제 기능을 하지 못해 시력을 잃는 질환으로서 치료법이 없다. 페네시 교수팀은 이 유전자의 돌연변이를 제거하도록 설계한 유전자 가위를 환자의 눈 망막에 직접 주입하는 방식으로 치료를 시도하고 있다.

페네시 교수는 "CEP290 돌연변이는 망막 광수용체를 불능화하지만 물리적으로 망가뜨리는 것은 아니기 때문에 광수용체는 여전히 LCA10 환자의 눈 속에 살아 있다"며 "목표는 이들의 광수용체를 다시 활성화해 앞을 볼 수 있도록 하는 것"이라고 설명했다. 발병 원인인 유전자 돌연변이 자체를 제거하는 방식인 만큼 효과가 반영구적이라는 장점도 있다.

이처럼 눈은 유전자 가위 치료에 적합하다는 평가를 받는다. 찌르기도 편한 데다 다른 곳으로 퍼지지도 않기 때문이다. 임상시험에서 한쪽 눈만 치료했을 때 다른 눈과 비교하기도 쉽다.

익시전 바이오테라퓨틱스는 불치병으로 알려졌던 인간면역결핍바이러스 제거 치료법의 임상시험을 시작한다. 이 회사는 2021년 9월 미국 FDA로부터 인간면역결핍바이러스 1형에 감염된 환자를 위한 치료제 EBT-101의 1·2상 임상시험 계획을 승인받았다. EBT-101은 인간면역결핍바이러스 DNA를 표적하는 CRISPR 기반 약물로, 박테리아에 대한 CRISPR의 바이러스 방어 능력을 활용했다. 1회 치료로 인간면역결핍바이러스 감염을 기능적으로 치유하며, 전달체로 '아데노 관련 바이러스AAV'를 사용한다.

만약 임상시험에서 크리스퍼 유전자 가위의 안전성과 효능이 검증된다면 향후 유전자 이상으로 생긴 불치병을 치료할 때 유전자 가위를 통한 치료가 보다 더 활발해질 것으로 예측된다. 이미 동물실험에서는 유전자 가위의 치료 효과를 확인한 바 있다. 국내에서도 2017년 당시 기초과학연구원IBS 유전체교정연구단장이었던 김진수 **툴젠** 창업자와 김정훈 서울대병원 안과 교수 연구진이 크리스퍼 유전자 가위를 노인성 황반변성을 앓는 쥐의 눈에 주입해 유전자를 교정한 결과 치료 효과가 나타났다고 국제 학술지 ≪네이처 커뮤니케이션즈≫에 발표한 바 있다.

최근에는 4세대 유전자 가위로 불리는 염기 편집 기술까지 등장했다. 이 기술은 RNA는 그대로 두고 DNA를 잘라내는 절단 효소 Cas9을 Cpf1으로 바꿨다. Cpf1 단백질은 트레이서 RNA 없이 크리스퍼 RNA로만 작동한다는 특징이 있다. 이 때문에 RNA 제작이 더 용이하다. 3세대 크리스퍼 유전자 가위가 DNA 이중가닥을 자른 뒤 교체하는 방식인 반면 4세대는 가닥을 자르지 않고도 원하는 염기를 선택해 교체할 수 있다.

브로드연구소의 데이비드 류 교수는 2017년, 2018년, 2019년 3년 연속으로 과학학술지 ≪네이처≫에 새로운 유전자 교정술을 내놓았다. 2017년에는 DNA를 구성하는 네 염기 ATGC 중 C를 T로 치환하는 기술을, 2018년에는 A를 G로 바꾸는 기술을 발표했다. 2019년에는 '프라임 에디팅' 기술을 선보였다. 기존의 유전자 가위의 정밀도를 향상시키면서 단점을 해결한 기술로 자유로운 유전자 교정이 가능하다.

프라임 에디팅 기술을 활용하면 표적 유전자에 손상을 주지 않으면서 자연스럽게 새로운 유전자 염기서열을 그 안에 주입하거나 기존의 DNA 안에서 문제가 되고 있는 염기서열을 제거하는 것이 가능하다. 류 교수는 프라임 에디팅 기술을 활용하면 유전성 질환인 겸상적혈구빈혈증sickle cell anemia, 테이삭스병Tay-Sachs disease 등 난치병을 유발하고 있는 돌연변이 과정을 교정할 수 있다고 설명했다.

툴젠의 유전자 가위 특허 소송

현재 크리스퍼 유전자 가위에서 가장 앞섰다고 평가받는 곳은 에마뉘엘 샤르팡티에 교수·제니퍼 다우드나 교수 공동 연구팀, 국내 바이오벤처인 **툴젠**의 김진수 연구팀, 미국 브로드연구소의 장펑 연구팀 등 3곳이다.

샤르팡티에 교수·다우드나 교수 공동 연구팀은 2012년 5월 25일 이 셋 중 가장 먼저 크리스퍼 유전자 가위 특허를 출원(신청)했다. 이 연구팀은 크리스퍼 서열에서 복제된 RNA가 원하는 DNA의 짝이 맞는 부위를 찾아내고 함께 데려간 단백질이 그 DNA를 잘라낸다는 사실을 밝혀냈다. 특히 이 RNA는 사람이 설계할 수 있다는 데 의의가 있었다. 툴젠의 김진수 연구팀은 2012년 10월 23일 비슷한 특허를 출원했다. 브로드연구소의 장펑 연구팀도 2012년 12월 12일 특허를 출원했다.

그런데 막상 세 기관 중 가장 늦게 특허를 출원한 브로드연구소가 신속 검사 경로를 밟아 2014년 4월 미국 특허청으로부터 첫 번째로 특허를 취득했다. 샤르팡티에 교수·다우드나 교수 공동 연구팀은 2016년 브로드연구소의 특허에 대해 무효 소송을 제기했지만 2018

년 브로드연구소가 승소하는 등 우여곡절을 겪은 뒤 2019년에야 특허를 등록할 수 있었다.

샤르팡티에 교수·다우드나 교수 공동 연구팀과 브로드연구소 사이의 특허 소송에서 미국 연방특허항소법원은 브로드연구소의 주장을 받아들였는데 향후 이 기술을 둘러싼 특허 전쟁의 향방을 보여준다는 점에서 시사하는 바가 크다고 업계는 분석한다. 당시 연방특허항소법원은 "원핵세포를 대상으로 한 샤르팡티에 교수·다우드나 교수 공동 연구팀의 유전자 교정 기술보다 진핵세포를 대상으로 한 브로드연구소의 유전자 기술이 더욱 진보한 발명"이라고 판단했다.

샤르팡티에 교수·다우드나 교수 공동 연구팀이 출원한 크리스퍼 유전자 가위 특허는 원시적인 원핵생물에 적용되고, 김진수 교수팀과 브로드연구소의 크리스퍼 유전자 가위는 진핵생물에도 사용할 수 있다. 원핵생물은 핵막이 없고 진핵생물은 핵막이 있다는 차이가 있다. 원핵생물에는 세균과 남조류 등 하등생물이 있고, 진핵생물에는 동식물이 포함된다. 툴젠은 브로드연구소보다 2달 앞서 진핵생물에 적용할 수 있는 유전자 가위 기술 특허를 미국에 출원했다. 미국 연방특허항소법원의 판결대로라면 진핵세포를 대상으로 한 유전자 가위 기술은 툴젠이 가장 먼저 특허 출원한 만큼 이후 벌어질 유전자 가위 특허 전쟁에서 툴젠이 가장 유리한 고지를 점유하게 됐다는 평가다.

툴젠은 뒤이어 2020년 10월에는 미국 특허청에 3세대 유전자 가위 크리스퍼 Cas9 특허(568특허)를 등록해 글로벌 플랫폼 기업 및 연구기관과 나란히 경쟁할 수 있는 전환점을 맞았다.

김영호 툴젠 대표는 "미국 특허청이 툴젠을 시니어파티senior party(우선순위 권리자)로 인정한 상태며 UC버클리와 브로드연구소를 후 발명자라고 보는 것"이라며 "툴젠보다 진핵세포 시스템을 더 빨리 발명했다는 것을 입증하지 못하면 시니어파티가 그대로 유지된다. 미국 통계청 자료를 보면 75% 이상이 저촉 심사에서 시니어파티가 승리한다"고 했다.

툴젠은 자체 개발한 특허 권리 범위를 확장하기 위해 '분할 출원' 전략으로 미국은 물론 중국, 우리나라에도 특허를 등록했다. 분할 출원은 기술을 세분화해 여러 특허를 확보하는 지식재산권 취득 전략 중 하나다. 특허권으로 보장받으려는 기술을 세부적인 기술과 권리별로 구분해 개별 특허로 여러 개를 출원하는 방법이다.

5

고령화시대,
수술 대신 재생 의료

수술로 완치되기 힘들거나 수술 시행이 힘든 환자들을 돕는 재생regeneration 의료는 현재도 시행 중이지만 앞으로도 지속적으로 유망한 의료 서비스 중 하나다. 수술요법은 재발이나 부작용 우려가 있고, 고령 환자한테는 활용되기 힘들 수 있지만 재생치료는 자가인체조직 등을 활용해 면역 거부반응 없이 효과를 낼 수 있기 때문이다. 또한 항암제나 방사선 요법은 정상 세포조직을 손상시키고 각종 부작용을 발생시킴에 따라 의료의 새로운 패러다임 차원에서 재생의료는 관심을 끌고 있다. 여기에다 '젊고 건강하게 오래 살자'는 모토로 '안티에이징anti-aging'이 인기를 끌면서 재생의료(치료)의 활용 범위는 넓어지고 있다.

재생치료의 사전적 의미는 '일부 상실한 인간세포와 조직, 장기를 대체하거나 재생시켜 원래 기능을 할 수 있도록 복원시키는 것'이다. 한시적인 질병 증상을 완화하는 것이 아니라 재생 과정을 거쳐 완치를 목표를 한다. 재생의학 치료 시장에는 줄기세포 치료제, 유전자 치료제, 조직공학 제제 등이 포함된다.

세계적으로도 재생의학 치료제의 파이프라인 숫자는 계속 증가하고 있다. 의료조사기관인 데이터모니터헬스케어에 따르면 1995년에는 전임상부터 임상3상까지 114개 약물이 개발 중이었지만 2015년부터 급증해 2017년에는 1100개를 넘어섰다. 데이터 리포트에 따르면 재생의학 치료제 시장은 기업공개IPO, 투자, 기술수출 등을 포함해 2017년 75억 달러에서 2020년 100억 달러를 넘어섰다. 생명공학정책연구센터에 따르면 글로벌 재생의료 시장 규모는 2016년 192억 달러에서 2024년에는 768억 달러에 이를 전망이다.

FDA는 상용화가 느린 세포 및 유전자 치료제를 2025년까지 최대 20개까지 승인하겠다는 입장이다. 유전자 치료는 결핍이나 결함 있는 유전자를 교정 및 교체하기 위해 정상적인 유전자나 치료 유전물질을 환자 세포 내에 집어넣어 결함 있는 유전자 활동을 보완하는 것이다. 미국에서는 첨단재생의약치료제RMAT 지정 제도를 통해 유전자 및 세포치료 신약은 우선 심사와 가속 승인 절차를 밟을 수 있다. 일본 후생성은 다리 혈관이 막히는 중증 허혈성 질환을 대상으로 유전자 치료제 콜라테젠Collategene 판매를 2019년 조건부 승인했다. 일본 제약사 **안제스**는 수술 효과를 기대하기 힘든 환자의 다리에 새로운 혈관을 만드는 단백질 유전자를 주사해 치료하는 재생의약품을 개발했다. 당뇨병이나 중증 동맥경화로 다리 혈관이 막혀 괴사하거나 궤양을 일으키는 환자들이 그 대상이다. 일본 최초의 유전자 치료제로 콜라테젠의 1회 투여 시 약가는 60만 엔이나 된다.

어린이에게서 많이 나타나는 아토피 피부염 치료제의 경우 재생의료 차원에서 관심이 커지고 있다. 국내 업체들도 기존 약 대비 효과가 우수한 치료제 개발에 나서고 있지만 현실에서는 완치가 힘든 질병으로 알려져 있다. 2021년 11월 식약처는 화이자의 경구용 아토피 신약 시빈코Cibinqo에 대해 품목허가를 결정했다. 이로써 국내에서 시판 중인 아토피 치료제는 기존에 **사노피**의 듀피젠트Dupixent, **일라이 일리**의 올루미언트Olumiant, **애브비**의 린버크Rinvoq에서 시빈코가 추가돼 4파전을 형성하게 됐다.

주사제인 듀피젠트를 빼면 나머지 3개는 먹는 약(경구용) 형태로 듀피젠트는 유일한 생물학적 제제로서 안전성이 입증돼 국내 시장 점유율은 70%가 넘는다. 허가 대상이 만 6세 이상 소아부터 성인까지 사용 범위가 가장 넓고, 성인 환자에 한정해 유일하게 보험급여가 적용된다. 듀피젠트는 글로벌 시장에서 습진, 천식, 소아 아토피 피부염, 비부비동염으로 해마다 적응증을 확대해왔다. 이는 아토피 피부염 환자에게서 천식, 알레르기 비염 등 특정 질환이 연속적으로 나타나기 때문인데 회사측은 만성 폐질환, 호산구성 식도염, 만성 자발성 두드러기 같은 아토피가 연쇄 유발하는 질병에도 적응증을 확대할 예정이다.

국내에서는 바이오산업의 특성을 감안해 만든 첨단재생바이오법(첨단재생의료 및 첨단바이오의약품 안전 및 지원에 관한 법률)이 2020년 8월 28일부로 발효되면서 재생치료제 개발이 수월해질 것으로 기대를 모으고 있다. 첨단재생바이오법 적용 대상은 (줄기)세포·유전자 치료제, 조직공학제제, 첨단융복합제제로 이들의 신속한 제품화를 지원하고, 원료 채취부터 시판 후까지 전주기 관리 체계를 마련하는 것을 골자로 한다. 정부에 따르면 법에 규정된 맞춤형 심사, 우선 심사, 조건부 허가를 모두 적용받으면 기초 연구부터 품목허가까지 4년가량을 단축할 수 있다. 또한 살아 있는 세포나 조직, 유전물질 등을 원료로 하고 체내에 오래 머무르는 바이오의약품의 특성에 맞춰 차별화된 안전관리도 주요 목적이다. 다만 코오롱생명과학의 인보사 사태 등을 겪으면서 안전 관리 및 심사 기준이 추가된 것은 업계가 불만으로 꼽는 요소중 하나다. 예컨대 식약처는 세포 치료제의 품질 일관성 확보를 위해 세포은행 구축, 제조 공정 관리 등 제조 방법별 심사 평가 기준을 마련했다. 또한 치료제 원료가 되는 세포 유전적 특성 분석 등을 위해 식약처가 직접 유전학적 계통 분석STR 등도 진행한다. 세포 오염 및 감염 방지를 위한 준수 사항도 마련됐고, 세포 원료 채취 등을 위해선 관리업 허가를 받아야 한다. 과거에는 병원과 환자 동의를 받아 업체가 임의로 원료를 채취해 임상시험 등을 할 수 있었지만 이제는 원료 세포 채취·검사·처리를 전문으로 하는 '인체세포 관리업'이 신설돼 식약처의 허가를 받아야 한다.

그럼에도 국내 바이오 재생 치료제 분야에서 특별법이 만들어진 것 자체가 정부의 재생의료 육성 의지를 보여주는 것이고, 업체들이 신속한 개발에 나설 수 있는 유인을 제공했다는 점에서 의미가 크다.

줄기세포 업체들을 빼면 국내 재생의료 분야에서는 코스닥에 상장된 **엘앤씨바이오**가 최근 사업 활동이 왕성한 편이다. 엘앤씨바이오는 기증받은 인간의 사체로부터 피부를 추출해 이를 가공한 뒤 다양한 질환을 가진 환자에게 이식하는 기술을 갖고 있다. 회사가 개발한 피부이식재 메가덤MegaDerm은 3도 화상, 유방, 두피, 고막, 갑상

엘앤씨바이오의 재생치료제 '메가덤'

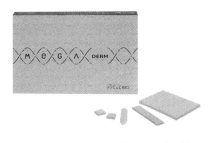

출처: 엘엔씨바이오

샘, 잇몸, 아킬레스건 재건 등에 쓰이는데 국내 피부재생 치료 시장점유율은 50%로 미국 **엘러간**을 제치고 1위다. 수입산 제품은 냉동 상태로 보관이 까다롭고 해동이 필요하지만 메가덤은 동결건조로 상온 보관이 가능해 작업이 간편하다. 또다른 피부이식재로는 일반 외상 및 만성 궤양 등의 모든 개방성 창상에 쓰이는 메가큐어MegaCure, 초기 화상 및 족부궤양 치료제인 메가케어 WMegaCare W를 갖고 있다.

엘앤씨바이오가 보유한 기술력의 요체는 다른 사람의 피부를 이식하면 환자가 면역거부 반응을 일으키는데 이같은 면역반응인자를 100% 제거해 무세포화 상태로 만드는 것이다. 이를 위해 사자(死者)의 피부에서 세포 및 지질을 제거한 세포외 기질을 가공 처리한 다음 이를 피부에 이식하면 환자 세포 환경에 맞게 재생을 위한 자연스러운 안착이 이뤄진다. 엘앤씨바이오는 무세포 진피 관련 특허 17개를 보유하고 있다.

이와 함께 동종연골 치료용 의료기기 메가카티MegaCarti는 기존의 인공관절과 달리 인체에서 유래한 연골을 이식해 무릎 손상을 복구하는 것이다. 메가카티는 2021년 1월 마지막 임상 피험자를 모집해 주입군과 위약군 90명에 대해 비교대조 임상을 시행했고, 2022년 상반기 중에 임상 결과가 나오는 대로 식약처에 품목허가를 신청할 계획이다. 의료기기로 분류돼 임상은 1회만 진행한다. 회사 측은 "메가카티는 늑골 부위의 연골 회복 및 재생에 쓰이던 치료제였는데 의사들이 메가카티를 잘게 잘라 무릎 연골에 넣어줬더니 1년 만에 재생되는 것을 이미 확인했다"고 밝혔다. 인공관절의 경우 내시경이나 최소 절개 시술을 통해 끼워넣지만 사용 연한이 10년~15년에 그친다. 반면 2022년 출시 예정인 메가카티는 미세천공시술로 한 번 주입하면 연골이 자연적으로 재생되면서 반영구적으로 쓸 수 있다고 회사 측은 설명한다.

JW중외제약은 신호 전달 경로를 조절하는 플랫폼 기술인 Wnt(윈트)를 이용해 재생의학 치료제를 개발 중이다. Wnt 신호 전달 경로는 조직 건강을 유지하는 역할을 하는 줄기세포에 주로 작용해 세포 재생과 분화를 조절한다. Wnt 신호 전달 경로를 활성화시켜 모낭 줄기세포와 모발 형성에 관여하는 세포를 증진하는 방식의 탈모 치료제 'JW0061'이 대표적이다. 미국 펜실베이니아 의대와 2022년 임상시험 개시를 목표로 전임상을 하고 있다. Wnt 플랫폼을 활용하면 치매·골관절염 치료제, 근육·피부 조직재생 등 다양한 재생 분야에서 성과를 낼 수 있다.

화상 치료 분야에서 성과를 내고 있는 테고사이언스는 재생의료 전문 업체다. 경증 화상 재생을 위한 세포치료제 칼로덤Kaloderm과 중증 화상자 대상의 홀로덤Holoderm, 주름 개선용 세포치료제 로스미르Rosmir를 출시했다. 칼로덤의 경우 화상 외에 일명 '당뇨발'로 알려진 당뇨병성 족부궤양에 대한 적응증을 승인받았다. 시장 점유율을 높이기 위해 2021년 2월 SK케미칼과 칼로덤에 대한 공동판매 계약을 체결하기도 했다.

특히 어깨 회전근개 파열 치료 시장에도 뛰어들었다. 중장년층 어깨 통증 가운데 하나인 회전근개 파열은 재생치료에서 새로운 분야에 속한다. 테고사이언스는 2022년 FDA에 회전근개 파열 치료제 'TPX-115'에 대한 임상1상을 신청할 계획이다. TPX-115는 동종유래 세포로 만들어져 상용화가 되면 대량생산이 가능하다. 동종유래는 환자 본인의 세포로 만드는 자가유래 세포치료제와 달리 타인의 세포를 기반으로 해서 범용성이 높고 가격도 저렴하다. 이와 별개로 또 다른 회전근개 파열 치료제인 'TPX-114'는 환자 본인의 세포에서 추출한 자가유래 세포를 활용한 것으로 국내 임상3상 중이다. 조만간 식약처에 품목허가를 받아 국내부터 출시할 예정으로 힘줄 자체의 재생을 목적으로 한 치료제가 된다. 건강보험심사평가원에 따르면 2019년 국내 회전근개 파열 환자는 96만 명이다. 전세계 회전근개 파열 치료제 시장 규모는 2020년 92억 달러에서 2024년 128억 달러에 이를 것으로 예상된다.

누리호 발사, 우주방사선 치료제 뭘까

2021년은 우주선 발사 이슈가 어느 때보다 많은 해였다. 미국에서는 높은 비용을 내고 일반인도 우주 관광을 떠날 수 있는 시대가 열렸다. **아마존** 창업자인 제프 베이조스는 2021년 7월 20일, 본인이 설립한 우주탐사 기업 **블루 오리진**이 만든 '뉴 셰퍼드' 우주선을 타고 3명의 다른 승객들과 함께 우주로 떠났다. 이들은 지상에서 100km 떨어진 지구와 우주 경계선까지 올라가 무중력 상태를 경험한 뒤 돌아왔다. 바로 직전인 7월 8일에는 **버진 갤럭틱** 오너인 리처드 브랜슨을 포함한 6명이 우주선을 타고 미국 NASA(항공우주국)가 정한 지구 대기 끝 지점(80km)을 넘어서는 민간인 최초의 우주 비행을 마쳤다. 전기차 기업 **테슬라**를 창업한 일론 머스크의 경우 2002년 일찌감치 우주탐사기업 **스페이스 엑스**를 설립하고 민간 유인 우주선을 개발하는 등 우주 활동이 가장 활발하다. 머스크는 2050년까지 화성에 인간이 살 수 있도록 식민지 개척 구상도 밝힌 바 있는데 그 역시 2021년 9월 민간인 4명과 우주로 떠나 사흘간 지구 주위를 돌아본 뒤 귀환했다.

국내에서는 누리호 발사가 '절반의 성공'을 거둔 것으로 평가받았다. 누리호는 2021년 10월 21일, 전남 고흥 나로우주센터에서 발사돼 1단~3단 로켓 분리에 성공하며 700㎞까지 올라갔지만 목표했던 궤도 안착에는 실패했다.

이처럼 우주 여행이 실현 가능한 얘기가 되면서 제약 분야에서도 우주 시대에 대비한 신약 개발이 논의되고 있다. 우주 환경이 멀리 떨어져 있는 지구와 다르기 때문에 우주에 머무르는 동안 발생할 수 있는 부작용을 피하는데 주안점을 두고 있다. 대표적인 부작용 중 하나는 우주방사선이다. 이는 우주에서 지구로 들어오는 고에너지의 양성자와 전자 같은 입자를 뜻하는데 우주상에서 지속적으로 노출될 경우 방사선 피폭 우려를 낳을 수 있다. 국제우주정거장이 방사선 노출을 최소화하기 위해 알루미늄 계열 재질로 되어있는 것도 이 때문이다. 2018년 국제우주정거장에 340일간 머물렀던 우주인이 지구에 귀환한 뒤 DNA 변화를 조사했더니 지구에만 있었던 그의 쌍둥이 형과 비교해 DNA 발현량이 7% 작게 나왔다. 당시 발표로는 등산이나 스쿠버다이빙을 할 때 생기는 자극에 따라 몸이 반응하는 수준에 불과한 것으로 나왔지만 NASA는 우주방사선이 인체에 어떤 영향을 미치는지에 대해 추가 연구가 필요하다고 밝혔다.

실제 북극 항로 등을 따라 고도 비행을 하는 기장과 승무원들은 우주방사선에 노출될 우려가 크다. 박상혁 더불어민주당 의원이 국토교통부로부터 제출받은 자료에 따르면 2019년 대한항공과 아시아나항공 승무원들의 평균 피폭량은 각각 2.82mSv(시버트), 2.79mSv로 원전 종사자 평균(0.43mSv)을 훨씬 웃돌았다. 이에 국토교통부는 2021년 5월 우주방사선 안전관리 기준을 대폭 개선하는 내용의 '승무원에 대한 우주방사선 안전관리 규정(고시)'을 개정하고 시행에 들어갔다. 안전기준이 연간 피폭량 50mSv(5년간 100mSv)에서 연간 6mSv로 낮아지고, 개인별 자료 보관 기간도 기존 5년에서 퇴직 후 30년 또는 75세까지 늘어난다.

국내에서 방사선 치료제를 개발 중인 대표적인 기업은 **엔지켐생명과학**이다. 회사는 2017년부터 항암 치료차 방사선을 쪼이면 입안이 헐고 피가 나는 구강점막염에 대한 치료제를 개발해왔는데 이를 급성 및 우주방사선 치료 분야로 확대하고 있다. 엔지켐생명과학은 자체 발굴한 후보물질 'EC-18'를 미국 국립보건원NIH 산하 국립알레르기전염병연구소NIAID 및 국방성DoD과 공동연구를 통해 급성방사선증후군 치료제로 개발하고 있다. EC-18은 2018년 12월 미국 FDA에서 급성방사선증후군ARS에 대한 희귀의약품으로 지정되기도 했다. 현재 임상2상을 진행 중인데 2022년 말까지 개발 완료를 목표로 하고 있다. 급성방사선증후군은 핵 공격이나 원자력 발전소 붕괴 등으로 짧은 시간에 치사량의 방사선에 노출되면 생길 수 있는 질환이다. EC-18은 녹용의 핵심 유효 성분인 플라그PLAG를 화학적으로 합성해 세계 최초로 개발한 토종 신약 물질이다. 항바이러스 작용과 사이토카인 폭풍Cytokine storm으로 알려진 과도한 면역반응을 막는 항염증 작용을 동시에 하는 치료 물질이다.

회사는 2020년 10월 미국 방사선학회에서 치사량의 방사선을 쏘인 뒤 EC-18을 투약하면 방사선에 의한 사망률을 크게 낮춰 급성방사선증후군 예방 및 치료 효과가 높다는 점을 공동 연구로 발표했다. 엔지켐생명과학은 '급성방사선증후군의 예방 또는 치료를 위한 조성물'에 대한 글로벌 특허도 출원했다.

엔지켐생명과학은 2021년 1월에는 NASA의 우주방사선 치료제

연구과제에도 최종 선정돼 새로운 방사선 물질 연구에 탄력이 붙고 있다. NASA 연구과제에는 총 66개 팀이 신청했는데 그 중 엔지켐생명과학을 포함해 8개 팀이 선정됐다. 손기영 대표는 "우주에는 지상보다 500배 이상의 많은 방사선이 방출되면서 암, 패혈증, 전신염증, 조직손상, 저체온증 등을 일으킬 수 있다"며 "경로 단축을 위해 북극을 거치는 항공 비행이나 컴퓨터단층촬영CT에서 나오는 감마파 등 일부 방사선이 인체에 영향을 줄 수 있어 치료제 개발이 시급하다"고 말했다.

6

피 한 방울로
암 판별하는 액체생검

2000년대 초반을 풍미했던 미국 진단 업체 **테라노스**의 창업자 엘리자베스 홈즈는 어린 시절 주사기 바늘이 무서웠던 경험에서 착안해 손가락 끝에서 얻은 피 한 방울로 질병을 쉽게 확인하는 기술을 개발했다고 선전했다. 그에 따르면 피 한 방울만 있으면 진단 가능한 질병 숫자는 암을 포함해 자그마치 240여 개에 달했다. 당연히 전 세계인들은 테라노스의 마법 같은 기술에 열광과 찬사를 보냈다. 테라노스는 한때 기업 가치가 최고 90억 달러를 기록하며 실리콘밸리를 대표하는 유니콘 스타트업(기업 가치 1조 원 이상)으로 떠올랐다. 미국 시사주간지 《타임》은 홈즈를 '세계에서 가장 영향력 있는 100인' 명단에 올렸고, 《포브스》는 그녀의 개인 재산을 5조 원이라고 평가했다.

하지만 테라노스와 홈즈가 쌓은 바벨탑은 2015년 ≪월스트리트 저널≫의 탐사 보도로 가짜였음이 드러나면서 무너져 내렸다. 테라노스의 기술은 독일 **지멘스**에서 만든 진단기기를 들여와 몰래 검사해주는 수준이었지만 사내 견제 장치는 전무했다. 홈즈가 장악한 이사회는 거수기에 불과한 70대~80대 노인들이 주축을 이뤘다. 헨리 키신저, 조지 슐츠, 윌리엄 페리, 제임스 매티스 등 국제 관계나 국방 분야에서 내로라하던 인사들이 병풍으로 세워졌고, 이들은 바이오 지식도 없이 비싼 보수를 받고 손녀뻘인 홈즈의 바람막이 역할을 했다. 홈즈는 본인 주식에 주당 100표 가치를 부여해 사내 투표권이 99.7%나 되는 등 황제 경영을 하며 이 같은 비밀을 철저히 차단했다.

테라노스는 모래성처럼 한순간에 사라졌지만 진단 분야가 바이오 미래에 새로운 먹거리가 될 수 있다는 점을 세간에 각인시켰다. 암 등 주요 질병을 간단한 방법으로 진단해낼 수 있다면 그 기술에 대한 투자가치는 엄청날 수밖에 없다는 점을 확실하게 보여줬다.

현재 암과 같은 치명적인 질병을 조기 진단할 때는 문제가 된 조직을 떼어내 살펴보는 '조직생검'을 주로 진행한다. 하지만 암세포가 포함된 조직을 발견하기도 어렵지만 몸속의 조직을 떼어내려면 절차도 복잡하고 시간도 많이 걸린다. 암이 있는지 여부를 판정하기 위해 장기 내부의 생체 조직 이곳저곳을 떼어내 검사한다고 상상해 보라. 검진 과정도 오래 걸리고 이래저래 불편할 수밖에 없다.

반면 혈액이나 대·소변, 침 등 체액을 뽑아내 암 여부를 판단할 수 있다면 간편할 것이다. 따라서 혈액 등 체액 내부를 떠다니는 암 유래 조직을 찾아내 암 발생 여부 및 진행 상황 등을 확인할 수 있도록 시도되고 있는 것이 액체생검Liquid Biopsy이다. 기존의 조직생검이 시술에 따른 불편과 흉터 발생, 결과 도출에 시간이 걸리고, 떼어낸 조직 상태에 따라 암 유무 판단이 달라지지만 액체생검은 이 같은 단점을 극복할 수 있다. 수술 이후 체액만을 분석해 예후를 관찰하는 데도 편리하다. 액체생검에서는 주로 혈액 내부를 떠다니는 순환암세포CTC나 암세포에서 유래한 순환종양유전자ctDNA 등을 분석해 암이 발생했는지 여부를 판단한다.

액체생검은 2017년 세계경제포럼WEF에서 미래혁신 10대 기술로 선정됐을 정도로 시장 전망이 밝은 편이다. 그랜드뷰리서치에 따르면 미국의 액체생검 시장 규모는 2016년 2349만 달러에서 2030년에는 23억 9100만 달러로 100배 이상 늘어날 전망이다. 미국 인공지능 기반 액체생검 벤처기업 **인터벤 바이오사이언스**는 2021년 8월 손정의 회장의 **소프트뱅크그룹** 등으로부터 2억 달러 남짓의 시리즈C 투자를 받았다. 이 회사는 혈액에서 당(糖)단백질체를 질량분석법과 AI로 분석해 암 등 질병을 진단하는 기술을 개발 중이다.

앞서 2016년에는 빌 게이츠 **마이크로소프트** 회장과 제프 베조스 **아마존** 회장이 미국의 액체생검 전문 바이오벤처였던 **그레일**에 공동으로 1억 달러를 투자하기도 했다. 간단한 방식의 암 진단 시장의 가능성을 염두에 둔 것인데 2020년에는 세계 최대 유전체 분석 장비 업체인 **일루미나**가 **그레일**을 인수하면서 큰 관심을 끌었다. 그레일이 개발한 액체생검 기술인 '갤러리Galleri'는 혈액 내 특정 조직에서 유리된 DNA를 얻어 암을 진단하는데 50개가 넘는 암 종에 대해 1기~4기 모든 병기에 걸쳐 탐지해낼 수 있다고 알려졌다. 발표된 논문에 따르면 갤러리의 위(僞)양성률은 1% 미만이고, 환자가 암 양성일 경우 정확도는 93%에 달한다. 특히 갤러리 검사는 두경부암, 대장암,

세계 액체생검 시장 규모 (단위: 달러)

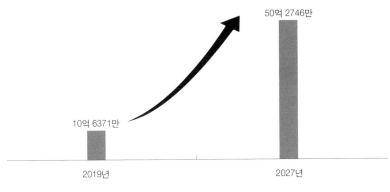

10억 6371만 — 2019년

50억 2746만 — 2027년

*자료: 베리파이드마켓리서치

폐암, 췌장암, 인후암 등 조기 식별이 힘든 암을 찾는데 효과적이다.

액체생검이 조직생검에 비해 간편하기는 하지만 문제는 극소량의 ctDNA 등의 바이오마커들이 얼마나 높은 민감도와 정확도를 갖느냐 하는 것이다. 혈액만으로 암 발생 여부를 모두 확진할 수 있다면 좋겠지만 지금까지는 조직생검을 완전히 대체하기는 힘든 상태다. 학계에서도 액체생검의 이론적 가능성은 인정하지만 전세계적으로 액체생검만으로 병원에서 암을 확진하는 사례는 사실상 없다. 국내 업계 관계자는 "정확한 진단을 하려면 암 발생과 관련된 극미량의 유전자를 증폭시켜야 하는데 가격 부담이 크고, 의사들이 조직생검의 기존 방식을 벗어나기가 어렵기 때문에 액체생검이 단독으로 상용화되는 데 한계가 있다"고 밝혔다. 최소한 앞으로 10년은 지나야 액체생검만으로 암 발생 여부를 판단할 수 있게 된다는 얘기다.

이에 액체생검을 암 진단 대신에 특정 환자의 질환에 최상의 맞춤

액체생검 활용 분야

조기 진단
혈액 내 암 유래 물질(ctDNA, CTC 등)로 암 발생 판별
정확도 아직 낮음, 기존 조직생검 관습 등으로 활용 힘듦

동반 진단
암 환자 대상으로 맞춤형 표적 치료제 개발에 활용
초기 암 대신 2기 이상 진전된 암을 대상으로 연구

모니터링
수술 예후 판단, 재발 및 약물 치료 효과 확인 가능

형 치료법을 찾는 데 활용하기도 한다. 즉 여러 항암제 가운데 자기 몸에 맞는 것을 선택하기 위해 액체생검에 따른 결과를 참고하는 것이다. 일명 동반 진단companion diagnostics으로 불린다. 국내 바이오 기업 **파나진**이 2019년 출시한 '파나뮤타이퍼 EGFR V2' 서비스가 대표적이다. 이는 검출된 표적의 민감도와 특이도를 높여 46종의 EGFR(상피세포 성장인자 수용체) 돌연변이를 검출해낸 뒤 환자별로 폐암 치료제의 효과를 파악할 수 있다. 회사 측은 "우리 제품은 폐암 2기 이상 환자를 대상으로 맞춤형 약물을 처방하기 위한 액체생검 서비스"라며 "폐암 환자들에게 이를 적용한 뒤 **아스트라제네카, 베링거인겔하임** 등이 만든 표적항암제 중 개인에 맞게 처방하게 된다"고 말했다. 또한 "폐 조직은 시술로 채취하기가 힘들어 액체생검의 대상으로 가장 적합한 분야"라며 "폐암을 확진할 혈액 내 바이오마커를 찾아낼 수 있다면 가장 빨리 액체생검이 활용될 수 있을 것"이라고 전했다.

전세계적으로 유전체 분석을 하거나 각종 진단기기를 개발해온 업체들이 주로 액체생검 사업에 뛰어들고 있다. 국내도 마찬가지다.

이원다이애그노믹스(EDGC)는 혈액 내에 ctDNA 양이 적어 초기 암 진단이 힘든 점을 개선해 조기 진단 가능성을 높이는 데 주력한다. 암이 진전되면 DNA에서 유전자 변형, 일명 '메틸화'가 일어나는데 회사는 이 과정에서 수만 개의 암 진단 타깃을 관찰할 수 있는 방법을 찾아냈다. 최근에는 강동경희대학병원과 공동으로 셀 프리cell-free DNA 액체생검으로 두경부암의 검출과 진행 경과를 추적하는 기술을 개발해 국제 학술지에 발표하기도 했다. 셀 프리 DNA 액체생검은 혈액 등 체액 속에 떠다니는 DNA를 분석해 암의 조기 진단과 진행 경과를 추적하는 혁신적인 진단법이다. EDGC는 2022년 하반기에 자체 액체생검 브랜드인 '온코캐치OncoCatch'를 선보인다는 계획이다. 이를 위해 2021년 3월에는 식약처로부터 액체생검 임상 GMP 승인을 마쳤다. 온코캐치는 극미량으로 존재해 발견이 힘든 암세포 유래 ctDNA를 효과적으로 검출해 분석하는 기술이다. 대개 암 특이적 돌연변이 마커는 종류가 적고, 환자 1인당 1개~2개에 불과해 암 환자 혈액 내에서 ctDNA 검출이 쉽지 않은데 EDGC는 이를 메틸화 패턴 분석과 NGS(차세대 염기서열 분석), 인공지능을 통해 해결한다는 복안이다. EDGC에 따르면 온코캐치를 통한 유방암, 대장암, 폐암 등 3대 암 검진율은 민감도·특이도가 90%를 넘는다. 회사 관계자는 "3기~4기 암은 증상이 충분히 발현되기 때문에 병원에 가서 검사를 받게 된다"며 "우리 제품은 그보다 찾아내기 힘든 극초기~1기 암에 대해서도 90% 이상의 정확한 진단을 목표로 하고 있다"고 밝혔다.

테라젠바이오는 암 치료 후 잔존 종양을 액체생검을 통해 탐지하는 기술을 개발하고 있다. 이를 통해 궁극적으로는 최신 유전체 분석 기법인 NGS(차세대 염기서열 분석)에 기반을 둔 체외 진단 의료기기(진단키트)를 출시할 계획이다. 특히 액체생검을 통해 확보한 개인 정보에 따라 맞춤형 암 백신을 개발하기 위해 항암 치료 백신 전문 기업인 **테라캔백**을 설립하기도 했다. 환자마다 다르게 발견되는 신생 항원을 파악한 뒤 이에 맞는 백신을 제조함으로써 체내 면역반응을 높여주는 것이 핵심이다. 암 항원을 찾으려면 조직검사가 필요하지만 환자 상태 등에 따라 검사가 어려운 경우가 많아 액체생검을 활용하게 된다. 회사 관계자는 "액체생검을 통해 암 환자의 치료 후 경과를 추적 관찰할 뿐만 아니라 향후에는 액체생검으로 확보한 환자의 유전자에 맞는 항암 백신을 개발하는 것이 목표"라고 말했다.

2021년 11월 국내 증시에 상장한 유전체 분석 전문기업 **지니너스**는 NGS에 기반을 둔 폐암 진단용 액체생검 제품인 '리퀴드스캔-렁 LiquidSCAN-Lung'에 대해 식약처에 체외진단의료기기 품목허가를 신청했다. 지니너스가 독자적으로 개발한 분자 바코딩 기술을 적용해 분석의 민감도·특이도를 높였고, NGS 방식이라 다양한 암세포 돌연변이 검출이 가능해 검사 효율성이 높다. 회사에 따르면 폐암에서 EGFR 돌연변이에 대한 임상을 위한 치료제를 결정하거나 저항성을 모니터링하기 위한 목적으로 사용할 수 있다.

액체생검 전문 업체인 **싸이토젠**은 자체 개발한 HDM 칩을 통해 암의 전이를 일으키는 CTC를 검출할 수 있는 플랫폼을 갖추고 있다. 싸이토젠은 2019년 6월 항암제 개발사인 **웰마커바이오**와 공동연구를 개시했다. 웰바커바이오는 암 진단을 받은 환자를 대상으로 유전자분석을 통해 맞춤형 항암제를 개발해주는 벤처업체다. 현재 대장암과 폐암, 간암 등에서 항암제 파이프라인을 갖고 있는데 개발 과정에서 싸이토젠의 액체생검 기술을 결합하게 되면 환자 상태에 적합한 최적의 치료제를 개발할 수 있게 되는 것이다.

유전체 분석업체인 **마크로젠**은 '악센Axen'이라는 액체생검 서비스를 출시했다. 혈액 내에 존재하는 암세포 유래 ctDNA를 분석해 유방암, 폐암, 간암 등 고형암을 진단하고 진행도를 모니터링하는 것이다. 액체생검 기술로 미래의 정밀의료 기반의 암 진단 및 치료법을 개발하기 위한 정부 과제에 참여하고 있다.

유망한 미래 바이오 소재 '엑소좀'

인체 내 기관들이 제대로 기능하려면 세포들이 서로 신호(정보)를 주고받는 행위가 필요하다. 세포 간에 신호를 교환하려면 단백질, 펩타이드, 화합물 등 다양한 물질을 세포 바깥으로 분비해야 한다. 이 물질들 중에 세포밖 소포체Extracellular vesicle라는 둥근 공 모양의 구조체들이 있는데 엑소좀Exosome은 이 가운데 지름 30나노미터~200나노미터 크기의 소포체를 특정한다.

하나의 엑소좀에는 단백질, 지질, mRNA, miRNA, tRNA 등 2만여 개 이상의 생체분자가 들어 있을 것으로 추정된다. 엑소좀이 세포 자체의 핵심 물질을 보유하고 있고, 세포 간에 신호 정보를 전달하기 때문에 질병 진단과 치료에 단서가 되는 차세대 유망 바이오 소재로 여겨지는 것이다. 즉 엑소좀은 다양한 생체분자들을 효능이 변질되지 않도록 이중 지질막으로 둘러싼 뒤 목적하는 세포 안까지 안전하게 전달하는 역할을 한다. 이를 통해 암세포나 병원 미생물 등의 엑소좀은 진단 목적으로, 그리고 줄기세포, 면역세포, 장내 유익균 등에서 나오는 엑소좀은 재생이나 면역 조절 등 치료용 소재로 개발하기 위한 연구가 진행되고 있다.

특히 암세포로 가는 면역세포 내부의 엑소좀에 약물을 탑재해 투입하는 방식으로 항암제 개발에도 쓰일수 있다. 또한 줄기세포 엑소좀을 활용한 치료제는 대량생산이 가능하고, 운송 보관이 쉬워서 기존의 줄기세포 치료제 대비 비용 부담이 상대적으로 작다.

또한 엑소좀은 혈관-뇌장벽을 통과할 수 있어 치료 효과가 높고, 줄기세포와 달리 자체 증식을 하지 않아 암 유발 가능성이 없으며 과도한 면역반응이 일어날 가능성도 낮은 것으로 알려져 있다.

시장조사 기관 데이터브릿지마켓에 따르면 2026년 글로벌 엑소좀 치료제 시장 규모는 316억 9100만 달러에 이를 전망이다. 2020년 3월 영국 바이오 기업 **에복스테라퓨틱스**는 엑소좀을 활용한 희귀질환 5개 후보물질을 공동 개발하기 위해 일본의 **다케다제약**과 8억 8200만 달러 규모의 기술이전 계약을 맺기도 했다.

미국 분자진단 업체 **퀴아젠**은 혈액 속에 있는 암세포 엑소좀으로부터 핵산(DNA·RNA)을 정제해서 2시간 만에 암 유무를 탐지하는 진단키트를 최초로 개발했다. 하지만 아직까지 신생 분야이다 보니 인체에 유효한 엑소좀의 발굴 및 제조, 대량생산, 분리 정제, 품질관리 등의 기술이 부족하고, 개발을 위한 표준화된 가이드라인이 확정되지 않은 상태다.

국내 대표적인 엑소좀 전문 업체인 **프로스테믹스**는 2013년부터 엑소좀을 이용한 치료용 소재와 기능성 원료를 개발하고 있다. 이미 자가면역질환 치료, 탈모 및 관절 질환 개선, 폐암 및 흑색종 억제 등에서 효과를 보이는 다수의 후보물질을 확보했다. 특히 줄기세포 유래 엑소좀의 대량생산 기술 확보에 따른 GMP 기준을 갖춘 시설을 보유하고 있다. 최근 집중하고 있는 분야는 마이크로바이옴 유래 엑소좀을 이용한 자가면역질환인 궤양성대장염 치료제로 임상1상 계획서 제출을 준비 중이다. 회사는 기존 자가면역질환 치료제의 대표적인 효능인 염증성 사이토카인 인터루킨-6 (Interleukin-6·IL-6) 억제와 손상된 장기 회복 등을 여러 동물 모델에서 확인했다. 또한 전임상 안전성 자료들과 엑소좀 의약품 개발에 핵심인 기준 및 규격 관련 원천특허도 확보했다. 이 소재는 자가면역질환 1차 치료제로 주로 사용되는 스테로이드 대비 뛰어난 효능을 갖는데 면역억제제나 스테로이드제가 갖고 있는 부작용과 낮은 복용 편의성을 해결할 수 있는 차세대 자가면역질환 치료제로 각광받고 있다.

엑소코바이오는 줄기세포 유래 엑소좀을 활용해 에스테틱 제품과 바이오 신약 개발을 하고 있다. 에스테틱 브랜드 'ASCE+'를 론칭하고 4개 제품을 국내외에 출시해 매출을 올리고 있다. 노화 방지, 재생, 항염 등의 기능을 가진 재생 전문 화장품이다. 엑소코바이오는 아토피 피부염 같은 염증성 질환을 대상으로 엑소좀 치료제(EXO101)를 개발 중인데 이를 위해 **차바이오텍**과 계약을 맺고 지방 유래 중간엽줄기세포를 공급받고 있다. 엑소코바이오는 2021년 미국 국제바이오기술협의회ICBA와 영국 BBC가 선정한 25개 혁신 바이오 기업 중 국내 업체로는 **삼성바이오로직스**와 함께 포함됐다. 또한 미국 바이오인포먼트의 「엑소좀 기반 치료제와 진단산업 분석 보고서」에서 엑소좀 관련 특허 및 논문 건수로 전세계 1위를 차지했다.

엠디뮨은 엑소좀을 활용해 약물을 체내에 효율적으로 전달하는 이른바 바이오드론BioDrone 플랫폼을 갖고 있다. 엑소좀에 항암제 등 필요한 약물을 넣으면 바이오드론이 질병 부위로 약물을 싣고 이동해 병을 치료한다. 다만 엑소좀이 체내에서 분비되는 양이 적기 때문에 면역항암제 앞에서는 치료 효율이 떨어진다. 그렇기 때문에 엠디뮨은 포스텍으로부터 세포를 인공적으로 압출해 엑소좀을 대량생산하는 기술을 이전받았다. 이를 통해 나오는 CDVCell Derived Vesicles(세포 유래 베지클)는 대량생산을 해도 물질의 균일성이 유지되고 다양한 원료 세포를 활용해 만들 수 있다. CDV는 기존에 천연적으로 얻는 엑소좀과 체내에서 동일한 기능을 하는 것으로 확인되어 엑소좀의 활용 가능성을 넓혀줄 것으로 기대를 모으고 있다.

이밖에 **엑소스템텍**은 퇴행성 관절염 치료제와 간섬유화 치료제를 개발하고 있다. 동물 모델에서 치료 효과를 입증한 만큼 2022년 임상에 들어갈 계획이다.

7

돼지 심장을 사람에게 이식,
이종장기

20세기 초반 소련의 생물학자 일리야 이바노프는 인간과 침팬지 간의 이종교배를 시도했다가 서방으로부터 지금까지도 '매드 사이언 티스트(미친 과학자)'라는 소리를 듣는다. 침팬지나 원숭이의 유전자 가 인간과 90% 이상 같다고 알려져 있지만 엄연히 다른 종끼리 교접 을 시키는 것은 종교나 윤리 차원을 떠나 일반 상식으로도 이해하기 어렵기 때문이다. 이바노프 박사는 1920년대 후반 소련 공산당 서기 장인 이오시프 스탈린으로부터 비공개 지원을 받아 인간을 침팬지 나 오랑우탄 등과 인공 수정시켜 새로운 생명체를 탄생시키는 계획 을 진행했다. 앞서 이바노프 박사는 소와 말, 토끼 등의 인종 수정에 성공하면서 명성을 얻었고, 스탈린은 이바노프를 이용해 인간보다 월등한 근로 능력을 가진 신인류의 창조를 꿈꿨다. 이바노프 박사는 암컷 침팬지의 자궁에 인간 남성의 정자를 주입하기도 했고, 거꾸로 침팬지나 오랑우탄의 정액을 5명의 여성에게 넣어 인공 수정을 시도 했지만 번번이 실패로 돌아갔다. DNA 등 유전자의 존재조차 몰랐던 당시로서는 무모한 도전이었다. 인간 침팬지인 휴먼지Humanzee를 창 조하는 작업은 극비리에 추진한 데다 이바노프 박사가 더 이상 쓸모 없어졌다고 판단한 소련 정부는 1930년 그를 카자흐스탄으로 추방 해버렸다. 이로써 인류 최초의 동물과의 이종교배 프로젝트는 소문 만 무성한 채 실패로 막을 내렸다.

인간은 이종교배를 통해 새로운 종을 만들어내지는 못했지만 이 제 인간 몸속의 장기를 동물의 장기로 대체하는 것은 어떨까에 대한 논의가 활발해졌다. 암 등의 치명적인 질환으로 위나 간, 폐, 심장 등 의 장기를 절제해야 하는 환자라면 타인으로부터 같은 장기를 이식 받는 것이 가장 좋은 방법이다. 하지만 수술이 필요할 때 이식받을 수 있는 장기를 바로 구하기도 어렵고, 무엇보다 장기이식은 수요가 공급보다 많을 수밖에 없다. 국내에서 남의 장기를 제때 확보해 이 식수술을 받을 수 있는 사람은 10명 중 1명에 불과하다.

이로 인해 그 대안으로 떠오르는 것이 동물의 장기를 활용하는 방 법이다. 사람과 종이 다른 동물로부터 이종장기를 이식받아 생명 연 장을 위한 마지막 시도를 하게 되는 것이다. 일각에서는 인간이 살 기 위해 동물의 장기를 떼어내는 일이 동물 생명윤리에 반하다는 목 소리도 있지만 부족한 장기를 보다 수월하게 확보할 수 있다는 측면 에서 각광받고 있다. 또한 타인의 장기를 이식받는 환자의 경우 장 기를 공여한 사람에게 죄책감을 갖게 되고, 죽은 사람의 장기를 제 공받으려면 고인의 가족들로부터 복잡한 과정을 거쳐 동의를 받아

세계 바이오 이종장기 시장 규모 (단위: 달러)

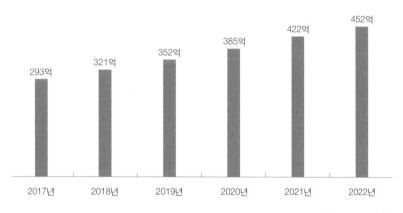

자료: 시온마켓리서치

야 하는 등 절차가 필요하기 때문에 동물의 이종장기이식은 더욱 주목을 받는다. 특히 앞으로 고령화가 진행될수록 만성질환 유병률이 증가하고, 암 투병 등을 거쳐 장기이식이 필요한 환자는 늘어날 수밖에 없다. 그렇다면 이종장기 사업이 대안이 될 확률이 높다.

이종장기 개발에서 핵심 열쇠는 동물 장기가 인체에 들어가 정상적인 작동을 할 수 있는가 하는 점이다. 동물의 장기를 인간의 몸속에 넣었을 때 면역 거부반응이 발생해 오히려 기존 장기마저 손상시키고 지병을 악화시킬 수 있기 때문이다. 면역 거부반응은 우리 몸속에 다른 동물의 장기가 들어오면 면역 시스템이 그 장기를 적으로 간주해 파괴해버리는 것이다. 만일 돼지의 장기가 사람에게 이식되면 인간 면역체계는 돼지 장기의 표면에 있는 알파갈α-Gal이라는 단백질을 공격한다. 알파갈은 인간 등 영장류에는 없는 물질이기 때문에 공격을 받게 되고, 결국 이식된 장기는 제 역할을 하지 못하게 되어 몸은 망가질 수밖에 없다.

2022년 1월 미국 메릴랜드대학교 의대는 유전자 조작을 가한 돼지 심장을 말기 심장질환을 앓는 57세 남성 환자에게 이식하는 수술을 시행해 초기 거부반응을 일으키지 않는 성과를 냈다. 다른 치료 방법이 없어 죽음을 앞둔 환자에게 FDA가 긴급 수술을 승인하면서 세계 최초로 돼지 심장을 이식받고 건강을 되찾은 사례가 됐다. 돼지 세포막에 있는 특이 유전자를 없애고 인간 면역체계에 관여하는 유전자를 새로 삽입하는 등 유전자 변형 과정을 거쳐 면역거부 반응을 없앤 것이 주효했다. 물론 이 환자는 돼지 심장을 이식받은 지 두 달 만에 사망했는데 이종장기를 이식받고 수술 초기에 나타나는 급성 거부반응을 극복했다는 점에서 인류에 희망을 선사했다. 앞서 1984년 미국에서 개코원숭이 심장을 어린아이에게 이식했지만 수술 후 20일 만에 사망한 바 있다. 이렇듯 이종장기 개발과 이식은 인체 내에서 면역 거부반응을 어떻게 없앨 수 있는지에 초점을 맞추게 된다.

따라서 동물 장기를 이식하려면 먼저 면역 거부반응을 유발할 만한 유전자를 제거하거나 거부반응을 극복하는 데 도움이 되는 형질전환 유전자를 투여하는 작업이 선행된다. 인체 면역 시스템이 이종장기를 받아들일 수 있도록 형질전환 유전자를 미리 넣어줘서 몸 속의 면역 형질을 바꿔주는 것이다.

이종장기 개발 초기에는 원숭이 등 영장류가 인간과 유전자가 가장 비슷하기 때문에 원숭이 장기에 관한 연구가 많이 이뤄졌다. 하지만 이들 장기의 크기는 매우 작은데다 후천성 면역결핍증AIDS 등 이종간 전염이 가능한 질병들이 발견되면서 돼지로 바뀌었다. 60kg 이하로 개량된 미니 돼지는 유전자 구조 및 생리 해부학적 요소가 인간과 유사해 이종장기 개발에 가장 적합한 것으로 평가받는다. 돼지는 오랫동안 인간과 같이 살아온 가축으로서 임신 기간이 3개월~4개월로 짧은 데다 한 번에 5마리~12마리 출산이 가능해 생산성 측면에서 강점이 있다.

이에 따라 이종장기는 유전자 편집을 통해 인간의 몸속에 이식할 수 있는 최적화한 형질전환 미니 돼지를 개발하는 것에서 시작된다. 돼지 장기에서 면역 거부반응을 일으키는 유전자가 제거된 형질전환 세포를 주입해서 복제 수정란을 만든 뒤 이 수정란을 돼지 대리모에게 착상하게 된다. 여기에서 태어난 무균 돼지를 사육해서 필요한 환자에게 이식할 간과 신장 등 이종장기를 생산해내는 것이다.

2000년대 들어 해외 바이오 기업들은 면역 거부반응을 일으킬 소지가 있는 유전자를 제거한 형질전환 돼지Transgenic Mini-Pig를 만들기 시작했다. 특히 크리스퍼 유전자 가위 기술이 등장하면서 유전자 편집을 통한 형질전환 돼지 확보가 용이해졌고, 이종장기 개발도 속도를 내고 있다. 국내에서는 2009년 4월 단국대학교 연구팀이 형질전환 무균 미니 돼지 지노Xeno를 최초로 생산하기도 했다. 하지만 돼지에서 채취한 장기를 활용해 인체에 이식해보는 임상시험 건 수는 전세계적으로 극소수일 뿐만 아니라 아직 성공한 사례도 없다. 일본의 한 바이오 기업에서 돼지 췌도를 활용한 이종장기 임상2상을 끝냈다. 미국국립보건원NIH이 돼지의 심장을 원숭이에 이식해 195일을 생존한 사례를 2018년 12월 ≪네이처≫에 발표했지만 이는 인체 이식이 아니었다.

국내에서 대표적인 이종장기 개발 전문 업체는 **제넨바이오**다. 서울대학교 의과대학 바이오이종장기개발사업단, 길병원과 협업해

2020년 8월 세계 최초로 국제적 기준을 준수하는 돼지 췌도 이종 이식 임상1상 및 전기 임상2상 시험 계획을 식약처에 제출했다. 식약처 허가가 나면 무균 돼지 췌도를 이용한 세계 최초의 이종장기이식 임상이 가능해진다. 과거에 중국과 러시아, 뉴질랜드 등에서 돼지 각막과 췌도를 인체에 이식하는 임상이 있었지만 세계이종이식학회 등 국제기관 가이드라인에 따른 임상은 아니었다. 제넨바이오가 췌도 임상을 개시하면 국제적 기준에 따른 세계 첫 이종장기이식 임상이 되는 것이다.

회사는 제1형 당뇨병 환자 가운데 장기이식이 급박한 2명을 대상으로 돼지 췌도를 이식한다는 계획이다. 좀 더 정확히 표현하면 미니 돼지 췌도를 바로 이식하는 것이 아니라 췌장에서 인슐린 등을 분비하는 췌도 세포를 분리해 이식하는 것이다. 췌도를 직접 이식하면 수술이 복잡하고 회복이 오래 걸리지만 췌도 세포 이식은 간문맥에 주사하면 되기 때문에 간편하다. 제넨바이오는 췌도 이식을 성공리에 끝내고 나면 향후 간이나 심장, 폐 등의 다른 장기로 이종장기이식을 확대해나갈 계획이다.

옵티팜도 이종장기 개발에 나서 미니 돼지를 활용한 이종 췌도와 이종신장 연구개발을 진행 중이다. 이종췌도는 다른 고형 장기와는 달리 장기 자체가 아닌 세포를 이식하기 때문

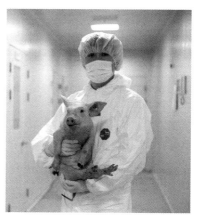
이종장기이식에 쓰이는 형질전환 미니 돼지

출처: 옵티팜

에 이종장기 분야에서 사업화 가능성이 가장 빠를 것으로 예상된다. 옵티팜은 돼지 한 마리로부터 사람 한 명에게 이식이 가능한 수준으로 췌도 세포를 분리하는데 성공했고, 췌도 세포의 생존율을 높이기 위해 췌도에 코팅하는 피막화 기술에 대한 특허도 취득했다. 소동물 실험을 마무리하고, 2022년 영장류 대상 비임상 실험을 진행할 계획이다.

간, 신장, 심장, 폐 등 고형 장기는 피부, 각막, 췌도 등 부분 장기에 비해 이식에 따른 위험성이 상대적으로 높다. 옵티팜은 2020년 4월 보건산업진흥원이 주관하는 첨단의료기술개발 부문에서 이종장기이식 임상 적용 가능성 검증 과제 수행자로 선정됐다. 옵티팜과 서울대병원, 삼성서울병원 등 5개 기관이 공동 참여해 신장과 간을 사람에게 이식할 수 있는지 여부를 확인 중이다. 영장류에 돼지 장기를 이식한 결과 신장은 86일, 간은 35일 생존하는 것으로 나타났다. 앞으로 다양한 형질전환돼지를 활용해 인체 임상 가능성을 검증하게 된다.

옵티팜은 또 사람에게 인수공통전염병을 일으키는 돼지 내인성 레트로 바이러스 C타입을 비활성화하고 수술 후 초급성 면역거부반응을 일으키는 '알파갈' 유전자를 뺀 형질전환돼지를 확보하고 있다. 여기에 돼지로부터 6개 유전자를 빼내고 사람 유전자 4개를 넣은 형질전환 돼지 생산 기술을 확보했고, 면역거부반응을 제어하기 위한 연구를 진행 중이다.

줄기세포로 만든 미니 장기 '오가노이드'

이종장기 개발과 이식은 살아 있는 동물을 이용한다는 윤리적 불편함과 함께 면역 거부반응을 완벽히 차단하기 힘들다는 난점이 있다. 또한 동물 장기의 수명이 매우 짧기 때문에 이종장기를 이식해도 생명을 연장할 수 있는 기간은 1년~3년에 불과하다. 결국 타인의 장기를 받을 수 없다면 본인의 줄기세포를 이용해 훼손된 장기를 개발하거나 최신 3D 프린팅 기법 등을 활용해 인공 장기artificial organs를 만들어 이식 후 지속성을 높이는 방법밖에 없다. 후자는 건강한 사람의 특정 세포를 배양한 뒤 잘 자란 세포를 3D 프린터로 찍어내는 작업을 반복하면 인공 장기로 만들 수 있다고 한다. 하지만 최근 생명과학계에서 큰 관심을 두고 있는 분야는 오가노이드organoid로 불리는 줄기세포 미니 장기다. 이는 줄기세포를 배양해서 다양한 인간 장기의 구조와 기능을 재현하도록 만든 것이다. 장기를 뜻하는 'Organ'과 유사하다는 의미의 접미사 '-oid'가 결합한 합성어로 한국말로는 장기 유사체, 미니 장기, 유사 장기 등으로 불린다.

연구자들이 인체를 대상으로 임상시험을 반복해서 수행하기는 쉽지 않다. 그렇기 때문에 인체 속 특정 장기와 비슷한 오가노이드를 만들어 활용한다. 물론 인체에 투여하기 위한 치료제를 만들기에 앞서 쥐나 원숭이 등을 대상으로 동물실험을 할 수 있지만 그 결과치가 인체에서와 100% 동일하게 나타날 것으로 기대할 수 없다. 실제 동물 대상 실험에서는 독성을 나타내지 않아 인체에 투약했는데 이후 간 독성을 일으켜 피험자가 사망한 사건도 있었다. 이후 연구진이 간 오가노이드를 만들어 여기에 해당 약물을 투여했더니 독성 발생을 쉽게 확인할 수 있었다. 오가노이드는 동물실험에서 확인하기 힘든 인체 장기에 미치는 영향을 직접적으로 파악할 수 있는 강점이 있는 것이다. 특히 임상시험용 동물을 키우는 비용도 만만치 않은데다 동물의 생명권을 주장하는 시민단체들의 목소리가 커지고 있는데 오가노이드는 이 같은 논란에서 비교적 자유롭다.

오가노이드는 인간의 장기를 몸 밖에서 만들어내는 것이기 때문에 몸에서 채취한 줄기세포를 활용하는 것이 일반적이다. 우리 몸 장기 내부에는 새로운 세포들을 계속 공급할 수 있는 성체줄기세포가 존재하는데 오가노이드를 만들기 위해서는 대장 내시경 등을 통해 성체줄기세포를 함유한 장intestine의 조직 일부를 떼어내야 한다. 시험관에 담아둔 해당 조직에 마치 몸속과 유사한 생육 환경을 제공해주고 적절한 성장인자를 넣어 관리해주면 성체줄기세포가 실제 장 조직과 비슷한 오가노이드를 만들어낸다. 오가노이드는 2009년 네덜란드의 한스 클레버 박사팀이 쥐의 직장 성체줄기세포를 이용해 제작한 것을 시작으로 개발이 본격적으로 이뤄졌다. 이후 신장, 갑상선, 간 등 다양한 장기의 오가노이드가 제작됐고, 3D 바이오 프린팅 기술이 발전하면서 오가노이드의 외연을 넓히고 있다. 최근 관심을 끌고 있는 마이크로바이옴 연구에서도 미생물의 장내 환경을 정확히 구현하기 위해 줄기세포를 활용한 장 오가노이드가 제작되기도 했다. 또한 뇌 오가노이드(미니 뇌)는 성체줄기세포에 비해 분화능이 원초적이고 재생 능력이 탁월한 배아줄기세포나 유도만능줄기세포를 이용하는 것으로 알려져 있다.

특히 정상적인 미니 장기를 만드는 것이 아니라 아예 병에 걸린 오가노이드를 제작해 여기에 신약을 투여하는 연구임상도 활발하다. 암세포 조직을 떼어내 일명 '암 오가노이드'를 만든 뒤 여기에 개발 중인 항암제를 시험해볼 수 있다. 네덜란드 암연구소는 암 환자로부터 유래한 암 오가노이드를 제작한 뒤 환자 혈액에서 분리한 면역세포를 함께 배양시키면 특정 조건에서 암 오가노이드를 공격하는 면역세포의 수가 크게 증가한 것을 발견했다. 최근에는 오가노이드에 코로나19를 감염시킨 뒤 약물 재창출이나 연구 중인 치료제의 효과를 확인하는 데 사용되기도 한다.

하지만 전세계적으로 오가노이드를 활용한 연구는 아직 초기 단계다. 신약을 개발하는 데 직접 쓰이기보다는 주로 질병 치료에 적합한 약물을 스크리닝하는 목적으로 사용되고 있다. 하지만 인간 장기와 매우 유사한 오가노이드 기술이 계속 발전하고 있어 조만간 난치병 극복에 기여할 수 있을 전망이다. 미국 소크 생물학연구소는 2020년 11월 '당뇨병을 치료할 수 있는 인슐린 분비 오가노이드를 개발했다'며 국제 학술지 《네이처》에 발표하기도 했다. 이로써 췌장 기능에 문제가 생겨 인슐린 분비가 잘 안 되어 생기는 만성 당뇨병을 연구하는 데 새로운 길이 열렸다. 앞으로는 췌장암이나 파킨슨병 등 난치성질환 치료제를 개발하는 데도 오가노이드가 적극 활용될 전망이다.

국내 대표적인 오가노이드 업체는 이현숙 서울대학교 생명과학부 교수가 대표로 있는 **넥스트앤바이오**다. 2018년 설립된 넥스트앤바이오는 서울대학교 생명과학 및 고려대학교 기계공학 전공자들로 해서 높은 수준의 인체 조직 미세환경 구현이 가능한 오가노이드 기술을 확보했다. 이를 바탕으로 맞춤형 정밀의료 플랫폼을 개발하고 있다.

넥스트앤바이오는 바이오와 나노시스템 공학을 융합해 표준화한 오가노이드의 대량생산이 가능한 플랫폼 기술을 완성했다. 환자에서 얻은 조직에서 오가노이드를 표준화·대량화할 수 있는 원천기술 특허를 갖고 있다. 이는 그동안 표준화한 오가노이드의 대량생산이 어려워 상용화가 힘든 한계를 뛰어넘은 것이다. 넥스트앤바이오는 환자 유래 오가노이드를 통해 '질환 모델 구축', '신약 후보물질 효능 검사', '환자 맞춤형 약물 선별' 기능을 제공해 연구부터 임상 전주기 걸쳐 정밀의료 솔루션을 제공한다.

2021년 12월 말 **한국콜마홀딩스**는 넥스트앤바이오의 지분 40%를 인수하는 계약을 체결하면서 최대 주주가 됐다. 한국콜마홀딩스는 넥스트앤바이오가 보유한 오가노이드 기술을 기반으로 배양 키트와 신약 후보물질 효능검증, 환자 맞춤형 항암제, 난치성질환 치료제 유효성 검사 등을 사업화한다고 밝혔다. 넥스트앤바이오는 한국콜마홀딩스 관계사인 **HK이노엔**, **HK콜마** 등과도 협력해 제약, 화장품, 건강기능식품 분야에서 협력을 진행한다. 이현숙 넥스트앤바이오 대표는 "국내 메이저 병원, 독일 막스플랑크연구소 같은 유수의 연구기관들과 협력해 맞춤형 치료를 위한 정밀의료 플랫폼 기술을 확보해가겠다"고 말했다.

8

인공지능으로
신약 개발 속도 높인다

2016년 3월 구글의 인공지능 바둑프로그램인 알파고AlphaGo는 여러 국제 기전에서 18차례나 우승했던 이세돌 9단과의 대국에서 승리를 거뒀다. 바둑은 체스 등 다른 종목과 달리 컴퓨터가 인간을 이기기 어려울 것으로 여겨졌다. 이미 있는 말을 옮기는 체스와 달리 새로운 돌을 아무 곳에나 둘 수 있는 바둑은 경우의 수가 너무 많았기 때문이다. 하지만 알파고는 수만 건에 달하는 기보를 분석해 대략적인 룰을 학습한 뒤 자가 대국을 통해 승리 확률을 높이는 방법으로 인간을 이겼다.

바둑과 신약 개발은 비슷한 점이 많다. 바둑돌을 한 수 두 수 놓으며 유리한 구도를 만들어가는 방식과 질병 부위에 딱 들어맞는 치료물질을 수많은 후보물질 중에서 찾아내는 과정이 매우 흡사하다. 제약사들은 신약 개발을 위해 더 많은 R&D(연구개발) 비용을 투자하고 있지만 실제로 품목허가를 받는 약의 수는 줄어들고 있다. 바이오의약품은 구조가 복잡해 신약 후보물질을 찾기 힘들고 비교적 간단하게 원자의 구조를 조합해 만드는 합성의약품의 경우 '이미 나올 만한 약은 다 나왔다'는 평마저 나온다. 글로벌 제약사는 떡잎이 괜찮아 보이는 바이오벤처를 사버리는 오픈 이노베이션 열풍에 빠졌고, 연구 없이 임상 등 개발만 진행하는 NRDO 역시 이 같은 현실에서 발생한 모델이다.

알파고가 이세돌을 이긴 배경에는 딥러닝deep learning이 있다. 딥러닝은 컴퓨터가 사람처럼 생각하고 학습할 수 있도록 한 기술로 2차원·3차원 이미지를 컴퓨터가 처리 가능한 형태인 벡터나 그래프 등으로 표현하고 학습하는 모델을 구축하는 방식을 뜻한다. 2019년 9월 과학학술지 ≪네이처≫에는 딥러닝을 통한 신약 후보물질의 개발 과정을 담은 논문이 실렸다. AI를 활용한 신약 개발 스타트업인 **인실리코 메디슨**의 연구자들이 주도한 이 연구는 'DDR1'이라는 신경증을 유발하는 효소를 저해해 신경증을 치료할 수 있는 신약 후보물질을 딥러닝으로 찾아냈다는 내용이다. 이들은 'GENTRL'이라 이름 붙인 모델을 구축하고 이를 통해 21일 만에 3만 개의 신약 후보물질을 찾아냈다. 이후 상업화가 어려울 것으로 추측되는 구조를 제외한 뒤 40개의 신약 후보물질을 합성하기 시작했다. 35일 뒤 연구자들은 최종적으로 6개를 합성했다. 시험관 실험을 통해 만들어낸 후보물질 6개 중 2개는 효과가 좋았고, 2개는 중간 수준이었고, 나머지 2개는 효과가 없었다. 물론 동물실험조차 거치지 않았지만 신약 개발의 패러다임이 바뀔 수도 있음을 보여준 사례다. 인실리코 메디슨이 개발한 GENTRL 시스템을 활용하면 후보물질 발굴에 수년이 소요되는 기존 방법보다 15배 이상 빠르다. 기존 신약 개발 프로세스에서는 2년 이상의 시간과 수백만 달러가 들지만 GENTRL은 35일, 15만 달러면 충분하다.

인공지능을 활용한 신약 개발에 도전한 AI 회사 수는 점점 더 늘어나고 있다. 벤치SCI의 조사 자료에 따르면 AI를 신약 개발에 활용하는 스타트업은 2018년 6월 65개에서 2019년 9월 150개로 증가했다. 인실리코 메디슨과 함께 인공지능을 활용한 신약 개발에 가장 앞섰다고 평가받는 곳은 미국 실리콘밸리의 **아톰와이즈**다. 2012년에 설립된 이 회사는 알파고에도 사용된 CNN(합성 곱신경망)을 이용해 신약 후보물질을 찾는다. CNN은 쉽게 설명하자면 2차원의 그림을 인공지능이 인식할 수 있는 데이터로 변환하는 과정이다. 이를 활용하면 실생활에서 옷, 사람, 동물 등을 높은 확률로 인식할 수 있다. 아톰와이즈는 이미 결합하는 것으로 알려진 단백질과 합성의약품의 구조를 CNN을 통해 AI에 학습시켰다.

합성의약품의 성패는 목표로 한 단백질에 얼마나 잘 붙는지 여부에 달려 있다. 여기서 단백질은 신체 기능을 유지하는 효소일 수도 있고, 어떠한 물질을 받아들이는 수용체일 수도 있다. 합성의약품은 이들 단백질과 결합해 단백질의 기능을 조절하고 이를 통해 병을 낫게 한다. 과거에는 결합력을 알아내기 위해 두 물질 사이의 결합력을 복잡한 수식으로 계산해야 했다. 하나하나 계산해야 했던 만큼 시간이 오래 걸릴 수밖에 없었다.

CNN을 활용한 방식은 이 같은 틀을 깼다. 기존에 계산하는 과정에서 필요했던 화학적·전기적 특성 등은 전혀 학습하지 않은 채 AI

는 입력된 사례들을 바탕으로 어떤 특성을 가진 물질이 원하는 단백질과 결합하는지만 스스로 깨닫는다.

알파고 역시 비슷한 방식으로 바둑을 배웠다. 알파고는 이세돌과의 대국에 앞서 기존에 나온 기보들을 학습했다고 하는데 이 과정에서 바둑의 규칙, 프로 기사들이 바둑을 두는 방법 등은 전혀 중요하지 않았다. 바둑 기보 자체를 이미지로 바꿔 스스로 분석하며 특정 이미지에서 흰 돌과 검은 돌의 승률을 계산했을 뿐이다.

아톰와이즈의 실험 결과는 놀라웠다. 복잡한 수식으로 계산한 결합력보다 딥러닝을 활용한 방식의 정확도가 훨씬 높았다. 이를 발표한 이후 아톰와이즈는 글로벌 제약사들과 협력하기 시작했다. 오랫동안 신약 개발을 진행했던 이 제약사들에 학습할 데이터가 가장 많기 때문이다.

AI를 통해 도출한 신약 후보물질로 임상시험에 진입한 회사도 있다. 2020년 2월 **엑센시아**는 일본 제약사 다이닛폰스미토모제약과 함께 찾아낸 강박장애 치료 후보물질의 임상1상에 진입했다. 비록 기존에 출시한 신약과 기전이 비슷하다는 단점이 있지만 3년 정도 걸리던 전임상시험 기간을 1년 이내로 단축했다는 점에서 의미 있는 성과였다.

국내에서도 AI로 신약 후보물질을 찾아주는 스타트업이 족족 생기고 있다. SK로부터 100억 원의 투자를 받은 **스탠다임**은 약물이 특정 세포나 유전자에 어떻게 반응하는지에 대한 정보를 학습한 '스탠다임 인사이트'와 220만 건에 이르는 물질의 구조와 기능을 딥러닝으로 학습한 '스탠다임 베스트' 등의 플랫폼을 보유하고 있다.

스탠다임과 **SK케미칼**은 2021년 초 류머티즘성관절염 치료 물질에 대한 특허를 출원했고 7월부터는 스탠다임 신약 AI 플랫폼 '스탠다임 인사이트'를 통해 비알코올성 지방간염 신약 후보물질에 대해 공동으로 임상시험을 진행하고 있다. SK케미칼은 스탠다임 말고도 **디어젠**, **닥터노아** 등 AI 신약 개발사와 전략적 협업을 진행 중이다.

신테카바이오는 2020년 6월 1000대에 가까운 컴퓨터를 연결한 AI로 2700개의 사스SARS(중증 급성 호흡기 증후군), 메르스MERS(중동 호흡기 증후군) 치료제를 분석해 30종의 의약품을 찾아냈다. 이 중 렘데시비르와 유사한 수준의 코로나19 치료 효과가 있을 것으로 예상되는 1종을 발굴해 특허를 출원했다.

제약사들도 신약 개발에 AI를 접목하고 있다. **유한양행**은 신테카바이오에 50억 원의 지분을 투자해 신약 후보물질을 탐색하고 환자의 유전체 분석으로 몸속 변화를 알아낼 수 있는 지표인 바이오마커biomarker를 발굴할 수 있도록 협업 체계를 구축했다. **한미약품**은 스탠다임과 공동연구 계약을 체결하고 항암제를 개발하고 있다. **대웅제약** 역시 미국 **A2A파마**와 잡고 항암 신약 개발을 공동으로 연구하고 있다. A2A파마가 전용 플랫폼인 'SCULPT'를 활용해 신규 화합물을 설계하면 대웅제약은 이를 기반으로 물질 합성과 평가를 수행해 항암 신약 후보물질을 도출한다.

한편 인공지능과 협업이 가장 활발한 바이오헬스 분야는 의료 영상 분석이다. 진료 과정에서 축적된 이미지, 영상, 텍스트 등의 임상 데이터를 AI가 학습하도록 해 질병 진단에 도움을 주는 방식이다. 의사들이 직접 눈으로 확인하는 것에 비해 진단 시간이 짧고, 더 많은 데이터를 활용해 판단이 가능한 만큼 정확도가 높다. 영상의학과 전문의 부족과 판독 일관성 확보의 어려움을 동시에 해결할 수 있다. 이 때문에 식약처의 관심도 높다.

우리나라 식약처는 2020년 국제의료기기규제협의체에서 AI 분야 초대 의장국을 맡았고 2021년 AI 의료기기 국제 가이드라인을 세계 최초로 승인받았다. 2022년 3월 최종본이 나올 예정이다. 2018년 세계 최초로 AI 활용 의료기기의 품목허가를 이끌어낸 데 이은 성과다. 미국과 일본에서도 AI를 활용한 의료기기의 품목허가 규정이 아직 없다.

가이드라인에서 AI 기계학습 의료기기를 '의료적 목적을 달성하기 위해 부분적으로 또는 전체적으로 기계학습을 사용하는 기기'라고 정의했다. 식약처는 이번 가이드라인에 맞춰 국내 규정을 국제 표준에 맞출 방침이다. 이렇게 되면 국산 의료기기가 좀 더 쉽고 단시간에 해외로 진출할 수 있게 된다.

이 같은 환경에 힘입어 국내에서 인공지능을 활용한 의료 영상 분석 기기 시장에 뛰어드는 업체들이 급증하고 있다. 2018년 세계 최초로 AI를 활용한 골 연령 진단 보조 제품 '뷰노 메드 본 에이지'의 품목허가를 이끌어 낸 **뷰노**가 대표적이다. 또한 이 업체가 만든 '뷰노 메드 펀더스'는 안구의 뒷부분인 안저를 카메라로 촬영, AI가 혈관을 분석해 녹내장 등 12가지 질환을 진단하는데 식약처의 국내 1호 혁신 의료기기로도 지정됐다.

루닛 역시 국내 AI 의료기기 시장을 이끄는 기업 중 하나다. 대표 제품 루닛 인사이트는 흉부 X레이를 분석하는 '루닛 인사이트 CXR'과 유방암 등이 의심되는 이상 부위를 분석하는 유방 촬영술 '루닛 인사이트 MMG'가 있다. 루닛은 2016년 의료영상처리학회가 개최한 유방암 환자 영상에서 종양 확산 정도를 분석하는 이미지 인식 경연

대회에서 1등을 차지했다.

코로나19를 진단하는 AI 의료기기도 늘어나고 있다. **메디컬아이피**는 흉부 컴퓨터 단층 촬영CT 영상에서 코로나19로 인한 폐렴 병변을 1분 내 찾는 의료기기 '메딥 코비드19'를 개발해 전세계에 무료 배포했다. 뷰노와 루닛 등도 유사한 기기를 개발했다.

AI 의료기기 개발에 있어 우리나라의 강점은 우수한 정보통신기술과 풍부한 의료 데이터다. 서울 내 주요 병원에 희귀질환을 포함한 다양한 병증의 환자가 몰리는 만큼 이들 병원과 협업해 빅데이터를 분석할 경우 전세계에서 통용될 수 있을 만한 제품을 만들 수 있다. 식약처에 따르면 2018년 첫 제품 허가 이후 2021년 1월 둘째 주까지 국내에서 허가받은 AI 의료기기는 64개 제품에 달한다. 2018년 4개에서 2019년 10개, 2020년 50개로 급증하고 있다.

정밀한 수술은 로봇한테 맡겨요

수술이라고 하면 양손을 든 의사가 장갑을 끼고 메스를 잡는 장면을 떠올리기 쉽다. 하지만 이러한 고정관념이 바뀔 날도 얼마 남지 않았다. 로봇 기술이 발달하면서 복잡하고 정교한 수술에서도 로봇의 활용도가 높아지고 있다. ≪미국의사협회 저널≫에 따르면 2018년 로봇을 활용한 수술은 모든 수술의 15.1%를 차지해 2012년 1.8%에서 10배 가까이 올랐다.

수술 로봇은 카메라와 로봇 팔로 수술을 진행한다. 의료진은 카메라가 촬영한 영상을 보며 로봇을 제어한다. 사람의 손은 의사마다 실력이 다른 데 반해 로봇은 손떨림이 없고 최소 절개로도 수술을 진행할 수 있어 위험을 낮출 수 있다. 수술 로봇은 10마이크로미터(μm·백만분의 1미터) 이하로 미세하게 움직일 수 있는데 이는 숙련된 의사의 정밀도인 100마이크로미터보다 10배 이상 뛰어나다.

전세계에 수술 로봇 시장을 연 주인공은 미국의 **인튜이티브 서지컬**이 개발한 복강경 수술 로봇 '다빈치'다. 2000년 FDA 승인을 받은 이 로봇은 한 대 가격이 30억 원인데도 전세계에 6000대 가까이 팔려 세계 수술로봇 시장의 81%를 차지했다. 게다가 소모성 제품의 판

인튜이티브 서지컬의 수술 로봇 '다빈치'

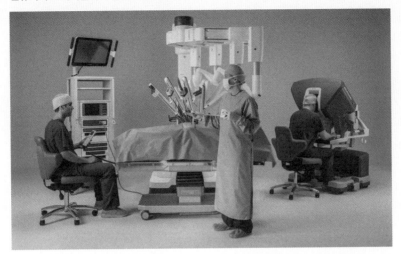

매로 얻는 수익도 쏠쏠하다. 로봇 팔 말단 장비인 엔드 이팩터는 10회 쓰면 무조건 교체해야 하는데 이 비용이 300만 원이다.

이 뒤를 인공관절 로봇 업체인 **스트라이커**가 잇고 있다. 미국, 유럽 등 26개 나라에서 900대가량의 인공관절 수술 로봇 '마코'를 판매했다. 환자마다 다른 관절 크기와 모양을 미리 계산하고, 정교하게 수술해 통증이 적고 부작용을 줄일 수 있어 비싼 가격에도 수술 로봇을 찾는 관절 환자가 많다.

수술 로봇은 전체 의료용 로봇 시장의 60% 정도를 차지하고 있다. 수술 로봇 활용 분야는 내시경 수술 70%, 뇌수술 11%, 관절 수술 5% 순이다. 시장조사 기관 코히어런트 마켓 인사이츠는 "정형외과, 신경외과, 비뇨기과, 심혈관 질환에서 성장이 두드러질 것"이라며 "미국 질병통제예방센터CDC가 2017년 전립선암 82%는 로봇 수술로 진행됐다고 밝힐 만큼 로봇 수술은 활발하다"고 밝혔다.

시장조사 기관 BCC 리서치에 따르면 세계 수술 로봇 시장은 2017년 5조 8700억 원에서 연평균 13.2% 성장해 2021년 9조 6400억 원에 달할 전망이다. 그랜드뷰 리서치는 2024년 24조 원 가까이 뛰어오를 것으로 내다봤다. 특히 코로나19 대유행으로 의사와 환자가 직접 만나지 않고도 진행할 수 있는 로봇 수술에 대한 관심이 늘어났다.

수술 로봇 시장에 적극적으로 진출하는 기업도 많다. **존슨앤드존슨**은 2019년 **오리스 헬스**를 34억 달러에 인수했다. 오리스 헬스는 인튜이티브 서지컬을 공동으로 설립한 프레드 몰 박사가 2007년 설립한 업체다. '모나크 플랫폼'이라는 오리스 헬스 제품은 2018년 3월 폐생검 수행에 사용할 수 있는 진단 및 기관지 치료 내시경 검사용으로 FDA 허가를 받았다. 앞서 존슨앤드존슨은 2015년 구글의 모회사인 알파벳과 합작해 만든 로봇 수술 스타트업인 **버브 서지컬**에 투자하는 등 일찌감치 수술 로봇 시장에 뛰어들었다.

이 밖에 세계 최대 의료기기 업체 중 하나인 **메드트로닉**은 2018년 이스라엘의 척추 수술 로봇 업체 **마조로보틱스**를 약 1조 9000억 원에 인수했다.

국내 업체들도 로봇 수술 시장에 뛰어들고 있다. 반도체, 디스플레이 장비 제조업체인 **미래컴퍼니**는 2007년 수술 로봇 개발에 뛰어들어 11년만인 2018년 3월 복강경 수술 로봇 '레보아이'를 출시했다. 레보아이는 환자 몸에 1cm 미만의 구멍을 낸 뒤 4개 팔에 부착된 수술 도구를 삽입해 3차원 영상으로 수술을 집도한다. 레보아이의 강점은 가격이다. 로봇 수술 1회당 비용이 다빈치의 절반에 불과하다.

큐렉소 역시 관절 수술 로봇 '큐비스 조인트'와 척추 수술 로봇 '큐비스 스파인'에 대한 식약처 허가를 획득했다. 특히 큐비스 스파인은 유럽에서 유럽 통합 규격 인증 마크인 CE인증을 획득하며 해외 공략에도 박차를 가하고 있다. 인튜이티브 서지컬이 시장을 이미 점유해버린 복강경 수술 로봇 시장과 달리 큐렉소가 집중하는 외과수술 로봇 시장에는 아직 절대적인 강자가 없다. 큐렉소는 전세계 인공관절 회사와 협력해 시장점유율을 높여나갈 계획이다.

의료기기 개발업체 **큐어인**은 유방암 환자들이 MRI(자기공명영상) 검사와 생검을 별도로 하던 것을 한 번에 동시에 할 수 있는 장비를 개발 중이다. 지금은 피검자들이 MRI 검사를 위해 '갠트리'로 불리는 초전도 자석 내부의 원형 통에서 소음과 진동을 견뎌야 한다. 또 MRI 촬영 후 피검자를 갠트리 밖으로 이송해 의료진이 별도 생검을 수동으로 시행해야 하는 만큼 45분~1시간 30분으로 시간이 많이 걸린다. 정확도가 떨어지는 단점도 있다. 이를 해결하기 위해 갠트리 내부에서 촬영 후 직접 내비게이션 생검 시술이 가능한 자동화 제품을 개발하고 있다. 갠트리 내부에서 MRI 촬영과 동시에 내비게이션 시술이 가능한 자동화 방식으로 5㎜ 초기 종양에 대한 생검 진단이 가능하다. 검사 소요 시간을 25분 내외로 크게 줄였다. 큐어인은 2000년 8월 국립암센터 의공학연구소에 학내 벤처로 설립됐다가 분사된 바이오벤처다. 대한의료로봇학회장이기도 한 조영호 대표는 "MRI에서 발생하는 강(强)자기장과 고(高)전자파의 외부 교란을 막아 안정적인 동작 구현을 위한 로봇 제어시스템을 개발해야 한다"며 "협소한 갠트리 내부에서 높은 정확도로 직접 시술이 가능하게 하는 소형의 비자성(非磁性) 생검 로봇 및 특수합금 기반 굴곡형 생검총 개발을 진행 중"이라고 밝혔다. 회사는 2022년 확증임상시험을 거쳐 2023년 식약처 허가를 받아 시장 출시를 목표로 하고 있다. 또한 유방암 외에도 초음파로 병변 식별이 어려운 전립선암과 폐암으로 제품 사용을 확대한다는 계획이다. 이를 위해 MRI 기반 전립선암 생검 로봇과 CT(컴퓨터단층촬영) 기반 폐암 생검 로봇 개발도 추진하고 있다.

고영 테크놀로지는 뇌에 좌표를 새기며 작은 구멍을 뚫어 원하는 부위만 수술하는 내비게이션 의료용 입체정위기 시스템 '키메로'를 개발했다. 이 로봇은 기존 수술 로봇에 인공지능을 접목해 인간 의료진이 보다 정밀하게 수술할 수 있도록 돕는다.

이지엔도 서지컬은 자체 개발한 유연 내시경 수술 로봇 'K플렉스'로 영국에서 열린 서지컬 로봇 챌린지 2018에서 베스트 애플리케이션 상을 받았다. 3.7mm의 소형 메스와 17mm 두께의 팔을 갖고 있는데 유연하게 휘어지기 때문에 장 등에 투입되어 수술할 수 있다.

국내 수술 로봇 업체들은 "로봇 수술 시장은 시장을 선점한 업체가 독점하는 구조인 만큼 빠른 시장 장악이 필수"라고 입을 모은다. 전세계 수술용 로봇 시장의 90%를 점유하는 인튜이티브 서지컬이 다양한 임상 정보를 바탕으로 오류를 개선해나가며 병원의 신뢰를 쌓기 때문이다.

정보통신기술과 AI의 발달로 수술 로봇은 더욱 고도화될 것으로 예측된다. 가상·증강현실 기술로 보다 직관적인 형태의 영상 유도 기술을 제공하는 로봇, 마이크로 입자를 통해 항암제를 원하는 부위에 직접 전달하는 로봇 등이 개발되고 있다. 인공지능을 이용한 자동수술 로봇도 먼 미래의 일이 아니다.

5부

제약바이오 키워드는
이것부터

1

합성의약품에서
바이오의약품으로

오래전부터 인류는 버드나무 껍질을 통증을 덜거나 열을 떨어뜨리는 데 사용했다. 고대 그리스의 의사 히포크라테스도 버드나무즙의 효능을 알았다. 그는 진통을 겪고 있거나 해열이 필요한 환자에게 버드나무 껍질을 달여 먹였다.

버드나무 껍질처럼 자연에서 얻은 식물, 동물, 광물을 활용해 질병의 치료에 이용하는 것을 '천연의약품'이라고 한다. 사람들은 오랜 세월 천연의약품을 이용해 아픔을 달래고 치료해왔다. 하지만 천연의약품 속 어떤 성분이 약효를 가졌는지는 알지 못했다.

과학의 발달로 인류는 버드나무 껍질에 포함된 살리실salicyl이라는 성분이 진통과 해열에 실제 약효를 내는 물질임을 알게 됐다. 그리고 여기서 한발 더 나아가 살리실을 합성하는 기술도 알아낸다. 1861년

헤르만 콜베는 건조한 나트륨페녹시드와 이산화탄소를 반응시켜 살리실산salicylic acid의 인공 합성에 성공했다. 1874년에는 제니퍼 슈미트가 이것의 대량생산 기술을 개발했다.

하지만 살리실산은 구역질 때문에 먹기가 힘들다는 단점이 있었다. 독일 제약사 **바이엘**의 연구원인 펠릭스 호프만이 새로운 의약품을 개발한 이유다. 그의 아버지는 심한 관절염을 앓고 있었는데 매번 구역질을 억지로 참아가며 살리실산을 복용해야 했다. 호프만은 아버지를 위해 구역질을 줄일 수 있는 방안을 찾다가 1897년 10월 살리실산과 아세트산을 합성해 부작용을 없애는 데 성공한다. 이렇게 만들어진 인류 최초의 합성의약품이 아스피린Aspirin이다.

합성의약품은 아스피린처럼 우리 몸 안에 들어왔을 때 치료 효과를 보이는 물질을 찾은 뒤 화학적으로 합성해 만든 의약품이다. 비교적 크기가 작다. 아스피린 분자 한 개의 무게는 바이오의약품인 램시마Remsima의 800분의 1에 불과하다. 실험실에서 비교적 간단히 만들어낼 수 있으며 이렇게 만들어낸 의약품이 몸속에서 세포와 단백질protein 이곳저곳에 붙어 약효를 만든다.

한 예로 합성의약품이자 인류 최초의 항생제인 페니실린Penicillin은 인체에 존재하는 세균의 세포벽인 펩티도글리칸의 배열을 망가뜨려서 세균을 죽인다. 구체적으로 말하자면 페니실린은 세균 내 세포벽을 튼튼하게 만드는 트랜스펩티데이스라는 효소에 달라붙는다. 이 효소가 페니실린과 결합하면 원래 자신이 해왔던 일인 펩티도글리칸 분자를 연결하는 일을 하지 못하게 된다. 자연스럽게 세균의 세포벽이 약해진다. 이는 마치 집을 지을 때 벽돌과 벽돌 사이에 바르는 시멘트를 없애는 일과 비슷하다. 결국 페니실린을 만난 세균은 일종의 피부 역할을 하는 세포벽이 터져 죽게 된다.

합성의약품은 복용이 편리하다는 장점이 있다. 크기가 작기 때문에 알약 형태로 조제하기 쉽다. 그런데 한편으로는 크기가 작다는 점이 단점으로 작용하기도 한다. 세포 내부는 바다와 같다. 몸에 흡수된 의약품이 떠돌아다니다가 이곳저곳에 결합한다. 크기가 작은 합성의약품은 어디에나 잘 붙는다. 따라서 특정 발병 원인만 없애는 새로운 소형 약물을 찾기가 까다롭다. 원하는 목표를 벗어나 다른 곳에 결합하면 예상치 못한 부작용이 일어날 수도 있다.

반면 바이오의약품은 미생물, 식물, 동물세포와 같은 살아 있는 세포에서 제조된다. 대부분 합성의약품보다 크다. 분자 하나가 곧 약물인 합성의약품과 달리 바이오의약품은 분자들의 혼합물인 경우가 많다. 간단하게 구조를 알아낼 수 있는 합성의약품과 달리 바이오의약품의 구조를 파악하기란 쉽지 않다. 마치 물 안에 들어간 수초처럼 세포 내 산성도 등에 따라 그 모양이 변성되기 때문이다.

최초의 바이오의약품은 백신vaccine이다. 1796년 영국 의사 에드워드 제너는 시골에서 의사 견습생 수련을 받던 중, 소 젖을 짜다가 우두에 걸린 사람은 천연두에 걸리지 않는다는 이야기를 듣고 여기서 착안해 우두법을 개발했다. 우두 균을 정상적인 사람의 피부 내에 주입해 우두에 걸리게 유도하는 방식이다. 이후 1880년대 프랑스의 루이 파스퇴르가 현대적인 백신을 만들었다. 그는 독성이 약해지도록 만든 약독화attenuation 균을 주입하면 인체가 다시 그 병에 걸리지 않는다는 사실을 밝혀냈다. 파스퇴르는 이 균을 '백신'으로 불렀는데 라틴어로 암소를 뜻하는 'vacca'에서 유래했다. 암소를 활용해 우두법을 개발한 제너를 기리는 마음에서다. 백신은 항체antibody를 활용해 바이러스를 막는다. 만약 바이러스가 우리 몸에 침입해 세포를 감염시키면 우리 몸은 그 바이러스, 즉 항원antigen을 인식하고 그것에 대응하는 단백질을 만든다. 이를 항체라고 한다. 이후 같은 바이러스가 다시 침입하면 기존에 만들어놓은 항체가 그 바이러스를 공격해 감염을 막는다.

백신이 발견된 뒤에도 바이오의약품 개발은 지지부진했다. 1970년대가 될 때까지 제자리걸음을 계속했다. 화학구조가 간단해 연구소에서 대량으로 합성할 수 있는 합성의약품과 달리 바이오의약품은 원하는 형태로 만들기 어려웠고, 대량생산도 불가능했기 때문이다. 하지만 1970년대 유전 혁명이 이 흐름을 바꾼다.

1975년 영국 케임브리지대학교의 게오르게스 쾰러와 세사르 밀스타인은 쥐에서 대량으로 항체 단백질을 만드는 실험에 성공한다. 단일클론항체를 만들기 위한 이 방식은 항체를 생산하는 B세포와 암세포를 융합했다. B세포는 면역계를 구성하는 중심 세포인 림프구의 일종으로서 면역반응을 통해 외부에서 침입하는 항원에 대항해 항체를 만들어낸다. 조류의 배설기관 주변에 있는 파브리키우스 주머니 Bursa of Fabricius에서 발견되어 알파벳 첫 글자(B)를 따서 B세포라고 한다. 반면 암세포는 인체 내에서 세포가 원래 담당하던 기능을 전혀 수행하지 못하지만 인체의 면역망을 뚫고 무한정 증식하는데 그러한 특징이 바이오의약품 생산에 활용됐다. B세포와 암세포를 융합한 새로운 세포는 죽지 않고 계속 늘어나면서도 B세포의 원래 기능인 항체 생산을 진행했다. 연구진은 이 중 원하는 항체를 생성하는 B세포만을 선별해 배양하는 방식으로 항체의 대량생산 시대를 열었다.

아울러 비슷한 시기인 1973년 미국 스탠포드대학교에서 개발한

'재조합 DNA 기술'로 원하는 형태의 바이오의약품을 만들어낼 수 있게 됐다. 재조합 DNA 기술은 미생물에게 유전자gene 합성을 시키는 것이다. 마치 직장 상사가 직원에게 일을 시킬 때 상사가 해야 할 일도 슬쩍 끼워 넣어버린 것과 유사하다. 연구진이 대장균 등 미생물의 유전자를 자른 뒤 원하는 유전자를 삽입한다. 그러면 미생물이 자신이 필요한 단백질을 만들어내는 와중에 연구진이 삽입한 유전자의 단백질도 함께 합성한다. 이 같은 방법으로 인류는 미생물을 통해 자신이 원하는 항체를 생산해낼 수 있게 됐다.

바이오의약품의 종류는 다양하다. 생물학적 제제(생물이 생산한 물질로 만든 의약품)인 '백신'부터 유전자를 재조합해 만든 단백질을 성분으로 하는 '유전자 재조합 의약품', 살아 있는 세포를 배양해 투입하는 '세포 치료제', 인체에 직접 유전물질을 투입하는 '유전자 치료제' 등이 있다. 바이오의약품 중에서 특허가 끝난 의약품과 동등한 약효와 안전성을 가진 바이오시밀러biosimilar도 이 범주에 들어간다. 합성의약품 복제약인 제네릭generic은 오리지널 약과 똑같이 만들어낼 수 있지만 바이오의약품은 화학합성 방식을 사용하지 않고 세포를 통해 만들기 때문에 그 복제약과 완전히 일치할 수는 없다. 따라서 같은 약은 아니지만 비슷하다는 의미에서 생물을 뜻하는 'bio'와 'similar'를 합성해 '바이오시밀러'라는 용어를 만들었다

바이오의약품 중 현재 가장 흔히 사용하는 물질은 '항체'다. 항체 입자 하나의 크기는 합성의약품 입자의 크기보다 약 500배 이상 무겁고 크다. 구조도 복잡하다. 대신 딱 들어맞는 곳에만 결합한다. 개발이 훨씬 어려운 대신 개발에 성공한다면 합성의약품보다 부작용이 확연히 적다. 유전자, 단백질 등 생체 내에서 사용하는 물질을 활

글로벌 상위 블록버스터 의약품

순위	제품명	제약사	치료 질환	매출액(달러)
1	휴미라*	애브비	자가면역질환	198억
2	키트루다*	MSD	암	144억
3	레블리미드**	셀진	암	121억
4	엘리퀴스**	BMS·화이자	뇌졸중	92억
5	아일리아*	리제레논·바이엘	황반변성	79억
6	스텔라라*	얀센	자가면역질환	77억
7	옵디보*	BMS·오노약품공업	암	70억
8	돌루테그라비르**	GSK	HIV	60억
9	입랜스**	화이자	암	54억
10	자누비아**	머크	당뇨	53억

자료: 이벨류에이트파마, 2020년 기준, 바이오의약품(*), 합성의약품(**)

용해 의약품을 제조하는 만큼 그동안 치료가 힘들었던 희귀난치성 질환에 효과가 뛰어나다. 항체 의약품의 중요성은 코로나19의 대유행 속에서 더욱 커지고 있다. 미국 FDA가 코로나19 치료제로 긴급사용승인한 **일라이 릴리**와 **리제네론**의 제품도 항체치료제다. **셀트리온** 역시 항체치료제 렉키로나를 개발했다.

문제는 가격이다. 기술 수준이 높고, 설비 비용도 많이 들기 때문에 값이 비싸다. 바이오의약품의 경우 치료 비용이 회당 수천만 원을 넘는 경우도 많다. 하지만 일단 투약해야 살아갈 수 있다. 전세계 글로벌 제약사들이 바이오의약품 개발에 나선 이유다.

2

3번의 임상시험 거쳐
출시까지

약의 핵심 요소는 유효성과 안전성이다. 유효성은 쉽게 설명하면 약효다. 각 의약품은 목표로 하는 적응증(치료 질환)을 낫게 할 수 있어야 한다. 감기약은 감기를 치료할 수 있어야 하고, 당뇨약은 혈당을 낮춰야 한다. 항암제는 암을 치료하거나 최소한 암의 진행을 막아 환자의 생명을 연장시켜야 한다. 안전성은 인체에 치명적인 부작용이 없다는 보증을 뜻한다. 감기약을 먹었는데 엉뚱하게 심장마비가 발생하면 곤란하다. 같은 약이라고 해도 복용 대상에 따라 약효와 부작용이 다르게 나타날 수 있다. 신약을 허가하기 전에 약효와 부작용 검증이 필요한 이유다. 좋은 약은 유효성과 안전성이 모두 높다. 즉 약효는 좋고 부작용은 적다.

신약 개발 과정은 임상시험을 포함해 5단계로 이뤄진다. 후보물질 탐색, 전임상시험, 임상시험, 품목허가 신청, 시판 후 안전성 조사 순이다.

후보물질 탐색

먼저 후보물질 탐색은 신약이 될 만한 물질을 찾는 과정이다. 치료할 질환이 어떤 기전으로 발생하는지 확인한다. 질병은 우리 몸속에서 여러 단계를 거쳐 발현되는데 이 중 한 고리를 끊어버리면 발병을 막을 수 있다. 약이 목표로 하는 고리를 타깃이라고 하는데 후보물질 탐색 단계에서는 이 타깃에 활성을 보이는 물질을 찾는다. 이 과정에서 5000개~1만 개에 달하는 후보물질을 검토하며 신약으로 개발할 만한 가치가 있는지 확인한다. 시간도 최소 2년에서 길면 4년까지 걸린다. 최근에는 AI를 활용해 후보물질 발굴부터 임상 데이터 확보, 신약 개발 타당성 검토까지 진행함으로써 첫 단계부터 속도를 내는 데 주력하고 있다. 특정 질환 치료에 효과가 있을 것으로 기대되는 '될성부른' 신약 후보물질을 AI가 학술논문이나 기존 임상 자료 등에서 짧은 시간 안에 재빠르게 찾아주는 것이다.

전임상시험

신약이 될 만한 후보물질을 찾은 뒤 약효와 부작용을 인체에 적용해 과학적으로 검증하는 절차가 바로 임상시험이다. 크게 전임상과 임상1상, 2상, 3상 네 단계로 구분한다.

전임상시험은 신약 후보물질을 인체에 투여하는 임상시험 전에 효능과 부작용을 확인하는 과정이다. 약효 확인, 독성시험, 물질의 물리·화학적 특성 파악 등을 한다. 시험관 내in vitro 실험을 거쳐 살아 있는 쥐, 초파리, 돼지 등을 대상으로 생체 내in vivo 실험을 진행한다.

전임상은 쥐 같은 설치류나 원숭이 등을 대상으로 하기 때문에 '동물 임상' 혹은 '동물 효능 시험'으로 부르기도 한다. 예컨대 셀트리온의 코로나19 항체치료제 렉키로나는 인체 임상에 앞서 페럿과 햄스터, 생쥐, 원숭이 등 다양한 동물을 대상으로 약효 및 독성 평가를 진행했다. 이 중 족제비과에 속한 페럿은 인간처럼 기침과 콧물, 호흡곤란 등의 증상이 나타나는 동물인데 페럿에 코로나19 치료제 후보물질을 투여하자 체내 바이러스 용량이 크게 감소한 것을 확인했다.

임상시험

동물임상을 끝내면 후보물질을 인체에 투여해보는 임상1상~3상이 진행된다. 임상시험은 시간과 돈을 잡아먹는 하마다. 임상1상에 1년 6개월, 임상2상에 2년~3년, 임상3상에 3년~4년 등 최소한 10년의 기다림이 필요하고, 1조 원이 넘는 비용이 들기도 한다. 막대한 비용과 시간을 투입하더라도 성공을 장담할 수 없다. 미국 바이오협회가 2006년부터 2015년까지 1103개 회사의 7455개 임상 프로젝트 성공률을 조사한 결과에 따르면 임상1상의 성공 확률은 63.2%이고, 임상2상과 임상3상은 각각 30.7%, 58.1%다. 임상1상에 들어간 후보물질이 3상을 마치고 FDA 판매허가까지 받을 확률은 고작 9.6%에 그친다. 임상에 진입한 물질 가운데 신약으로 제품화되는 것은 10개 중 1개에 불과한 셈이다. 수많은 신약 후보물질 중 임상시험을 수행할 수 있을 정도로 전임상시험에서 긍정적인 평가를 받은 물질만 대상으로 해도 이 정도다. 미국 터프츠대학교 연구팀에 따르면 신약 후보물질 1만 개 가운데 동물실험을 하는 전임상 단계까지 도달한 것은 2.5%인 250개에 불과하고, 전임상 단계에 진입한 250개의 신약 후보물질 중 임상1상에 진입하는 것은 이보다 훨씬 더 적은 5개에 불과했다. 전체 1만 개 중 5개를 선별했지만 여기서 3상을 거쳐 최종 신약까지 성공률은 10%에 못 미친다.

임상1상에서는 20명~80명의 사람에게 후보물질을 투여해 최대 투약 용량과 부작용을 관찰한다. 항암제의 경우 암 환자는 생사의 갈림길에 서 있기 때문에 임상1상에서도 개발 중인 치료제를 투여하는 것이 예외적으로 허용되지만 그 외 신약 후보물질은 부작용 가능성 때문에 환자에게 투여하지 않는다. 건강한 사람과 달리 환자는 면역체계가 약해 부작용이 발생했을 때 치명적인 결과가 나타날 수 있기 때문이다. 극미량부터 시작해 조금씩 용량을 늘려나가며 실제 의약품의 약효가 나타날 것으로 보이는 양을 투약했을 때에도 부작용이 발생하지 않는지 살펴본다. 이와 함께 체내에 약물이 흡수되는 정도도 관찰한다. 특별한 부작용이 나타나지 않으면 임상2상에 돌입한다.

임상2상은 신약 후보물질의 효능을 처음으로 확인하는 단계다. 100명~300명의 환자를 대상으로 진행한다. 약물이 체내에서 의도한 대로 작용하는지, 그 작용이 의미가 있는지 등을 관찰한다. 이 과정에서 부작용이 비교적 적으면서도 약효가 있는 적정한 용량을 찾아내며 임상시험 대상 약물이 위약과 비교해 유의미한 효능이 있어야 통과할 수 있다. 플라시보placebo라고도 부르는 위약은 실제 의약품으로는 아무런 효과가 없는 포도당 등의 물질을 뜻한다. 임상시험 과정에서는 실제 신약 후보물질을 투여받는 후보군과 위약을 투여받는 후보군을 분리한다. 임상시험 참가자와 임상시험을 진행하는 연구자 모두 자신이 투여받거나 투여하는 의약품이 위약인지 실제 신약 후보물질인지 알 수 없다. 이를 이중맹검double blind이라 한다. 이중맹검을 진행하는 이유는 플라시보 또는 노시보nocebo 효과 때문이다. 플라시보 효과는 아무런 효과가 없는 의약품을 복용했지만 환자가 실제 의약품을 먹었다는 확신으로 인해 증상이 개선되는 효과를 뜻한다. 노시보 효과는 반대로 자신이 복용하는 의약품이 부작용이 있을 것이라 믿을 때 나타나는 효과다. 복용한 의약품의 효능과 부작용이 실제로 있는지 없는지는 중요하지 않다. 임상시험 대상자가 신약 후보물질을 복용했다는 이유만으로 약의 실제 효능이나 부작용과 상관없는 증상을 겪어버리면 신약 후보물질의 가치를 평가할 수 없다. 임상시험을 수행하는 의사가 자신이 투여한 약이 위약인지 실제 약인지 알아도 곤란하다. '효능이 있나요'와 같은 발언을 할 수 있을 뿐 아니라 의사 자신도 모르게 참여자에게 관심을 더 갖고 상냥한 말투로 실험을 진행할 수도 있기 때문이다. 이런 상황에서 수집한 자료는 신약 후보물질 자체에 대한 결과라기보다는 의사의 친절한 행동으로 얻어진 것으로 잘못된 해석을 부른다. 즉 이중맹검은 현대 약학의 핵심으로 플라시보 효과 및 노시보 효과를 포함하더라도 의약품이 위약에 비해 유의미한 약효가 있음을 과학적으로 확인하는 절차다. 물론 생사를 다투는 암과 같은 질병을 앓고 있는 사람에게 아무런 효능이 없는 위약을 주는 것은 비윤리적이다. 이 때문에 위약을 활용하는 이중맹검 대신 실제 효과가 있는 치료를 진행하는 액티브 컨트롤active control을 적용하기도 한다. 하지만 이 경우 위약을 사용했을 때보다 신약의 유효성을 검증하기 어렵다는 단점이 있다. 임상2상을 통과한 후보물질은 개발의 마지막 단계인 임상3상에 진입한다.

1000명~5000명의 대규모 환자를 대상으로 하는 임상3상에서는 신약 후보물질이 의약품이 될 만한 안전성과 유효성이 있는지 세심하게 검증한다. 임상2상까지 시험 결과로 추정했던 용법과 용량이 실제로 유의미한지 확인하고 약물의 흡수, 분포, 대사, 배설, 이상 반응 등을 검증한다. 임상3상 진행에는 어마어마한 비용이 든다. 업계에 따르면 평균 1000억 원 이상을 투입해야 하는데 대규모 환자를 대상으로 진행하는 만큼 예상하지 못했던 부작용이 속출한다. 특히 해외 출시를 겨냥한 글로벌 임상3상은 인종·연령·성별별로 다른 부작용이 나타날 수 있기 때문에 최대한 많은 국가에서 다양한 사람을 대상으로 수행해야 한다. 제약바이오업계에서는 신약 개발 비용의 70% 이상이 임상3상 수행 과정에서 지출된다고 본다.

'탈리도마이드 스캔들'은 임상시험이 얼마나 중요한지를 보여주는 예다. 독일의 그뤼넨탈이 개발한 의약품인 탈리도마이드Thalidomide는 동물실험에서 아무런 부작용이 나타나지 않았고 임산부의 감기와 독감, 입덧을 치료하는 효과가 있다고 해서 1956년 7월 독일에서 의사의 처방전도 필요 없는 의약품으로 허가됐다. 그뤼넨탈은 동물실험 결과를 근거로 이 약을 '무독성' 제품이라 홍보했다. 하지만 이 약을 복용한 임산부에게서 팔다리가 없거나 짧은 기형아가 태어나는 부작용이 잇따라 나타났다. 연구 결과 이 약은 태반을 통과해 태아의 신생 혈관 형성을 막았다. 혈관이 생성되지 않으니 팔다리가 자랄 수 없었다. 탈리도마이드는 1962년 판매 금지 처분을 받았지만 전세계 48개국에서 1만 2000명 이상의 기형아가 태어났다. 이후 각국의 규제 기관은 의약품에 대해 동물실험만으로 승인할 수 없도록 규정을 고쳤다. 이것이 현대 임상시험의 시작이다.

탈리도마이드 부작용이 나타난 사례

출처: BBC

임상3상까지 성공적으로 마친 의약품은 미국 FDA, 유럽 EMA, 한국 식품의약품안전처 등 각국의 규제 기관에 신약 품목허가 절차를 밟게 된다. 이 과정 역시 쉽지 않다. 이미 허가를 받고 판매 중인 약과 비교해 뚜렷한 개선이 없을 경우 규제 기관에서 퇴짜를 놓는 경우도 많다. 어렵게 시판된 뒤에도 부작용 등을 주기적으로 검사해야 하는 것은 덤이다. 특히 유전자 치료제 등 새로이 개발된 의약품은 장기 복용했을 때 부작용이 아직 검증되지 않은 만큼 최대 15년까지 예후를 관찰해야 하는 경우도 있다.

품목허가 신청

임상3상까지 마친 후보물질은 신약 허가 신청NDA, 바이오의약품 품목허가 신청BLA을 진행한다. 시장에 제품을 출시하기 위한 것이기 때문에 공식 명칭인 품목허가 대신에 판매허가, 시판 허가로 불리기도 한다. 제약사가 10여 년간 진행했던 실험 정보를 규제 기관에 제출하면 규제 기관이 이를 검토해 실제로 신약으로 인정할지 말지 결정한다. 세세하게 살펴보는 만큼 1년 정도 걸린다. 품목허가 신청은 3번의 임상을 마치고 나서 학회나 논문에서 공식 발표한 결과물을 갖추고서 해야 하는 것이 원칙이지만 긴급한 상황에서는 임상2상만으로도 가능하다. 국내법에서는 조건부 품목허가(긴급사용승인)를 규정하고 있는데 이는 희귀질환이나 암 등 생명을 위협하거나 한번 발생하면 쉽게 호전되지 않는 '중증의 비가역적 질환' 등에 쓰이는 의약품이 그 대상이다. 식약처는 임상2상 결과만으로 심사를 해서 시판을 허가할 수 있고, 이후 해당 업체는 판매와 별개로 임상3상을 실시해 관련 자료를 제출해야 한다. 코로나19 사태로 셀트리온과 일부 제약사들이 임상2상만으로 조건부 품목허가 신청에 나서는 것도 치료제가 없어 생명을 위협받는 긴급한 상황이기 때문이다.

시판 후 안전성 조사

시판 후 안전성 조사시판 후 안전성 조사PMS는 시판 전 임상시험에서 파악할 수 없었던 희귀하거나 장기적인 이상 반응을 추적하는 조사다. 임상4상으로 표현하기도 하는 이 과정에서 이상 반응이 나타나 의약품 판매가 철회되는 경우도 잦다. 다중 경화증 치료제 나탈리주맙Natalizumab은 2004년 시판 이후 3개월 만에 진행성 백색뇌질증이라는 부작용이 나타나 회수 조치됐다. 반대로 또 다른 효능이 발견되기도 한다.

한편 합성의약품은 화학합성을 통해 생산하지만 바이오의약품은 세포 배양을 통해 계속 무한 분열·증식하는 세포주cell line 개발을 통해 만들어낸다. 세포주를 개발하기 위해 먼저 약으로 사용할 단백질의 유전정보를 담은 DNA 염기서열을 앞서 설명한 재조합 DNA 기술을 사용해 대장균 등의 미생물에 삽입한다. DNA 염기서열이 삽입된 세포는 마치 황금알을 낳는 거위처럼 바이오 물질을 세포 내에서 생산해 토해낸다. 무한 증식의 특징이 있어 계속해서 바이오의약품을 만들어낼 수 있다. 이렇게 만들어낸 세포주는 6주간 1L 미만의 시험관 단계에서 1만L가 넘는 생물반응기bioreactor로 옮겨가며 배양한다. 세포가 분열하며 세포 개체 수는 점점 늘어난다. 늘어난 세포가 담긴 배양액에서 세포 찌꺼기를 걸러내고 단백질만 추출하는 정제 과정을 거치면 제품을 충전, 포장하는 완제실로 넘어간다. 바이오의약품을 생산하는 공장은 기계적 완공 이후 생산 돌입에 앞서 설계부터 시설, 부품, 문서, 인력 등 생산에 소요되는 모든 요소를 FDA 규정에 맞춰 자체 검증하고 글로벌 제조 승인 획득을 위한 시운전을 2년간 추가로 진행해야 한다.

3

DNA가 뭐지?
헷갈리는 바이오 용어들

바이오 분야에서 자주 반복되는 용어로 유전자, 염색체chromosome, DNA, RNA, 단백질, 항체 등이 있다. 인간을 건물로 비유하자면 유전자는 인간이라는 건물의 전체 설계도, 염색체는 각 방을 설계하는 도면이다. DNA와 RNA는 방 안의 창문, 기둥 등을 만드는 데 사용하는 도면이고, 단백질과 항체는 이 같은 도면을 사용해 실제로 만들어낸 창문, 기둥 등으로 볼 수 있다.

먼저 생명체의 모든 기능을 다스리는 설계도인 유전자부터 살펴보자. 사람들을 보면 저마다 다 다르게 생겼다는 사실을 알 수 있다. 이는 다른 동식물들도 마찬가지다. 이러한 차이를 만들어내는 인자가 바로 유전자다. 유전자는 세포 속에서도 가장 깊숙한 곳인 핵 속에 감춰져 있다.

유전자와 염색체, DNA의 구조

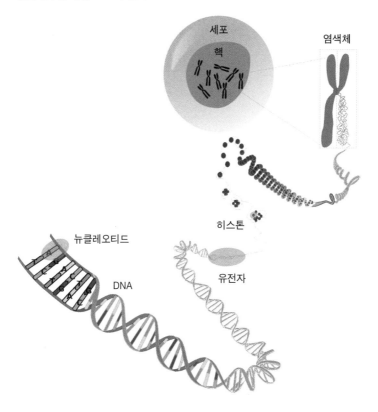

핵 속에는 X자 모양의 염색체가 여러 개 있다. 사람의 경우 세포마다 23쌍, 총 46개의 염색체가 있다. 각 쌍은 번호를 붙여 부르는데 1번~22번 염색체까지를 상염색체라고 부른다. 마지막 염색체는 성염색체로 여자는 XX, 남자는 XY다. 염색체 수는 생명체마다 다른데 사람은 23쌍이지만 개는 39쌍, 돼지는 14쌍이다.

염색체를 현미경을 사용해 관찰하면 두 가닥의 실이 꼬여 있는 것을 확인할 수 있다. 이것이 바로 DNA다. DNA에는 뉴클레오티드

nucleotide라는 물질이 여러 개 붙어 있다. 뉴클레오티드는 또다시 뼈대를 이루는 인산염과 디옥시르보오스deoxyribose, 꼬여 있는 두 가닥의 실 사이를 연결하는 염기로 구성된다. 염기는 아데닌(A), 시토신(C), 구아닌(G), 티민(T) 등 네 종류가 있다. 사람을 비롯한 생명체는 이 뉴클레오티드의 배열 순서를 통해 몸을 구성한다. 이를 DNA 염기서열이라고 한다.

DNA는 1869년 스위스의 프리드리히 미셔가 처음 발견했다. 그는 DNA를 세포핵cell nucleus 안에서 발견한 물질이라는 의미로 뉴클레인nuclein이라 불렀다. 네 종류의 염기는 서로 짝이 있어 짝끼리 결합할 수 있다. 아데닌은 티민과, 시토신은 구아닌과 결합하는 습성이 있다. DNA는 두 가닥이 한 쌍으로 이뤄졌다. 실처럼 생긴 DNA 사슬이 자신과 짝을 맞춘 다른 DNA 사슬과 서로 휘감으며 결합한 이중나선 구조로 이뤄졌다. 예를 들어 한쪽 가닥의 염기서열이 −A-G-T-C−라면 다른 쪽 가닥은 −T-C-A-G−인 식이다.

RNA는 DNA의 복사본으로서 단백질을 생산한다. RNA 역시 DNA와 구조가 비슷하다. 차이점이 있다면 DNA에서 디옥시리보오스가 뼈대를 이룬다면 RNA에서는 리보오스ribose가 디옥시리보오스를 대체하며 DNA처럼 이중나선을 형성하지 않는다. 아울러 티민 대신 우라실을 염기로 사용한다. DNA보다 불안정해 쉽게 변형이 일어나거나 사라지는데 RNA가 단백질을 만들어내기 위한 설계도의 사본 역할을 하는 만큼 빠르고 쉽게 사용하고 없애버리기 위해서다.

한 생물이 가지고 있는 DNA 염기서열 전체를 유전체genome(게놈)라고 한다. 평소 DNA는 세포의 핵 내부에서 단백질과 함께 염색질이라는 물질을 이룬다. 염색질은 실처럼 기다란데 매우 긴 만큼 히

항체의 구조

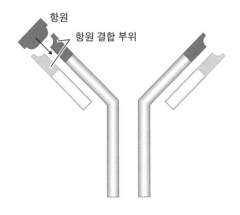

항원

항원 결합 부위

스톤histone이라고 부르는 단백질에 감겨 있다. 실패에 실이 감겨 있는 구조와 유사하다. 염색질은 세포분열 과정 속에서 염색체 단위로 뭉치게 된다. 분열 과정에서 변형이 일어나면 안 되기 때문이다.

단백질은 생물의 몸을 구성하는 고분자 유기물질이다. DNA가 설계도라면 단백질은 수송, 조절, 구조, 효소 등 세포 기능의 실질적인 역할을 하는 최소한의 단위라고 볼 수 있다. DNA와 유사하게 아미노산amino acid이라는 물질이 사슬을 이루며 연결된 모양을 하고 있는데 이 사슬이 접히고 얽히며 고유한 모양을 가지게 된다. 무수히 많은 실을 연결해 옷을 만드는 것과 흡사하다.

단백질을 구성하는 아미노산은 20개 종류이며 이 아미노산이 펩타이드peptide 결합이라고 부르는 화학결합으로 연결되어 있다. 아미노산끼리 연결된 형태를 폴리펩타이드polypeptide라고 부르는데 폴리펩타이드는 단백질을 부르는 다른 표현이기도 하다.

단백질에는 여러 종류가 있다. 우리가 의약품으로 사용하는 항체 역시 단백질의 한 종류다. 항체는 Y자형으로 생겼는데 Y의 위쪽 두 갈래 모양이 항원과 결합할 수 있는 구조로 되어 있다. 면역체계에서 항체는 세균과 바이러스와 같은 외부 항원과 결합해 침입자를 인식하고 면역세포로 하여금 침입자를 공격하도록 만든다.

4

의약품 네이밍의
비밀

화이자 '비아그라', **한미약품** '팔팔', **삼익제약** '발탁스', **삼진제약** '해피그라', **대웅제약** '누리그라', **종근당** '센글라'…….

모두 발기부전 치료제다. 이 약들의 성분은 실데나필Sildenafil로 모두 같다. 성분명이란 약을 구성하는 물질 중 주요한 약효를 이끌어내는 핵심 물질의 이름이다. 약을 구성하는 물질로는 약효를 결정하는 주성분 외에도 약의 모양을 갖추도록 하는 부형제, 약을 오랫동안 사용할 수 있게 돕는 보존제 등이 있는데 여기서 주성분의 이름이 약물의 성분명이 된다. 성분명은 고유한 물질의 이름인 만큼 전세계 어디를 가더라도 같다.

성분명은 정하는 규칙이 정해져 있다. 보통 회사 지정명, 작용 계열, 제조 방식, 약물 종류 순으로 붙인다. 회사 지정명은 신약을 개발한 회사가 성분명 제일 앞에 붙이는 이름이다. 그 뒤에 붙는 작용 계열은 신약이 어떤 질환을 치료하는지를 의미한다. 'vi(r)'은 감염성 질환, 'li(m)'은 면역계 질환, 'mu(l)'은 근골격계 질환, 'tu(m)'은 육종, 'neu(r)'은 신경계 질환, 'c(i)'은 순환계 질환인 식이다. 다음에 붙는 제조 방식은 항체의 기원을 뜻한다. 사람 세포는 'u', 쥐 세포는 'mo', 사람 세포의 비율이 70% 이상인 키메라chimera(유전자 융합 교잡종)면 'xi', 사람 세포의 비율이 90% 이상인 인간화 항체는 'zu'가 붙는다.

어미는 약물의 종류를 나타낸다. 항바이러스제는 'vir', 유도항생제는 'cillin', 펩타이드는 'tide'인 식이다. 타미플루의 성분명인 오셀타미비르Oseltamivir는 독감 바이러스를 없애는 항바이러스제라 vir가 성분명 마지막에 붙었다. **길리어드 사이언스**의 코로나19 치료제 렘데시비르Remdesivir 역시 코로나19 바이러스를 공격하는 항바이러스제임을 성분명을 통해 알 수 있다.

맙mab으로 끝나는 경우 바이오의약품인 단일클론항체임을 뜻한다. 영문명 'Monoclonal antibody'에서 따왔다. 단일클론항체란 하나의 세포에서 한 종류의 항체만을 대량으로 만든 것이다. 외부 물질이 인체 내에 침입하면 우리 몸은 이에 대항해 여러 종류의 항체를 만드는데 이 중 단 하나만을 정제하고 배양한 것이다. 따라서 효

인플릭시맙 성분명 구성

Infliximab

Inf	+	li	+	xi	+	mab
회사 지정명		면역계		키메라		단일클론항체

능과 부작용을 예상할 수 있고 약으로 사용할 수 있다.

닙nib으로 끝나는 의약품은 신호 전달 물질 중 하나인 티로신 키나아제 저해 물질을 뜻한다. **유한양행**의 레이저티닙Lazertinib이 한 예다.

셀트리온이 개발한 램시마의 성분명 인플릭시맙 역시 아래 제시한 그림과 같이 명명법을 통해 약물의 그 기원을 알아볼 수 있다.

램시마는 자가면역질환을 치료하는 단일클론항체치료제인데 이 때문에 면역계 질환을 뜻하는 'li'와 단일클론항체를 뜻하는 'mab'이 붙었다. li와 mab 사이에 있는 xi는 램시마가 사람 세포의 비율이 70% 이상인 키메라 항체임을 뜻한다.

셀트리온의 항암제 바이오시밀러 허쥬마Herzuma의 성분명 트라스트주맙Trastuzumab 역시 같은 규칙이다. 종양을 뜻하는 'tu'와 단일클론항체를 의미하는 mab 사이에 인간화 항체를 뜻하는 'zu'가 붙었다.

네이밍 규칙이 정해져 있는 성분명과 달리 제품명은 약을 생산하는 제조사가 정하는 게 원칙이다. 오셀타미비르라는 성분명만으로는 이 약이 어떤 효과가 있는지 알기 어렵기 때문에 판매사인 **로슈**는 타미플루Tamiflu라는 이름을 붙였다. 독감이라는 뜻의 'flu'를 붙여이 약이 독감 치료제임을 알렸다. 비아그라Viagra 역시 원기 왕성하다는 뜻의 'Vigorous'와 나이아가라 폭포의 'Niagara'를 합성해 만들었다는 이야기가 있다.

이처럼 제품명은 제조사가 정하기 때문에 같은 제품이라도 지역별로 다를 수도 있다. 성분명 인플릭시맙의 바이오시밀러 제품명은한국과 유럽에서는 램시마, 미국에서는 인플렉트라Inflectra이다.

일부 제품명 끝에 '-주'와 '-정'이 붙는 경우도 있는데 이는 각각 주사제와 입으로 먹는 알약(경구제)을 표시한 것이다.

5

기술수출과
오픈 이노베이션

국내 제약바이오 기업이 개발 중이던 신약 후보물질을 국내외 제약사에 개발 및 판매권을 넘기는 것을 업계에서는 기술수출(기술이전) 혹은 라이센스 아웃License out이라고 표현한다. 반대로 특정 지역이나 국가의 외부 업체로부터 신약 후보물질을 도입하는 것을 기술도입 혹은 라이센스 인License in이라고 하는데 이를 거쳐 신약 개발에 착수하게 된다. 기술도입을 업계에서는 오픈 이노베이션Open Innovation이라고 부르기도 한다. 한국어로 '개방형 혁신'으로 불리는데 열린 마음으로 외부에서 혁신적인 기술이나 후보물질을 들여온다는 의미다. 따라서 제약바이오업계에서 자주 쓰이는 기술수출, 오픈 이노베이션은 주체가 누구냐에 따라 동일한 사안을 달리 표현하는 말인 셈이다.

물론 오픈 이노베이션은 기술도입과 같은 라이센스 거래가 가장 보편적이고 대표적이지만 M&A(인수합병)도 있을 수 있다. 특정 분야에 전문성을 갖춘 유력한 업체를 매입해서 좀 더 쉽게 새로운 치료제 개발에 뛰어드는 것이다. 국내 제약사보다는 자금력이 풍부한 미국과 유럽 기업들 간에 주로 이뤄지는 현상이다. 국내에서는 2019년 2월 **SCM생명과학**과 **제넥신**이 미국 바이오텍 **코이뮨**을 공동 인수해 미국 법인으로 만든 뒤 1년 만에 코이뮨이 이탈리아 신약 개발사인 **포뮬라 파마슈티컬스**를 재차 인수한 것이 대표적인 사례다. 하지만 국내 업체들의 해외 M&A 시도는 자금 여력 등의 이유로 인해 사실 매우 드문 일이다.

　　따라서 국내 업체가 오픈 이노베이션을 한다고 할 때는 대부분 기술도입과 기술수출 등 '라이센스 인·아웃'을 의미한다고 보면 된다. 물론 국내 기업들도 해외와의 기술력 격차를 줄이려면 작은 M&A부터 활성화할 필요가 있다. 이와 관련해 성영철 제넥신 회장은 "해외 기업을 인수하면 그들의 경험과 인프라를 사는 것이라 현지 시장에 빨리 진출할 수 있다"며 "비용과 시간 절감 측면에서 자회사 설립보다 더 낫다"고 말했다.

　　기술수출을 위해서는 원칙적으로 나라별로 신약 임상시험을 해야 하는데 이 경우 큰 비용이 발생한다. 이러한 이유로 해당 지역에 특화된 업체와 기술수출 계약을 맺는 것이다. 국내 제약바이오 기업과 기술도입 계약을 맺은 다국적 제약사는 유럽이나 미국 등 해외에서 자체적으로 임상을 한 뒤 완료되면 현지의 판권까지 대개 갖게 된다. 기술수출한 국내 업체는 후보물질을 넘기는 데 따른 초기 계약금과 개발 단계별 기술료인 마일스톤, 현지 매출액의 일정 비율을 받는 러닝 로열티의 수익을 챙기게 된다.

한국제약바이오협회에 따르면 2021년 국내 업계의 기술수출은 32건, 계약액은 13조 2000억 원에 달한다. 비공개 계약 규모까지 합치면 이보다 훨씬 많다. K바이오의 기술수출 규모는 2020년 처음으로 10조 원을 넘은 데 이어 올해 13조 원을 돌파했다. 2021년 성사된 기술수출 가운데 최대 금액은 **지씨셀**(옛 GC녹십자랩셀)이 세포치료제 관련해 MSD와 체결한 것으로 계약 규모는 약 2조 900억 원이다.

대다수 기술수출은 글로벌 제약사와 국내 업체 간의 상호 필요에 의해 임상 초기 단계에서 이뤄지는 경우가 많다. 국내 업체로선 임상 단계에 따라 많게는 1조 원까지 드는 비용 부담과 개발 후 해외 마케팅까지 감안한다면 일찌감치 글로벌 제약사와 손잡는 것이 나을 수 있다. 스스로 찾아낸 물질로 신약을 완성해 세계 시장에 판매하면서 대박을 터뜨린다면 가장 이상적일 수 있지만 현실적으로 임상 비용 부담과 마케팅, 신약 판매 전망 등을 담보할 수 없기 때문에 국내 일반 제약사나 바이오벤처 모두 전임상~임상1상 단계에서 기술수출을 할 수 있는 기회를 찾기 위해 힘쓴다. 임상2상만 들어가도 비용 부담이 크고, 그때까지 글로벌 제약사의 러브콜을 받지 못했다는 것은 신약으로서의 매력도가 떨어진다는 사실을 드러내는 증표가 될 수 있다.

바이오업계 관계자는 "글로벌 제약사들이 대박 가능성이 높은 후보물질에 대해서는 임상을 갓 시작한 시점부터 잠재성을 알아보고 기술을 사들인다"며 "임상2상~3상까지 가는 동안 이들과 기술수출 논의가 없다는 것은 그만큼 해외에서 새로운 치료제로서의 잠재력을 낮게 본다는 얘기"라고 말했다.

한국의 제약바이오 기술수출 규모 (단위: 원)

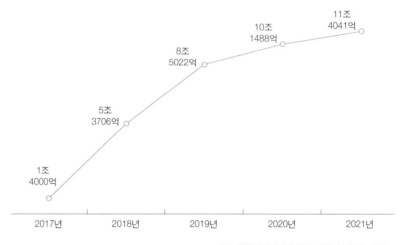

자료: 한국제약바이오협회, 비공개 액수는 제외.

이 때문에 국내 업체들도 발굴한 후보물질을 최종 의약품 개발까지 스스로 마무리하지 않고 중간에 해외에 넘기겠다는 입장을 곧잘 밝힌다. 코스닥에 상장된 한 바이오 회사 대표는 "임상3상까지 했더라도 결국엔 제품화를 해서 판로를 개척하려면 글로벌 제약사와의 협력이 중요하다"며 "임상1상을 한 뒤 기술수출 계약을 맺지 못한다면 우리 약에 대한 빅파마들의 관심이 떨어진다고 보고 추후 개발을 중단할 것"이라고 강조했다. 뇌질환 신약을 개발하는 업체 대표는 "기술수출 없이 나홀로 10년 넘게 임상을 끌고 가는 것은 좋게 말하면 자기 기술에 대한 막연한 자신감 때문이다. 하지만 임상 기간이 길어질수록 비용은 늘고, 경쟁사의 개발 속도가 더 빠르다면 애초 기대했던 성과는 내기가 힘들어진다"고 지적했다.

유한양행이 글로벌 제약사인 **얀센**과 2018년 한 해 최고 액수(1조

4000억 원)로 기술수출한 3세대 비소세포폐암 치료제 레이저티닙 Lazertinib은 임상2상 중인 단계에서 결실을 맺었다. **한미약품**이 2015년 프랑스 **사노피**에 역대 최대였던 5조 원대 기술수출한 당뇨병 치료제 에페글레나타이드Efpeglenatide 역시 임상2상 진행 중에 이뤄졌다. 인체가 아닌 동물 대상의 전임상 단계에서 성사된 경우도 있다. **JW중외제약**은 2018년 8월 덴마크 제약회사 **레오파마**에 총 4억 200만 달러 규모로 아토피 피부염 치료제 'JW1601'을 기술수출했다. 이는 JW중외제약이 개발한 혁신 신약 후보물질로 가려움증과 염증을 동시에 억제하는 먹는 형태의 신개념 아토피 치료제다. 후시딘 등 피부질환 치료제가 전문인 레오파마로서는 연고나 주사제로만 되어 있는 아토피 치료제를 먹는 경구용으로 바꾼 신기술을 높이 평가해 전임상 단계에서 선매입한 것이다.

물론 스스로 임상시험을 완료하고 나서 뒤늦게 기술수출을 이룬 경우도 있다. **SK바이오팜**의 뇌전증 치료제 엑스코프리가 대표적이다. 엑스코프리는 SK바이오팜이 신약 후보물질 발굴부터 FDA 임상 1상~3상, 판매허가까지 독자적으로 진행해 완성한 제품이다. 일반적으로 해외에서 의약품을 판매하려면 임상시험 및 규제 기관의 허가 등 많은 절차가 남아 있어 언제 판매가 개시될지 장담하기 어렵지만 엑스코프리는 이러한 부담을 없앴다. 2019년 2월 SK바이오팜이 스위스 제약사인 **아벨 테라퓨틱스**와 유럽 내 개발 및 판권을 수출하는 계약을 체결하면서 총 5억 3000만 달러 가운데 반환할 필요가 없는 선계약금으로 1억 달러를 받은 것도 이 때문이다. 일반적인 기술수출 사례에서 보다 2배 높은 선계약금을 받은 것이다. 이는 미국에서 임상3상을 마치고 2018년 11월 FDA에 판매허가까지 신청한 상태였기 때문에 유럽에서 추후 별도 임상을 하더라도 실패 가능성이 낮은 만큼 뒤늦게 기술수출을 하고도 높은 금액을 받을 수 있었다.

글로벌 제약사들도 외부에서 신약 후보물질을 찾는 방식이 처음부터 모든 것을 자체 개발하는 것보다 효과적일 수 있기 때문에 타사와의 협업을 선호한다. 아무리 큰 제약사라고 해도 수백 가지 신약 후보물질을 스스로 찾아내 모든 개발 공정을 진행할 수는 없기 때문에 특정 질환에 강점을 가진 바이오벤처로부터 신물질을 도입해 일사천리로 개발에 들어가는 것이 유리하다. 이처럼 외부로부터 혁신적인 기술을 도입해 신약이 될 만한 후보물질을 확보해가는 것이 오픈 이노베이션이다. 다국적 제약사들은 블록버스터급 치료제가 되겠다 싶으면 바이오벤처가 발굴한 임상 초기 단계의 물질을 사들인 뒤 자신들이 개발을 끝내고 큰 판권 수익을 노린다.

신종플루를 비롯한 독감 치료제로 유명한 타미플루(성분명 오셀타미비르) 역시 오픈 이노베이션의 산물이다. **길리어드 사이언스**는 타미플루의 임상1상이 끝난 1996년 계약금 5억 달러와 추후 발생할 매출액의 22%를 받는 조건으로 **로슈**에 판권을 넘겼다. 타미플루의 수요가 2009년 신종플루 대유행을 계기로 높아지자 길리어드 사이언스는 로슈로부터 매년 1조~4조 원을 수령했다. 당시 조그마한 바이오벤처였던 길리어드 사이언스는 이 자금을 바탕으로 블록버스터가 될 만한 다양한 신약의 연구개발을 이어갔고 수차례에 걸친 성공을 통해 마침내 세계 10대 제약사로 올라섰다.

드문 경우이긴 하지만 글로벌 업체가 특정 치료제 분야에서 독점력을 유지하기 위해 일부러 기술도입을 시도하는 경우도 있다. 어떤 바이오벤처가 보유한 유력한 후보물질이 개발되어서 글로벌 회사가 판매 중인 치료제에 도전하는 일이 발생하지 않도록 사전에 그것을 매입해버리는 것이다. 글로벌 회사는 사들인 후보물질을 끝까지 개발해 신약을 만들어내서 수익을 창출할 수도 있지만 매입만 하고 중간에 개발을 중단함으로써 자신들이 기존에 보유하고 있는 치료제의 판매가 계속되도록 할 수 있다.

한편 과거에는 국내 제약바이오 업체가 해외에 기술수출의 성과를 내면 다음 날 주가가 급등하는 것이 하나의 공식처럼 여겨졌다. 하지만 최근 기술수출 계약을 체결했다가 해외 제약사가 임상 개발 진행을 중단한 뒤 반환해버리는 사례가 속출하면서 기술수출과 주가 급등 간의 연결 고리는 점차 약화되고 있다. 이로 인해 기술수출의 성과로 가장 먼저 받게 되는 선계약금 규모가 2019년부터는 1%에 미치지 못하는 경우가 허다해졌다. 글로벌 제약사 입장에서는 매입한 신약 후보물질을 끝까지 개발할 가능성이 높지 않기 때문에 반환 의무가 없는 선계약금을 되도록 낮게 책정하는 것이다. 업계 관계자는 "유수한 글로벌 제약사는 특정 질환 치료제를 개발하기 위해 전세계 바이오텍으로부터 다수의 물질을 사들여 비교 검증을 해본 뒤 이 중 가장 뛰어난 1개~2개만 개발하고 나머지는 보류한 뒤 원개발사에 되돌려주게 된다"고 밝혔다.

2019년 7월 국내 업체 **브릿지바이오테라퓨틱스가** 독일 **베링거인겔하임에 기술**수출한 폐섬유증 신약 'BBT-877'의 개발에 성공했다면 브릿지바이오테라퓨틱스가 받게 될 총금액은 1조 4600억 원에 달했을 것이다. 하지만 계약 체결 1년여 뒤 개발이 중단되면서 브릿지바이오테라퓨틱스는 선계약금 등으로 약 600억 원을 얻는 데 그쳤다.

한미약품은 활발한 기술이전 성과로 국내의 손꼽히는 기술수출의 명가로 자리매김했지만 아픈 기억들도 많다. 한미약품은 2015년에만 총 8조 원어치 기술수출 계약을 체결했는데 이 중 사노피에 수출한 지속형 당뇨 신약 후보물질 에페글레나타이드 등 3종의 물질은 계약금만 5000억 원에 마일스톤을 포함한 총액은 39억 유로, 한화로 약 5조 원에 달했다. 단일 계약 규모로는 지금까지도 깨지지 않은 사상 최대 액수다. 하지만 2020년 9월 **사노피**로부터 에페글레나타이드가 반환되면서 2015년부터 성사된 대규모 기술수출 가운데 5건이 중도 실패로 끝났다. 그나마 2015년 미국 제약업체 **얀센**에 비만·당뇨 치료제 후보물질로 기술수출했다가 반환됐던 듀얼 아고니스트가 2020년 8월 다국적 제약사 **MSD**에 비알코올성 지방간염NASH 치료제 물질로 총 8억 6000만 달러에 다시 기술수출되는 성과를 냈다. 이는 기존 약물의 적응증을 확대하는 이른바 '약물 재창출'에 성공하면서 실패했던 기술수출을 재개한 매우 드문 사례였다.

자본과 기술력, 해외 판매망, 글로벌 마케팅 등에서 열세인 국내 제약바이오 현실을 감안할 때 신약 후보물질을 찾아내 적절한 임상 단계에서 해외에 기술수출을 타진하는 것은 기업의 생존을 위한 필수적인 일이다. 최근 들어 다수의 기술수출이 중도 반환되는 사례가 늘면서 투자자들도 기술수출 이슈가 더 이상 묻지마식 주가 급등의 호재가 되지 않음을 깨닫게 된 점은 매우 다행스러운 일이다.

6

화이트바이오·레드바이오· 그린 바이오

우리나라 사람들은 '바이오'라는 말을 들을 때 어떤 이미지를 떠올릴까. 제약바이오산업의 발달로 의약품이 먼저 생각나는 사람이 가장 많을 것이다. 하지만 바이오산업은 크게 레드바이오, 그린바이오, 화이트바이오 등 3가지로 나뉜다. '약'을 비롯한 의료·제약 분야는 레드 바이오에 속한다. 혈액의 붉은 색에서 따와 '레드'라는 이름이 붙었다.

그린바이오는 농업 분야와 연계된 산업을 뜻한다. 식물의 잎에서 초록색을 따와 이 같은 이름이 붙었다. 유전자재조합식품GMO으로 알고 있는 종자나 유전자가 변형된 동·식물이 대표적이다.

대체식품·메디푸드 분야의 식물단백질 육류 모사 기술, 동물세포 배양 기술, 정밀 영양 기반 식품 개발 기술 등이 있다. 종자 분야의 분자육종·디지털 육종, 유전자 가위 기술과 동물용 의약품 분야의 유전자재조합 기술, 줄기세포 기술 그리고 생명 소재 분야의 곤충, 해양생물, 식물 정유 등 제형화 기술 등이 포함된다.

글로벌 화학 기업들은 그린 바이오 분야 기업을 합병해 시장을 장악하고 있다. 우리 삶의 가장 기본적인 요소인 먹거리에 대한 관심이 늘어나면서 그린바이오에 대한 관심이 높아지고 있는 것이다. 그린바이오 시장은 2030년 6조 4000억 달러에 달할 것으로 전망된다.

이 같은 관심은 2015년 **LG화학**이 **팜한농**을 인수한 데서 드러난다. 팜한농은 애초 농약, 비료 생산 기업이었다. 식물 종자 분야에서도 국내 시장 점유율 2위를 기록하고 있다. 팜한농은 글로벌 톱10 그린바이오 기업이라는 비전으로 해외 확장을 추진하고 있다. 작물보호제 사업은 비선택성 제초제 '테라도' 등 자체 개발 신규 원제를 중심으로 해외 매출 비중을 50%까지 확대할 예정이다. 테라도는 2020년 미국과 호주에서 정식 등록된 바 있다. 또 종자 사업에서는 양배추 등 글로벌 경쟁력을 갖춘 우수 품종의 해외 출시를 확대할 것이라고 발표했다.

화이트바이오에 대한 관심은 더욱 뜨겁다. 화이트바이오는 재생 가능한 자원이나 미생물, 효소 등으로 화학산업 소재를 대체하는 기술이다. 플라스틱 등을 기존 화석연료 대신 식물 자원이나 유기물질, 미생물 효소 등을 원료로 제작해 빠른 분해를 돕는 식이다. 각국이 앞다퉈 탄소 중립을 외치는 가운데 더욱 주목받고 있다.

GS칼텍스와 **LG화학**은 미생물로 분해되는 플라스틱 원료를 개발하기 위해 손을 잡았다. 두 회사는 2021년 11월 생분해성 플라스틱 원료인 '3HP(하이드록시피온산)' 양산 기술 개발 및 시제품 생산을 위한 공동개발협약을 체결했다.

3HP는 포도당, 식물성 오일에서 유래한 비정제 글리세롤을 미생물로 발효해 생산하는 생분해성 플라스틱 원료다. 생분해성 플라스틱은 미생물에 의해 물과 이산화탄소로 분해돼 오염물질을 남기지 않는다. 3HP는 생분해성 플라스틱뿐 아니라 기저귀에 적용되는 고흡수성수지SAP와 도료, 점·접착제, 탄소섬유 등의 원료로 사용될 수 있어 관심이 높다.

삼양사는 플라스틱 원료로 사용할 수 있는 고순도 이소소르비드ISB 생산이 가능한 전세계 단 두 기업 중 하나다. 옥수수로 추출한 전분으로 만드는 이소소르비드는 사용 과정에서 탄소를 발생시키지 않는 대표적인 친환경 소재다. 삼양그룹은 6년간 350억 원을 투자해 지난 2014년 국내 최초, 세계 두 번째로 이소소르비드 상용화 기술 확보에 성공했다.

특히 이소소르비드를 이용해 만든 플라스틱은 내구성, 내열성, 투과성 등이 향상돼 모바일 기기와 TV 등 전자 제품의 외장재, 스마트폰의 액정필름, 자동차 내장재, 식품 용기, 친환경 건축자재 등의 소재로 각광받고 있다. 이를 통해 어느 정도 채비를 갖춘 **삼양그룹**은 ISB 사업을 본격적으로 추진하기 위해 나서고 있다.

이외 **CJ제일제당** 역시 국내 고분자 컴파운딩 1위 기업 **HDC현대EP**와 손잡고 화이트바이오 사업 다각화에 나선다. 기존 석유화학 원료를 바이오 원료로 대체하거나, 생분해 소재를 혼합해 식품 포장재와 자동차 내장재를 생산하는 등 생활과 밀접한 분야에 적용하는 데 주력할 계획이다.

7

'묻지마 투자' 부추기는
어두운 그림자

제약바이오산업에는 신약 개발을 통해 인류의 건강한 삶을 가능케 하려는 대의적이고 긍정적인 측면만 있는 것이 아니다. 오랜 기간 수많은 임상 실패와 좌절을 겪으며 기존에 없던 치료제를 개발하는 일은 인류를 구할 멋진 일임에 분명하지만 현실에서는 꼭 밝은 면만 있는 것이 아니다. 임상 실패로 인해 개발에 몰렸던 자금은 휴지 조각이 될 수 있고, 그 과정에서 실패 가능성을 알고도 투자를 받아 한 몫 챙기려는 도덕적 해이도 일어난다. 제약바이오는 반도체나 전기차 등과 함께 가장 많은 돈이 몰리는 분야인 만큼 막대한 자산 소득을 얻으려는 과정에서 어두운 그림자도 분명히 존재한다.

대표적인 사례가 최근 3년여간 주식 거래가 정지된 **신라젠** 사태다. 이 회사는 2006년 설립돼 3세대 항암제로 불리는 면역항암제 펙사벡을 개발하던 미국 바이오벤처 **제네릭스**를 2014년 인수하며 본격적인 임상에 나섰다. 펙사벡Pexa-Vec은 천연두 예방 백신의 원료인 우두 바이러스에서 추출한 성분에 기반을 둔다. 유전자 조작을 거친 우두 바이러스를 인체에 투입해 암세포를 감염시키고 이후 인체 면역체계가 암세포를 공격해 암을 치료하는 원리다. 면역항암제이기에 부작용이 거의 없는 대신 치료 효과가 월등하다는 점을 내세워 펙사벡은 글로벌 상용화에 가장 근접한 국산 신약으로 평가받았다.

관심을 끌기 시작한 건 펙사벡이 2015년 미국 FDA로부터 글로벌 임상3상 승인을 받으면서부터다. 이후 신라젠은 2016년 코스닥 상장에 성공했고, 2017년부터 주가가 폭등해 코스닥 시가총액 2위까지 올랐다. 입소문을 타고 개인 투자자의 자금이 대거 몰렸다. 하지만 2019년 8월 미국 DMC(데이터모니터링위원회)의 임상시험 중단 권고가 나오면서 모든 게 물거품이 됐다. 2020년 5월 4일 장 마감 후 전 경영진이 배임 혐의로 기소됐다는 소식이 전해지며 거래가 즉시 정지됐고, 6월 말 상장 적격성 실질심사 대상이 됐다. 서울남부지검은 2020년 5월 자본시장법 위반 등의 혐의로 문은상 신라젠 전 대표 등 5명을 구속 기소했다. 이들은 2014년 3월 실질적인 자기 자본 없이 자금 돌리기 방식으로 350억 원 규모의 신주인수권부 사채BW(발행회사의 주식을 매입할 수 있는 권리가 부여된 사채)를 인수해 부당 이득 1918억 원을 취득하는 등 신라젠에 손해를 끼친 혐의를 받았다.

문 전 대표와 황태호 신라젠 설립자 사이의 민사소송을 담당했던 서울남부지법 민사11부의 판결문을 살펴보면 신라젠 경영진은 2014년 10월부터 펙사벡의 임상3상이 실패할 가능성이 크다는 점을 알고 있었다. 하지만 경영진은 주가 관리 측면에서 임상 강행이 유리한 만큼 3상을 밀어붙였다. 이미 문 전 대표와 인척들은 2017년 말부터 2019년 초까지 2000억 원이 넘는 금액을 현금화했고, 한 임원은 무용성 평가 결과 발표를 한 달여 앞두고 90억 원에 달하는 주식을 매각하기도 했다. 신라젠은 한국거래소로부터 1년간 경영 개선 기간을 부여받았지만 한국거래소 기업심사위원회는 2022년 1월 상장폐지를 결정했다. 이후 2022년 2월 18일 한국거래소 코스닥시장위원회는 신라젠에 개선 기간 6개월을 부여했다. 신라젠은 오는 10월까지 거래가 정지되고, 개선 기간이 끝나면 상장폐지 재심의를 받는다. 서울고등법원은 같은 달 25일 특정경제범죄 가중처벌법상 배임 등 혐의로 기소된 문 전 대표에게 징역 5년과 벌금 10억원을 선고했다.

바이오 회사들이 투자받은 자금을 당초 목적대로 쓰지 않아 문제가 되는 일도 비일비재하다. 기업들이 유상증자(주식을 추가로 발행해 자본금을 늘리는 일)를 통해 확보한 자금을 R&D 대신에 다른 곳에 투자해 손실을 보기도 한다. 기술력을 믿고 투자했던 개인 주주 입장에서는 황당할 수밖에 없다. 예컨대 당뇨병성 신경병증 치료제 엔젠시스Engensis를 개발 중인 **헬릭스미스**(구 바이로메드)는 2016년(1392억 원)과 2019년(1496억 원) 유상증자로 확보한 자금 중 2643억 원을 사모펀드 등 고위험 자산에 투자해 일부 손실을 냈다. 펀드 환매 사기로 5000억 원대 피해를 초래한 '옵티머스 펀드'에 투자한 바이오 기업들도 있다. R&D나 설비 투자 등을 위한 유상증자를 실시해 주주들로부터 자금을 조달했지만 실제로는 이렇게 모은 자금을 고위험 사모펀드에 투자한 것이다. 주주들에게서 자금을 유치하고 펀드에 투자해 돈 놀이를 했다는 비판을 피하기 어렵다.

많은 바이오 기업은 사업 지속을 명분으로 유상 증자를 남발해왔다. 자금 사정이 급한 업체들로서는 유상증자나 전환사채CB(회사의 보통 주식으로 전환할 수 있는 사채) 발행, 대주주 주식담보대출 등이 불가피한데 이 중에서 유상증자는 이자 비용 없이 대규모 자금을 쉽게 조달할 수 있는 방편이다. 하지만 투자자들로선 유상증자로 주식 수가 늘어나면 주식 가치가 희석되어 결국엔 주가 하락 요인이 되기 때문에 잦은 유상증자는 바이오에 대한 불신을 초래할 수밖에 없다. 여기에다 상습적인 유상증자는 회사 부채에 대한 돌려막기가 될 수 있다는 지적도 있다. 예컨대 전환사채 발행 후 몇 년 뒤 약정한 주가 이상에 도달하지 못하면 회사는 주식화되지 못한 금액을 갚기 위해 반복적으로 유상증자에 나설 수밖에 없다. 또한 유상증자 후 늘어난 주식 물량을 털어내기 위해 과장된 공시를 통해 주가를 고의로 끌어올릴 개연성도 커진다. 유상증자로 주식 수가 증가하면 최대주주의 지분율은 계속 낮아져 기업 장악력이 떨어질 수도 있다. 심각할 경우 반대 주주들로 인해 사업 진행이 막힐 위험이 있게 된다. 투자업계 관계자는 "임상시험이든 투자든 실패하면 돈을 잃는 이는 개인 주주뿐"이라며 "바이오산업 특성상 정보 비대칭이 심하므로 미공개 정보 이용, 시세 조종, 부정거래 행위 등 불공정 거래나 사기성 경영 활동에 대해서는 징벌적 조치를 해야 한다"고 강조했다.

제약업계에 뿌리 깊은 리베이트 관행도 정부의 단속을 비웃듯 계속되고 있다. 2010년 보건복지부는 불법 리베이트를 제안한 제약사와 리베이트를 받은 의사 모두 처벌하는 '리베이트 쌍벌제'를 도입했지만 오히려 수법은 교묘해지고 있다.

한국노바티스는 학술 행사 지원을 핑계로 의사들에게 수십억 원의 불법 리베이트를 제공한 사실이 적발됐다. 검찰에 따르면 노바티스는 2011년부터 5년간 의사들에게 25억 9000만 원 상당의 불법 리베이트를 제공한 혐의로 2016년 기소됐다. 노바티스가 의약전문지와 학술지 발행 업체 등에 제품 광고 명목의 광고비를 실제보다 많은 금액으로 집행한 뒤 전문지 등이 좌담회 참가비, 자문료 등을 빙자해 의사들에게 현금을 주는 방식이었다. 2021년 11월 항소심에서 재판부는 한국노바티스 임원 일부에 대해 유죄 판결과 함께 회사에 대해선 1심과 동일한 벌금 4000만 원을 선고했다.

영업 대행사와 도매업체 역시 리베이트의 창구로 이용되고 있다. 의약품 도매상의 경우 판매 촉진을 위해 외상 매출을 약정 기일 내에 지급받으면 일정 금액을 할인해주는 일명 '도매 할인'을 통해 리베이트를 제공한다. 또한 병·의원 영업을 대행해주는 업체들은 제약사로부터 높은 판매 수수료를 제공받은 뒤 이 중 일부를 리베이트로 건네는 방법을 쓴다. 이 두 경우는 의사에게 리베이트를 주는 주체가 제약사가 아니라 도매업체 또는 영업 대행사가 된다. 제약사로서는 책임을 회피할 수 있는 구조다. 영업 사원의 급여를 확 올려놓고 월급으로 리베이트를 지급하도록 하는 방식도 사용된다. 개인 돈으로 뇌물을 준 셈이라 적발될 확률도 낮고 적발되어도 변명하기 쉽다.

리베이트가 누구의 잘못인가에 대해서는 논란이 많다. 의료계에서는 의료 수가가 너무 낮은 탓이라고 주장하고, 제약사들은 늘 요구하는 의사가 있어 주지 않을 수가 없다고 강조한다. 우리가 작은 비용으로 구입하는 약값의 대부분은 건강보험 재정에서 지출된다. 제약사가 의사나 병원에 뿌리는 리베이트는 사실상 국민이 낸 세금이다. 정부가 리베이트 관행을 통제하지 못한다면 건강보험 재정은 줄줄 새나가고, 긴요한 약 처방 지원은 그만큼 늦어질 수밖에 없다.

8

글로벌 향해
진격하는 K바이오

최근 몇 년간 국내 자본시장에서 가장 열기가 높은 분야 중 하나
는 제약바이오 섹터다. 주식시장에서 기술 및 성장성 특례를 통해
수많은 업체들이 상장했고, 벤처캐피털 등에서 대규모 자금이 유입
되며 높은 수익률을 기록 중이다. 한국벤처캐피탈협회에 따르면
2020년 바이오·의료 분야 투자액은 1조 1970억 원에 달한다. 산업
전체 투자 규모에서 가장 많은 비중인 27.8%를 차지했다. 정보통신
기술ICT 서비스(25.0%), 유통 서비스(16.8%)에 비해 더 많은 자금이
바이오로 몰렸다.

이같은 투자 덕분에 K바이오는 다양한 치료제 개발과 신약 후보
물질 기술수출 등으로 사업을 확대하고 있다. 식품의약품안전처에
따르면 2020년 국내 의약품 수출은 통계를 집계한 1998년 이후 첫

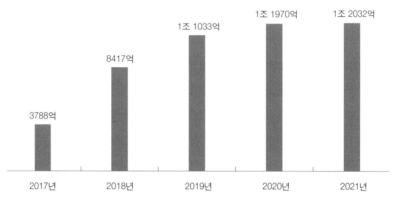

국내 벤처캐피탈 바이오·의료 투자 규모 (단위: 원)

- 2017년: 3788억
- 2018년: 8417억
- 2019년: 1조 1033억
- 2020년: 1조 1970억
- 2021년: 1조 2032억

자료: 한국벤처캐피탈협회, 2021년은 9월까지.

무역수지 흑자(1조 3940억 원)를 달성했다. 이는 전체 의약품 수출액의 80%가량을 차지하는 완제의약품 수출이 7조 9308억 원으로 전년(2019년) 대비 92.3% 증가한 것이 주원인이 됐다. 질적으로도 원료의약품 생산이 증가하고 있는 점은 고무적이다. 원료의약품은 최종 제품의 형태와 품질을 결정하는 핵심 분야로 안정적인 고순도 신약을 개발하는 데 필수 요소다. 한국보건산업진흥원에 따르면 국내 원료의약품 생산은 2020년 약 30억 달러로 전년 대비 43.4% 증가했다.

하지만 2020년 의약품 생산 실적은 GDP 대비 1.2%, 국내 제조업 총생산 대비 5.1% 수준에 그치고 있다. 의약품이 자동차나 반도체처럼 국내 산업을 주도해 가기엔 시기상조라고 할 수 있다. 그럼에도 제약바이오 사업은 분명히 성장하고 있다. 식약처에 따르면 2020년 국내 의약품 총생산액은 24조 5661억 원으로 2019년 대비 10.1% 증가했다. 2016년~ 2020년까지 5년간 의약품 생산 증가율은 연평균

24조 5700억

22조 3100억

21조 1100억

20조 3600억

18조 8100억

3조 9300억

2조 6000억   2조 6100억   2조 5400억

2조 100억

2016년   2017년   2018년   2019년   2020년

자료: 식약처, 꺾은선 그래프는 전체 의약품, 막대 그래프는 바이오의약품

6.91%로 같은 기간 국내 전체 제조업 성장률(2.4%)에 비해 3배가량 높다. 특히 안전하고 부가가치가 높은 바이오의약품의 성장률이 높은 점은 고무적이다. 2020년 기준 국내 바이오의약품 생산액은 3조 9300억 원으로 전년 대비 54.9%나 증가했다. 국내 바이오의약품 생산액은 2016년에 2조 79억 원으로 처음 2조 원을 넘긴 뒤 2조 6015억(2017년), 2조 6113억(2018년), 2조 5377억 원(2019년)으로 수년째 2조 원대에 머무르다가 2020년 3조 원대에 진입했다. 2016~2020년 국내 바이오의약품 생산 연평균 증가율도 18.28%로 전체 의약품(6.91%) 대비 약 3배가 된다.

전세계적으로도 글로벌 의약품 시장은 합성의약품에서 고가의 바이오의약품 쪽으로 태세 전환을 하고 있다. 이밸류에이트파마에 따르면 2016년 2020억 달러였던 세계 바이오의약품 시장은 지난 5년간 연평균 9% 성장해 2022년에는 3270억 달러에 이를 전망이다. 이

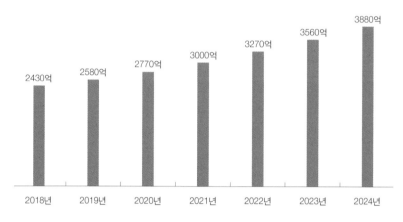

자료: 이밸류에이트파마

로 인해 전체 의약품에서 바이오의약품 매출이 차지하는 비중도 2016년 25%에서 2022년 30%로 예상되고 있다.

그렇다면 대한민국에서 제약바이오산업은 왜 가파르게 성장하고 있는 것일까. 자금과 우수인력 유입, 정부 지원의 3박자가 합쳐진 결과로 봐야 할 것이다. 의료 수요가 날로 커지고 있는 점도 K바이오 전망을 밝게 만드는 요인이다. 아직 치료제를 찾지 못한 미충족 수요unmet needs 질환이 많고, 고령화에 따른 질병의 조기 진단 및 예방의학에 대한 관심이 높아지고 있다. 여기에다 최근 코로나19 사태에서 보듯이 갑작스런 팬데믹 발생에 따른 국민 보건에 미치는 충격을 감안하면 제약바이오는 민관 모두 최우선적 관심을 갖는 분야로 성장해갈 수밖에 없다.

K바이오의 미래 전망을 얘기할 때 우수한 이공계 인력들이 바이오 분야에 진출하고 있는 점은 매우 고무적이다. 이로 인해 국내 바

이오 벤처의 연간 창업 규모는 미국에 이어 세계 2위 수준이다. 1990년대 정보기술IT 분야가 인재를 빨아들인 블랙홀이었다면 지금은 바이오기술BT 쪽도 무시하지 못할 상황이 됐다. 연구진의 실력과 열정, 근면성과 함께 각종 자금 제공과 정책 지원 등이 뒷받침되어 K바이오에 대한 기대는 점점 높아지고 있다.

서정진 셀트리온 명예회장은 "해외 기업인들은 한국이 어떻게 그렇게 빨리 우수한 바이오 기술을 갖게 됐는지 묻곤 하는데 난 그럴 때마다 '우리는 죽기 살기로 일하기 때문'이라고 답한다"며 "한국의 연구자들은 퇴근 후에도 일을 끌어안고 고민할 정도로 일에 대한 노력과 근성은 세계 최고"라고 강조했다. 그는 "바이오시밀러만 해도 과거엔 글로벌 주요 업체 몇 곳이 장악한 독점 시장이었지만 셀트리온의 등장으로 공룡의 시대가 끝났다"며 "셀트리온은 경쟁사인 **암젠**이나 **제넨텍** 등에 비해 직원 수는 10분의 1이지만 기술력과 생산성은 크게 높다"고 말했다.

미국 국립보건원NIH 종신수석연구원을 지낸 김성진 메드팩토 대표는 "최근 바이오산업에서는 정보기술 등 다양한 업종과의 기술 융합을 통해 시너지 효과를 내는 것이 세계적인 트렌드로 자리잡고 있다"며 "신약 연구개발에 IT 강국으로서 우리나라의 강점이 더해지면 K바이오의 글로벌 경쟁력은 엄청 커질 것"이라고 내다봤다.

하지만 K바이오 경쟁력은 바이오 강국들과 비교하면 아직 격차가 존재하는 점은 분명하다. 코로나19 예방 백신을 어떤 나라의 어느 회사가 얼마나 빨리 만들어냈는지를 살펴보면 절박한 위기에서 K바이오의 실력이 드러난다. 실제 우리나라 바이오 기업들은 블록버스터급 신약보다는 바이오시밀러나 위탁 생산으로 수익을 내는 구조다. 우리보다 기술력이 한 수 아래라고 여겨지는 중국 역시 신약 완제품보다는 바이오시밀러와 위탁 생산에 우선 주력하고 있다. 신약 개발이 어렵기 때문에 당장 수익을 내기 쉬운 분야에 집중하고 있는 점은 한국과 중국이 비슷한 것이다.

국내 제약바이오 기업이 개발한 신약 중에 FDA로부터 품목허가를 받은 것은 있지만 허가 후 글로벌 시장에서 지속적인 판매로 수익을 내고 있는 제품은 사실상 없다. 식약처에 따르면 2019년 국내 바이오의약품 상위 10개사의 생산 실적(2조 5377억 원)은 **한국로슈**한 회사로부터 수입한 바이오의약품 금액(2조 3157억 원)과 비슷하다. 국내 10개 회사의 생산액을 합쳐야 글로벌 업체의 국내 지사 매출액에 맞먹을 수 있다는 얘기다.

전문가들도 K바이오가 최근 수차례 기술수출로 성과를 내고 있지만 글로벌 수요가 큰 신약을 독자적으로 개발해 완성하는 등 획기적인 결과물은 나오지 않고 있다고 지적한다. 그 이유에 대해서는 임상시험 등 장시간이 소요되는 바이오산업 자체의 특성도 있지만 업체마다 자금이나 기술력 부족 등으로 처음부터 깊이 있는 연구를 시도하기 힘든 한계가 있다고 입을 모은다. 김성진 **메드팩토** 대표는 "정부의 많은 투자가 바이오산업 저변 확대에 기여했지만 특정 분야에서 장기간 투자를 통한 깊이있는 연구는 이뤄지지 못했다"며 "혁신신약 개발을 위한 인프라스트럭처가 잘 갖춰지지 못한 데다 전문인력 부재, 정부 규제 등이 복합돼 선도적인 신약 개발이 당장은 힘든 상황"이라고 진단했다. 그는 "바이오는 증시 상장을 통해 단기적으로 이득을 보려는 측면이 많아 장기적인 투자가 필요한 신약 개발은 국내에서 이뤄지기가 쉽지 않다"며 "주가 등락으로 안정적인 투

미국 FDA 허가받은 국산 의약품

시기	제품명	구분(적응증)
2003년 4월	LG화학 '팩티브'	합성 혁신 신약(항생제)
2013년 8월	한미약품 '에소메졸'	합성 개량 신약(역류성식도염)
2014년 6월	동아에스티 '시벡스트로'	합성의약품(항생제)
2016년 4월	셀트리온 '램시마'	바이오시밀러(자가면역질환)
2017년 7월	삼성바이오에피스 '렌플렉시스'	바이오시밀러(자가면역질환)
2018년 11월	셀트리온 '트룩시마'	바이오시밀러(항암제)
2018년 11월	셀트리온 '테믹시스'	합성 개량 신약(HIV)
2018년 12월	셀트리온 '허쥬마'	바이오시밀러(항암제)
2019년 1월	삼성바이오에피스 '온트루잔트'	바이오시밀러(항암제)
2019년 2월	대웅제약 '나보타'	바이오의약품(보톡스)
2019년 3월	SK바이오팜 '수노시'	합성 혁신 신약(기면증)
2019년 4월	삼성바이오시밀러 '에티코보'	바이오시밀러(자가면역질환)
2019년 4월	셀트리온 '리네졸리드'	제네릭(항생제)
2019년 7월	삼성바이오에피스 '하드리마'	바이오시밀러(자가면역질환)
2019년 11월	SK바이오팜 '엑스코프리'	합성 혁신 신약(뇌전증)
	SK케미칼 '원드론'	제네릭(치매 치료 패치)
2021년 9월	삼성바이오에피스 '바이우비즈'	바이오시밀러(안과질환)

자가 안 되면 신약 개발에 차질을 빚기 때문에 국민연금 등의 역할이 중요하다"고 밝혔다.

미국 텍사스대 MD앤더슨 암센터 교수를 지낸 김선진 **플랫바이오** 회장도 "바이오는 성과나 목표에 대해 과장이 심하고 미래 장밋빛 공약이 과학적 근거에 의하지 않은 경우가 많다"며 "이로 인해 K바이오 신뢰도나 위상을 떨어뜨리는 결과를 낳는다"고 말했다. 이 같은 바이오 업계 질서 교란이 신약 개발 등 오래 걸리는 사업에 지속적인 투자를 가로막는 원인이 된다는 것이다. 서정진 셀트리온 명예회장도 "바이오 성공에 대한 조급증을 극복해야 한다"며 "바이오는 철저히 확률 비즈니스인 만큼 초기 벤처는 장시간 인큐베이팅을 통해 자리를 잡을 수 있도록 기다려줘야 한다"고 지적한 바 있다.

K바이오가 지속적으로 해외 진출 성과를 내려면 정부 지원 및 학계와의 협력으로 시너지를 내는 것이 필수적이다. 미국 바이오텍에서 임원을 지낸 고한승 한국바이오협회장(삼성바이오에피스 사장)은 "신약 개발을 위해선 글로벌 임상 능력이 가장 중요한데 우리는 해외 규제 기관을 설득할 만한 임상시험 프로토콜 설계 경험과 노하우가 부족하다"고 설명했다. 그는 "산학협력이 성과를 내려면 인재 육성과 선행 기술 확보가 중요하다"며 "대학은 연구 결과에 기반해 특허를 자산화하고 이를 스타트업 운영 지원에 쓰면서 연구 재원 확보에 선순환을 이뤄야 한다"고 전했다. 김성진 메드팩토 대표는 "암이나 희귀질환, 당뇨, 퇴행성 신경질환, 감염병 등에서 아직 해결하지 못한 미충족 수요를 찾아내는 것이 우선 과제"라며 "대학에서 연구되는 기술은 정부 과제를 받아 실적을 내기 위한 것이 많아 업계로선 사업화 가능성이 높지 않은데 정부가 과제평가 기준을 바꾸는 등 사업화에 도움이 되는 산학협력이 절실하다"고 덧붙였다.

K바이오가 중국에서 배울 것이 많다는 지적도 새겨둘 점이다. 중국 정부는 2000년대 들어 노동비용이 증가하고 고령화로 의약품 수요가 늘자 고부가가치 산업 육성에 나섰는데 바이오가 그에 딱 맞는 분야였다. 이를 위해 중국은 한국에 비해 규제 개혁 노력이 좀 더 과

감했다. 한국에서 금지된 원격의료가 중국에서는 2013년부터 시행됐고, DTC 유전자 검사 역시 우리와 달리 항목 제한 없이 가능하다. 특히 의약품을 신속히 개발할 수 있도록 임상시험 심사 기간을 60일 이내로 단축했다. 혁신 신약에 대한 가속 심사 확대로 다국적 제약사인 **아스트라제네카**가 개발한 빈혈 치료 신약 록사두스타트Roxadustat 는 2018년 12월 중국에서 세계 최초로 판매 허가를 받기도 했다.

중국 정부는 2015년 바이오의약, 정보통신, 우주항공 등을 10대 산업으로 정해 2025년까지 글로벌 최고 수준으로 끌어올린다는 '중국 제조 2025'를 발표했다. 우수 인재 양성을 위해 바이오 등 전략산업에서 1000명의 해외 인재를 유치한다는 '천인계획'도 추진했다. 여기에다 중국 전역에 법인이나 지사, 연구소 등 각종 형태로 진출해 있는 외국 제약바이오 기업 숫자는 300여 개에 달한다. 우리나라에 외국계 제약사의 R&D센터가 하나도 없는 것과 비교된다. 화이자는 전문의약품ETC을 생산하는 4개 공장 외에 베이징, 상하이, 우한에 R&D센터를 두고 있다. 이곳에서는 1500여 명의 연구인력이 중국에 특화된 치료제와 글로벌 시장에서 통할 수 있는 신약을 개발 중이다. MSD도 상하이 사무소와 베이징 연구소, 항저우에 생산 시설 등 중국에 3개 거점을 두고 있다. 베이징에 있는 R&D센터는 신약 후보물질 발굴, 다국가 리서치, 임상 개발 등에 600명의 연구 인력이 활동 중이다. 아스트라제네카는 중국 바이오 의료 관련 스타트업에 투자하기 위해 10억 달러 규모의 펀드를 조성했다. 존슨앤드존슨은 2020년 상하이에 창업지원센터(J랩)를 오픈해 현지에서 발굴한 바이오 벤처들을 센터에 입주시킨 뒤 연구개발을 지원하고 있다. 로슈역시 상하이에 이노베이션센터를 두고 항체, B형 간염, 자가면역 분야에서 오픈 이노베이션을 확대하고 있다. 김성진 대표는 "제약바이오산업이 발전하려면 인력과 자본, 기술, 글로벌 네트워크 등을 갖춰야 하는데 중국은 이 모든 점에서 괄목할 만한 변화를 이뤄냈다"며 "천인계획을 통해 해외에서 검증받은 많은 전문가들을 유치해 바이오산업 기초 역량을 키웠다"고 밝혔다. 그는 또 "미국과 일본은 부가가치가 높은 퍼스트인클라스First-in-class급 혁신 신약이 전체 의약품 개발에서 차지하는 비중이 매우 높은데 우리나라는 기존 약의 효과를 개선하는 정도에 그쳐 글로벌 상위 의약품이 나오기 힘들다"며 "중국만 해도 2030년까지 전체 개발 약 가운데 혁신 신약 비율을 20%~30%로 끌어올리려 하고 있다"고 말했다.

중국이 일취월장하는 가운데 중국의 바이오 실력은 우리나라에 결코 뒤처져 있지 않다. 2019년 매출액 기준 전세계 100대 제약사 가운데 중국 업체는 22개나 포진했지만 우리나라는 **GC녹십자**(99위), **유한양행**(100위) 2개에 불과했다. 미국 나스닥과 홍콩 증시에 상장된 중국 바이오 기업들도 많다. 2017년 자이랩을 시작으로 **레전드 바이오텍**, **버닝록**, **젠트론** 등 기술력을 갖춘 중국 바이오텍들이 미국 나스닥 시장에 줄줄이 상장했다. 2020년 1월 나스닥에 입성한 **아이맵 바이오파마**는 상하이에 본사를 둔 면역항암제 전문 개발 업체다. 아이맵 바이오파마는 2020년 9월 세계적인 제약사인 미국 **애브비**에 19억 4000달러 규모로 항암제 후보물질을 기술수출하기도 했다. 2019년 11월에는 베이진이 자체 개발한 외투 세포 림프종 치료제 브루킨사Brukinsa는 중국이 만든 신약으로서 최초로 FDA 품목허가를 받았다. '중국판 삼성바이오로직스'로 통하는 **우시 바이오로직스**는 3500여 개나 되는 글로벌 제약사들을 위탁 생산 고객사로 두고 있다. FDA와 EMA로부터 의약품 생산을 맡길 수 있는 제조 및 품질관리 기준을 중국 기업 최초로 승인받았다.

결국 K바이오가 장밋빛 전망을 지속하고 선진국 실력에 도달하려면 장기적인 연구개발 노력과 자금 투자, 정부의 정책 지원 등이 갖춰져야 한다. 정부가 바이오 관련 규제를 하루속히 산업 친화적으로 바꾸는 것도 그 일환이다. 서정선 **마크로젠** 회장은 "바이오산업은 운동을 예로 들자면 올림픽 메달을 따기 위해 태릉선수촌에 선수들을 모아두고 정형화된 방식으로 운영해서는 성과를 내기 힘들다"고 쓴소리를 하기도 했다.

이에 정부도 K바이오에 대한 지속적인 지원이 필수라는 점을 깨닫고 바이오헬스 예산을 2019년 1.1조 원에서 2021년 2조 원, 2022년에는 2.5조 원으로 계속 늘리고 있다. 또한 글로벌 시장에서 통할 신약 개발을 지원하기 위해 2021년 1월 국가신약개발사업단을 출범시켜 신약 후보물질 발굴부터 비임상, 임상 1·2상을 거쳐 사업화까지 신약 개발 전(全) 주기 지원에 나섰다. 사업단에는 보건복지부, 과학기술정보통신부, 산업통상자원부 3개 부처가 공동으로 참여한다. 사업단이 오는 2030년까지 설정한 목표는 건당 200억 원 넘는 신약 후보물질 기술수출 60건, 미국 FDA과 유럽 EMA 신약 품목 허가 4건, 연 매출 1조원 이상 글로벌 신약 출시 1건이다. 묵현상 단장은 "가장 힘든 목표는 FDA와 EMA에서 4건의 신약 판매 허가를 획득하는 것"이라며 "기술수출 후 해외 업체가 개발해 허가받는 것은 안 되고, 순전히 국내 업체가 하거나 최소한 해외 업체에 판권 이전없이 공동 개발하는 조건"이라고 설명했다.

향후 바이오산업에서 유망 분야가 어디가 될지 전망은 다양하다.

유전자 및 세포 치료제는 이제 막 의약품 출시가 본격화할 것으로 예상되고 있고, 고령자 증가에 따른 의료비 상승에 대비해 예방의학과 비대면 원격의료도 떠오르고 있다. K바이오는 이같이 시장 규모가 커질 확률 높은 분야를 찾아 도전을 가속화하고 있다. **셀트리온**의 경우 2030 청사진을 마련해 비대면 의료 및 인공지능 같은 U-헬스케어 사업에 진출하겠다는 포부를 밝혔다. 이 분야에 10조 원을 투자해 맞춤형 정밀 진료에 필요한 의료 빅데이터 확보, 재택 가능한 진료기기, AI 장비 개발 등에 나서기로 했다.

앞으로도 K바이오는 우수한 인력 수급과 정부 지원, 국내외 시장 확대가 어우러져 지속적인 성장을 기대할 수 있는 가장 확실한 분야다. 자동차와 반도체, IT에 이어 국내 산업을 이끄는 명실상부한 기둥으로 자리매김할 수 있는 산업도 바이오 말고는 당장 보이지 않는다. 이제는 국내를 넘어 글로벌 시장으로 진격하는 K바이오의 도전에 박수를 보내줄 만하다.

에필로그

포스트 코로나 시대에도 K바이오는 달려야 한다

알베르 카뮈의 소설 『페스트』의 마지막 대목에는 "페스트균은 결코 죽거나 소멸하지 않으며 언젠가는 인간들에게 불행과 교훈을 가져다주기 위해서 또다시 저 쥐를 흔들어 깨워서 어느 행복한 도시로 그것을 몰아넣을 것"이라는 구절이 있다. 백신과 항생제를 다룰 수 있게 된 이후 인류는 감염병과의 전쟁에서 승기를 잡았다고 생각했다. 실제 천연두 등 몇몇 질병은 박멸에 성공했다. 하지만 여전히 감염성 질환은 전체 사망의 25%를 차지한다. 여기에는 2022년 1월까지 전세계에서 3억 1300만 명을 감염시키고 550만 명을 사망에 이르게 한 코로나19도 포함된다.

코로나19가 우리의 일상을 바꿨다는 말이 이제는 지겨울 지경에 이르렀다. 포스트 코로나 시대 논의도 활발하다. 비대면(언택트) 서비스인 게임, 메타버스, 화상 업무, 이커머스가 주류로 떠오른 건 거스를 수 없는 시대의 흐름이다. 이와 함께 주목받은 분야가 있다. 감염병을 치료할 수 있는 산업인 제약바이오산업이다.

화이자는 2020년 11월 자사의 건물 외벽에 'Science Will Win(과학이 이긴다)'고 쓴 문구를 내걸었다. 코로나19의 공습에 속수무책으로 쓰러지기 바빴던 인류지만 천천히 파훼법을 찾아가고 있다.

이 과정에서 과학 기술의 진보는 덤이다. 팬데믹의 장기화로 mRNA, PCR, 바이러스, 항체, 진단키트와 같은 생소했던 단어들이 익숙해졌다. 코로나19 예방을 위해 접종하는 화이자와 모더나의 백신은 mRNA 방식을 활용했다. mRNA는 설계도 원본인 DNA를 사용하기 쉽게 만든 복사본인데 이를 활용하면 우리 몸 내에서 원하는 단백질을 만들어낼 수 있다. 코로나19 백신은 코로나19 바이러스가 인체에 달라붙을 때 쓰는 돌기(스파이크)의 mRNA로 만들었으며 인체는 이를 인식해 실제 코로나19 바이러스가 우리 몸에 침입했을 때 바이러스를 없앤다.

코로나19 대유행 전까지만 해도 mRNA를 활용한 백신 개발은 공상과학 소설 속 이야기였다. 화이자와 모더나가 코로나19 백신을 세상에 내놓기 전까지 mRNA를 활용한 백신을 FDA 등 각국의 의약품 규제 기관이 승인했던 사례가 단 한 번도 없었기 때문이다. 게다가 통상적으로 백신 개발에 걸리는 시간인 15년~20년을 1년으로 크게 단축했던 만큼 안전성이 의심된다는 지적도 잦았다.

게다가 모더나는 코로나19 백신 개발 이전까지 상용화는커녕 FDA의 품목허가 승인조차 한 번도 받아본 적 없는 조그마한 스타트업이었다. 2020년 여름까지만 해도 모더나는 실적에 신경 쓰기보다 코로나19 백신 개발로 시장을 현혹해 주가를 부양하고 이를 통해 경영진 배만 불리려 한다고 비난받았다.

그 뒤 상황이 어떻게 되었는지는 아시다시피다. 모더나의 2021년 예상 매출액은 17조 원으로 2020년 9000억 원에서 20배 가까이 급등했다. 모더나뿐 아니다. 인류는 바이러스와의 전쟁에서 활용할 수 있는 신무기를 얻었다. 1년 내 개발할 수 있는 mRNA 백신이 신종감염병에 효과적인 것을 알게 된 만큼 코로나 이후의 싸움에서도 인류가 이길 수 있다는 자신감을 얻었다.

코로나19 이전부터 전체 벤처펀드 투자액의 3분의 1이 바이오 분야 벤처기업에 몰렸다. 창업 초기기업임에도 수백억 원대 투자를 유치하는 사례도 늘고 있다. 벤처캐피탈협회에 따르면 2020년 바이오 분야 투자액은 1조 1970억 원으로 사상 최대를 기록했고, 정부도 2030년까지 세계 시장 점유율 6% 확보를 약속하고 매년 4조 원을 투자하기로 결정했다. 업계에서도 '돈이 없어 회사를 차리지 못하는 건 아니다'고 입을 모은다.

하지만 여전히 K바이오는 걸음마 상태다. 모더나가 코로나19 백신 개발에 투입한 R&D 자금이 20억 달러인 반면 국내에는 매출 2조 원이 넘는 제약바이오 기업이 없다. 2015년 한미약품의 기술수출로 '바이오'라는 산업이 시장에 인상을 남긴 지 겨우 6년. 성과를 내기에는 더 많은 시간이 필요하다.

일각에서는 국내의 바이오 열풍이 2000년대 초반 '닷컴버블'의 판박이라고 주장한다. 바이오산업 고평가는 코로나19로 인한 혼란 속 사상 최대 유동성을 바탕으로 형성된 '버블'이라는 게 요지다. 임상시험 결과가 좋을 것처럼 발표해 개미 투자자들의 자금을 모은 뒤,

주가가 오른 주식을 처분하는데 급급했던 일부 바이오벤처의 경영진도 부정적인 인식에 한몫했다.

하지만 국내 바이오산업은 꾸준히 성장하고 있다. 전통 제약사뿐 아니라 바이오벤처들도 꾸준히 신약 후보물질의 기술수출에 성공하고 있으며 셀트리온과 삼성바이오로직스 역시 글로벌 톱10 제약사와 맞설 정도로 성장했다. SK바이오팜은 독자 개발한 신약을 미국 시장 내 성공적으로 출시했고 셀트리온은 코로나19 치료제를 내놓았다. 팬데믹 속에서 한국은 코로나19 백신의 글로벌 생산기지로 거듭났다. 진단키트 열풍 역시 그동안 쌓아둔 바이오산업의 잠재력이 폭발한 사례 중 하나다.

닷컴버블 이후 새롬기술, 싸이월드 등 수많은 기업이 사라졌다. 하지만 네이버, 엔씨소프트, 카카오 등은 살아남아 대기업으로 성장했다. 바이오 열풍 속에서도 누가 살아남고 사라질지 모른다. 여기서 살아남은 기업이, 지금 걸음마 단계인 K바이오가 코로나19 이후 다른 이름으로 나타날 신종 감염병의 공격에는 인류를 살리는 구원자가 돼 있을지 모를 일이다.

우영탁

도표

K바이오 트렌드 2022
코로나19 시대 K바이오의 도전과 응전

초판 1쇄 발행	2022년 3월 28일
초판 2쇄 발행	2022년 4월 13일

지은이	김병호, 우영탁
펴낸이	반기훈
편집	반기훈

펴낸곳	㈜허클베리미디어
출판등록	2018년 8월 1일 제 2018-000232호
주소	06300 서울특별시 강남구 남부순환로378길 36 401호
전화	02-704-0801
홈페이지	huckleberrybooks.com
이메일	hbrrmedia@gmail.com

ISBN 979-11-90933-15-5 03320

Printed in Korea.